HERDER

W0190635

Michael Meyer-Blanck
Walter Fürst
(Hg.)

Typisch katholisch – typisch evangelisch

Ein Leitfaden für die Ökumene im Alltag

Mit Geleitworten

von

Hans Joachim Meyer und Jürgen Schmude

2. unveränderte Auflage

HERDER

CMZ

Bibliografische Information Der Deutschen Bibliothek

Die Deutsche Bibliothek verzeichnet diese Publikation in der Deutschen
Nationalbibliografie; detaillierte bibliografische Daten sind im Internet
über http://dnb.ddb.de abrufbar.

2. unveränderte Auflage (9.-14. Tausend)

© 2003 by CMZ-Verlag Winrich C.-W. Clasen,
Zur Tomburg 17, 53359 Rheinbach, Tel. 02226-9126-26, Fax 02226-9126-27

Alle Rechte vorbehalten

Satz (Garamond 11,5 auf 13) mit WordPerfect für Windows 8:
Kirsten Blanck, Bonn
Winrich C.-W. Clasen, Rheinbach

Lithos:
CMZ-Verlag, Rheinbach

Papier (Arctic Volume, 90 g/m², 1,8f. Vol.):
Stora Enso, Helsinki

Umschlaggestaltung:
Kerstin Clasen, Rheinbach

Gesamtherstellung:
Johannishof Druck- und Verlagsges. mbH, Konstanz / Preses Nams, Riga

ISBN 3-451-28084-1 (Verlag Herder)

ISBN 3-87062-059-5 (CMZ-Verlag)

20030629

www.herder.de

www.cmz.de

Inhaltsverzeichnis

Walter Fürst / Michael Meyer-Blanck
Vorwort der Herausgeber 13

Hans Joachim Meyer
Jürgen Schmude
Geleitworte 18

Walter Fürst / Michael Meyer-Blanck
»Typisch christlich« – Was uns verbindet 29

A. Praxis des Glaubens 55

  1. Bibel 57
      Franz-Josef Ortkemper
      Martin Vetter

  2. Gesangbuch, Haus- und Stundenbücher 69
      Werner Groß
      Christian Finke

  3. Gebet 83
      Hans Schaller SJ
      Helmut Schwier

  4. Lebensbegleitende Rituale 95
      Franz-Peter Tebartz-van Elst
      Corinna Dahlgrün

Inhaltsverzeichnis

5. Erstkommunion/Firmung; Konfirmation 111
    Dieter Emeis
    Rainer Starck

6. Gottesdienstbesuch und Sonntag 123
    Konrad Baumgartner
    Eberhard Hauschildt

B. Gemeinde und Kirche 135

1. Gemeinde 137
    Hermann Wieh
    Herbert Lindner

2. Frauen in der Gemeinde 151
    Martina Blasberg-Kuhnke
    Birgit Weyel

3. Kirchenraum 167
    Albert Gerhards
    Klaus Raschzok

4. Eucharistie / Abendmahl 185
    Hans Jorissen
    Christian Grethlein

5. Predigt und Liturgie 199
    Christiane Bundschuh-Schramm
    Klaus Danzeglocke

6. Katholikentag und Kirchentag 211
    Rolf Schumacher
    Harald Schroeter-Wittke

C. Lehre 223

1. Kirche und Amt 225
   Hans Jorissen
   Jörg Haustein

2. Wort und Sakrament 241
   Josef Wohlmuth
   Michael Moxter

3. Glaube und Liebe 259
   Gerd Heinemann
   Albrecht Beutel

4. Gebot und Gewissen 271
   Josef Schuster SJ
   Wolf Krötke

5. Himmel, Hölle, Fegefeuer 285
   Medard Kehl SJ
   Gerhard Sauter

D. Kleines Lexikon des konfessionellen Alltags 303

Aaronitischer Segen – Ablaß – Allerheiligen – Angelusläuten – Aschermittwoch – Ave Maria – Bergpredigt – Bibelstunde – Blasiussegen – Buß- und Bettag – Diakon/Diakonin – Entmythologisierung – Fastenzeit – Feierabendmahl – Freiheit – Fronleichnam – Gewissen – »Gerecht und Sünder zugleich« – Gottesdienstvorbereitungskreis – Heiliger Antonius (von Padua) – Karfreitag – Kindergottesdienst – Knien – Kräuterweihe – Kreuzzeichen – Losungen – Lutherrose – Matthäuspassion und Weihnachtsoratorium – Meßgewand – Ministrant/-in –

Ordination – Osterkerze – Palmweihe – Pfarrerin – Pfarrhaus – Reformationstag – Reliquien – Rosenkranz – Sechswochenamt – Sonntagsgebot – Talar – Tauf-, Konfirmations- und Trauspruch – »Urbi et orbi« – Weihnachtskrippe – Weihwasser – Zölibat

E. Anhang 361

Abbildungsverzeichnis 363

Autorenverzeichnis 365

Bibelstellenregister 369

Namenregister 370

Sachregister 372

Adolph Friedrich Erdmann von Menzel (1815-1905): *Prozession in Gastein* (Ausschnitt), 1880; Öl auf Leinwand, 52 x 72 cm; Bayerische Staatsgemäldesammlungen, München.

Menzels Werk ist entsprechend der Intention des Künstlers, erlebte, gesehene Wirklichkeit abzubilden, nicht als religiös motiviertes Bild zu deuten. Doch spiegelt es gerade in seiner inhaltlichen Neutralität eindrucksvoll das, was das gezeigte Ereignis ausmacht und ist sozusagen Dokument der Glaubensausübung.

In einer durch die malerisch freie Gestaltungsweise wie eine Momentaufnahme erscheinenden Darstellung wird die Rückkehr einer Fronleichnamsprozession zur Kirche gezeigt, wobei der Prozessionszug im Mittelgrund verläuft, während zum Teil angeschnittene Figurengruppen den Bildvordergrund füllen. Meisterhaft setzt Menzel die Möglichkeiten der Farbkomposition ein, um den Bildschwerpunkt zu gestalten: Wie ein Flimmern in der Sommerluft liegt das Gelb-Grün über der gesamten Szene und vermittelt nicht nur einen atmosphärischen Eindruck, sondern verbindet auch die Bildbereiche miteinander. Das Rot der Fahnen und insbesondere der Baldachinträger wird zudem in seiner Wirkung gesteigert. Durch das leuchtende Weiß und Goldgelb des Priesters, der die Monstranz trägt, wird dieser Bereich farbgestalterisch zum Bildzentrum.

Die als solche uralte Zeremonie der Prozession und die hier damit verbundene Prachtentfaltung erscheinen als lebendiger Teil der Glaubenspraxis der gezeigten Menschen; die in der Monstranz mitgeführte geweihte Hostie wird als Zeichen für die leibhaftige Gegenwart Gottes verehrt.

Vorwort der Herausgeber

Der ehemalige evangelisch-lutherische Bischof von Oldenburg und engagierte Ökumeniker Wilhelm Stählin (1883-1975) zitierte einmal zustimmend die Auffassung, »daß man nicht evangelisch sein kann, ohne katholisch und nicht katholisch, ohne evangelisch zu sein.«[1]

In diesem Verständnis ist die jeweils andere Konfession notwendig, um die Begrenzungen des eigenen Weges klarer zu sehen. Dementsprechend ist es die Absicht des vorliegenden Buches, aus dem jeweils »Typischen« der beiden großen christlichen Konfessionen und damit im unterscheidend Evangelischen und im unterscheidend Katholischen das beide verbindende Christliche in seiner oftmals bereichernden Vielfalt und komplexen Einheit konkret zu erkennen. Was für die Beziehung zwischen den Menschen gilt, kann auch für die Beziehung zwischen den Konfessionen gelten: Die Wahrnehmung von Differenzen kann ebenso der Stärkung der eigenen Identität und der Klärung des eigenen Standpunktes dienen wie auch das lebendige Interesse am Anderssein des Anderen zum Ausdruck bringen.

Beides ist wichtig, denn was wir uns als Christen heutzutage am allerwenigsten erlauben können, ist ein schleichender Verlust der eigenen Identität und der sie tragenden Tradition in ihrer Differenz und Vielgestaltigkeit, gar ein daraus resultierender Hang zur oberflächlichen Uniformität.

Es geht uns nicht um Abgrenzung um der Abgrenzung willen, sondern – ohne die Unterschiede nivellieren zu wollen – um Förderung des »ökumenischen Alltags-Dialogs« durch solide Kenntnis

---

1. *W. Stählin*, Via Vitae, Kassel 1968, 96. Seit 1946 traf sich unter Leitung von Stählin und Erzbischof Lorenz Jaeger/Paderborn der »Evangelisch-katholische Arbeitskreis zur Klärung kontroverstheologischer Fragen.«

der jeweils anderen Konfession in ihrer Eigenart, um Erhaltung der gemeinsamen Überlieferung durch schöpferische Treue zur eigenen Identität wie durch lernbereite Anerkennung der jeweils anderen Tradition. Nach unserer Überzeugung entspricht nur jene Art der Wahrnehmung und Darstellung, die einen Beitrag auf dem Weg zur Einheit »in verstandener Verschiedenheit« zu leisten sucht, dem Geist christlicher Liebe und gegenseitiger Achtung. Diesem Geist sind denn auch die einzelnen Artikel des Buches verpflichtet.

Der Titel »Typisch katholisch – typisch evangelisch« ist der Alltagssprache entnommen; gleichzeitig gibt er die Methode an: Das Eigene wie das Fremde wird auch sonst im Leben oftmals erst über eine gewisse »Typisierung« wahrnehmbar. Typisierungen sind kulturelle Konstrukte, mit deren Hilfe wir generell unsere Wahrnehmungen steuern, um in der Fülle von Eindrücken nicht unterzugehen, sondern sie zu begrenzen, zu benennen und zu ordnen. Man weiß, wie ein Fußballfan, ein jung Verheirateter, eine Erzieherin, ein Anhänger von Greenpeace »ist«. Man stellt sich jeweils einen bestimmten »Typ« darunter vor und weiß doch gleichzeitig, daß da Vorurteile und Einseitigkeiten des Verstehens mit im Spiele sind, daß da auch noch ganz andere Seiten sind, die aufgrund der Typisierung nicht (mehr oder noch nicht) gesehen werden (können).

Insofern sind Typisierungen ebenso hilfreiche wie gefährliche Wahrnehmungsinstrumente. Zudem sind sie, weil sie kulturell entstehen, in ständigem Wandel begriffen und müssen immer wieder überprüft werden. Da Typisierungen als ambivalente Wahrnehmungshilfen zumeist unbewußt wirksam sind, ist ihr Erkennen, Benennen und Bewußtmachen ein Zugewinn an Handlungsmöglichkeiten: Ich kann das Instrument der Typisierung nutzen, ohne die Gefahren zu verkennen, die mit ihm verbunden sind.

Wenn ich als Protestant rufe: »Typisch katholisch!« oder als Katholik sage: »Typisch evangelisch!«, dann weiß ich, daß ich vereinfache und daß es noch ganz andere Gründe für die Erklärung eines bestimmten konfessionellen Charakteristikums gibt. Aber weil ich um dieses mein Wissen weiß, benutze ich die Typisierung nicht mehr naiv, sondern selbstkritisch. Dann aber dient die Typisierung nicht dazu, die Kritik an einem separaten Einzelpunkt (wie z. B. dem Amts- oder Kirchenverständnis) anzusetzen, sondern dazu, das Einzelne im Kontext des Ganzen zu sehen und die gesamte Lebensgestalt der anderen Konfession mit in Betracht zu ziehen. Dann werde ich immer zuerst und vor allem das zu berücksichtigen und zu würdigen suchen, was »gut katholisch« oder »gut evangelisch« ist, so daß die Typisierung eben nicht der vorschnellen Abqualifizierung unter einem begrenzten Blickwinkel dient, sondern vielmehr einer Weitung der Wahrnehmung, vielleicht sogar der Einsicht, daß mit »evangelisch« und »katholisch« in gewisser Weise zwei Aspekte des Christseins bezeichnet sind und realisiert werden, die, um Zukunft zu haben, sich gegenseitig brauchen.

In diesem Sinne sollen die »Typisierungen« dieses Bandes verstanden werden. Sie wollen der genaueren Wahrnehmung und damit der Kritik an Vorurteilen ebenso wie der Kritik an der Verschleierung von Unterschieden dienen. Sie wollen die Suche nach der christlichen Wahrheit und Freiheit nicht suspendieren, sondern diese als eine mehrdimensionale, nur gemeinsam zu lösende Aufgabe entdecken helfen.

Damit ist die Intention in theoretischer Hinsicht ausreichend beschrieben. Die praktischen Konsequenzen hieraus müssen sich in alltäglichen ökumenischen Gesprächen und langfristigen Prozessen des interkonfessionellen Dialogs ergeben.

Die genauere Entfaltung der Thematik in dem vorliegenden Band erfolgt in einem leicht erkennbaren Dreischritt:

Am Anfang des Buches wird von zwei namhaften, in öffentlicher Verantwortung stehenden Christen, Hans Joachim Meyer und Jürgen Schmude, die Frage nach dem Typischen der jeweils anderen Konfession gestellt und von der Praxis der Kirchen her beleuchtet. Anschließend versuchen die Herausgeber, das beiden Konfessionen Gemeinsame, typisch Christliche zu orten, ohne die bleibenden Differenzen einzuebnen.

Den Kern des Bandes bilden die *Teile A-C*, in dem jeweils ein(e) katholische(r) und ein(e) evangelische(r) Autor(in) die alltäglich begegnenden bzw. interessierenden unterschiedlichen Sichtweisen und Positionen in »Praxis des Glaubens«, »Gemeinde und Kirche« und theologischer »Lehre« herausarbeiten und zur Diskussion stellen. Der ökumenische Alltags-Dialog soll damit – soweit das möglich ist – auch im Medium dieses Buches erkennbar werden.

Im *Teil D* (»Kleines Lexikon des konfessionellen Alltags«) werden in Form eines »Glossars« von ausgewählten Stichworten praktische Kennzeichen, auffallende Eigenheiten und spezifische Handlungsformen der beiden Konfessionen beschrieben und erläutert; darum gibt es in diesem Teil nur eine einfache Autorenbesetzung. Die einzelnen lexikalisch-informativ und zugleich anschaulich gestalteten Artikel sind hier nicht konfessionell, sondern alphabetisch geordnet; *icons* zur leichteren konfessionellen Identifizierbarkeit sind:

 die Lutherrose für evangelische Beiträge

 die Himmelsschlüssel für katholische Beiträge

Die genannten konfessionellen Markierungen sind auch den Artikeln im Hauptteil beigegeben. Wir wissen, daß mit den beiden Signets jeweils nur ein Aspekt evangelischen und katholischen Selbstverständnisses wiedergegeben ist, und wollen diese Zeichen darum auch nicht inhaltlich überbewertet sehen. Aber sie scheinen uns doch besser zu sein als ein jeweils unterstrichenes oder fettgedrucktes »k« oder »e«.

Wir haben uns dafür entschieden, jedes Kapitel mit dem katholischen Beitrag anfangen zu lassen, da er der »älteren« Konfession angehört (obwohl man auch darüber wiederum diskutieren müßte). Daher beginnt auch der Buchtitel mit »typisch katholisch«.

Jedes Kapitel wird mit einer von Kerstin Clasen kommentierten Abbildung aus der europäischen Malerei (von karolingischer Buchmalerei über Jan van Eyck bis zu Wassily Kandinsky) eingeleitet. Am Anfang des Buches steht für »typisch katholisch« ein Prozessionsbild von Adolph von Menzel, am Ende für »typisch evangelisch« der predigende Luther von Lucas Cranach.

Gedankt sei allen Autorinnen und Autoren, die ihre Beiträge mit Engagement verfaßt und sich an strenge Umfangsbegrenzungen gehalten haben, sowie Winrich C.-W. Clasen und dem CMZ-Verlag für die Anregung zu dem Projekt.

Wenn dieser Band dazu hilft, mit Überzeugung und Verständnis katholisch, evangelisch, christlich zu sein und dies in den Alltag der pluralen Gegenwart einzubringen, dann hat er sein Ziel erreicht.

Bonn, im September 2002   *Walter Fürst*
Michael Meyer-Blanck

Geleitwort

Der Ausruf »typisch evangelisch«! oder »typisch katholisch«! – meist klingt er negativ. Wie ja auch der Ausruf »typisch deutsch« in aller Regel nicht als Kompliment gedacht ist. Jedenfalls beinhaltet ein solcher Ausruf fast immer eine Kritik. Und diese basiert dann ihrerseits nicht selten auf einem Vorurteil. Nun gelten Vorurteile nach vorherrschender Meinung in bezug auf andere. Einen Ausruf wie »typisch deutsch« habe ich dennoch nach meiner Erinnerung eigentlich nur von Deutschen gehört. Das mag man als Zeichen für den nach der geschichtlichen Katastrophe der Deutschen bei uns vorherrschenden – ehrlichen oder vorgetäuschten – Geist nationaler Zerknirschung halten. Aber auch »typisch katholisch« ist nach meinem Eindruck zumindest gleich häufig von Katholiken wie von Protestanten zu hören, von letzteren allerdings eher ökumenisch abgemildert. Freilich wäre jetzt der Einwand nicht unberechtigt, auch bei Katholiken sei heutzutage das Büßergewand als öffentliches Kleidungsstück beliebter als in früheren, genauer gesagt: in vorkonziliaren Zeiten.

Ein etwas tieferes Nachdenken in bezug auf solche Ausrufe scheint jedenfalls angebracht. Ein Vorurteil ist nämlich nicht selten und darin dem Urteil jedenfalls ähnlich eine Verallgemeinerung von Erfahrungen und Eindrücken. Was das Vorurteil vom Urteil unterscheidet, ist das Verfehlen des rechten Maßes, wenn nicht sogar die Maßlosigkeit. Überdies beruhen Vorurteile meist nicht auf eigenen, sondern auf tradierten Eindrücken, die dann allerdings – wie gewisse Spiegel – das beim Gegenüber tatsächlich oder vermeintlich Wahrgenommene vergröbern und verzerren. Aber irgendwo haben solche Ausrufe doch einen Sitz im Leben. Man könnte auch sagen: Sie treffen den Nagel vielleicht nicht auf den Kopf, aber irgendwo ist da ein Nagel. So könnte es eben auch eine ökumenische Gemeinschaftsleistung sein, die sich in Ausrufen wie

»typisch katholisch« und »typisch evangelisch« äußernden Vorurteile aufzuklären, die sich darin offenbarenden tatsächlichen Unterschiede jedoch besser zu erkennen und zu verstehen. Es ist sicher richtig, daß Vorurteile nicht selten auf Äußerlichkeiten basieren. Ein äußeres Bild mag aber durchaus auf etwas Wesentliches hindeuten. So mag sich auch ein Ausruf wie »typisch katholisch« oder »typisch evangelisch« auf etwas beziehen, was durchaus keine Kleinigkeit ist. In der ökumenischen Zusammenarbeit zwischen dem Zentralkomitee der deutschen Katholiken und dem Deutschen Evangelischen Kirchentag kommt es hin und wieder zu Situationen, in denen unsere evangelischen Partner es für selbstverständlich halten, einen für den Glauben wesentlichen Schritt aus eigenem Entschluß zu gehen, während es für uns Katholiken ebenso selbstverständlich ist, einen solchen Schritt nur zusammen mit unserer Kirche und mithin also auch mit dem für diese Kirche verantwortlichen geistlichen Amt zu tun. Ein herausragendes Beispiel ist die Frage nach der Möglichkeit der gemeinsamen Abendmahlsfeier. Da ist es für den Evangelischen Kirchentag, nicht zuletzt im Blick auf seine bedeutsame Rolle für den heute viel größeren Stellenwert des Abendmahles im Leben evangelischer Christen, ein wesentlicher Punkt seines Selbstverständnisses, dieses Anliegen in die eigenen Hände zu nehmen, während es für uns zum Kern eben dieses – auch für uns höchst bedeutsamen Anliegens – gehört, in diesem zentralen Punkt des Glaubens nur mit der ganzen Kirche zusammen handeln zu können, wenn wir uns als Katholiken nicht aufgeben wollen. Ich bin dankbar für die Achtung und das Verständnis, die wir in bezug auf unsere Haltung bei unseren evangelischen Geschwistern gefunden haben. Aber natürlich steht gleichwohl im Raum: Wir dürfen das, und ihr dürft das nicht. Und vielleicht mag sich bei dem einen oder anderen auch der Gedanke melden: In Wahrheit sind nur wir mündige Christen.

Gewiß gäbe es viele Beispiele aus der Zeit vor dem II. Vatikanischen Konzil und aus der Zeit danach bis auf den heutigen Tag,

um eine solche Meinung kraftvoll zu belegen. Auch will ich gar
nicht leugnen, daß die Katholische Kirche für die Praxis, aber auch
für die konkrete Gestalt ihrer rechtlichen Ordnung noch vieles aus
der christlichen Geschichte wieder entdecken oder für die Herausforderungen unserer Zeit neu entwickeln muß – nicht zuletzt, um
ökumenefähiger zu werden. Viele Katholiken singen immer noch
gern ihre Hymne treuer Kirchlichkeit: »Fest soll mein Taufbund
immer stehn / ich will die Kirche hören / Sie soll mich allzeit
gläubig sehn / und folgsam ihren Lehren.« Immerhin wurden
diesem Lied aus dem Jahre 1810 schon vor dem Zweiten Vatikanum die Verse von Johannes Pinsk hinzugefügt mit Zeilen wie »Ich
bin der Kirche, Christi Glied.« Und: »Mit Jesu Christi Priestertum
/ bin ich geschmückt in Gnaden.« Daß es darum jemals Aussicht
gehabt hätte, in das ökumenisch gesungene Liedgut aufgenommen
zu werden, ist gleichwohl unwahrscheinlich. Denn »Gliedschaft«
weist auf die Kirche als feste Gemeinschaft hin, deren Verfaßtheit
nach katholischer Überzeugung jedenfalls in ihren Eckwerten
durch Christus vorgegeben ist, wie immer diese kirchliche Verfas-
sung in den wechselnden geschichtlichen Zeit ausgestaltet sein mag.
Daß sich jedoch aus dem für diese Ordnung gern verwendeten Bild
vom Hirten und der Herde Ansprüche und Praktiken ergaben und
leider immer noch ergeben, bei denen die Laien im Volk Gottes
(und gelegentlich auch Bischöfe und Priester) als Kinder und Scha-
fe angesehen und wie solche behandelt werden, gibt in bezug auf
das Verhältnis zur Kirche dem Ausruf »typisch katholisch« bei
Christen beider Konfessionen einen unübersehbaren Realitäts-
bezug.

Natürlich führt umgekehrt auch das evangelische Verständnis
von Kirche, die wesentlich als die aktuelle Versammlung zur Verkündigung und Sakramentenspendung aufgefaßt wird, während
jede Art von rechtlicher Struktur mehr oder weniger als Menschen-
werk gilt, seinerseits zu dem katholischen Vorurteil, die evangelische Kirche sei eine eher unbestimmte Größe und vorzugsweise
als permanenter Diskussionsprozeß wahrzunehmen. Für die heuti-

ge Gesellschaft, die sich politisch und kulturell weithin durch den permanenten Diskurs konstituiert und identifiziert, kann eine solche Sicht der Kirche übrigens in bestimmten gesellschaftlichen Situationen durchaus angemessen sein. Und daß der freiheitliche Charakter unserer Gesellschaft nicht zuletzt aus dem schönen Lutherwort von der Freiheit eines Christenmenschen lebt, unterstreicht dies noch. Freilich kann man gelegentlich den Eindruck gewinnen, hier ginge es weniger um die Freiheit aus dem Glauben von den Zwängen dieser Welt als eher um den Wunsch, jedem Verdacht kirchlicher Konformität durch ein hohes Maß von innerprotestantischer Streitlust schon im Ansatz vorzubeugen.

Es war in der Endphase der DDR. Der evangelischen Kirche war es, wahrscheinlich nach unendlichen und demütigenden Anstrengungen, gelungen, in Ostberlin ein Tagungshaus zu errichten. Und man hatte diesem Haus den Namen des christlichen Blutzeugen Dietrich Bonhoeffer gegeben. Ich fand das sehr überzeugend. Um so überraschter war ich bei einer Tagung katholischer und evangelischer Studentenpfarrer, zu der man mich als Referent eingeladen hatte, von einem evangelischem Pfarrer zu hören, über diese Namensgebung hätte es in seiner Kirche eine heftige Debatte gegeben. Und ohne weiter auf das Ergebnis dieser Debatte einzugehen, fügte er leuchtenden Auges hinzu: »Es war ein guter Streit.« Ich brauchte meinen ganzen ökumenischen Takt, um den Ausruf »typisch evangelisch« hinunterzuschlucken. Seitdem habe ich hin und wieder an dieses Erlebnis denken müssen.

Daß das unterschiedliche Verständnis von Kirche mehr ist als, wie manche meinen, ein Gezänk von Theologen, sondern die Art des Glaubenslebens prägt, zeigt sich insbesondere beim Verhältnis von Norm und Gewissen. Die juridische Tradition der katholischen Kirche mit ihrer Neigung zur detaillierten Regelung führt zu der auch heute noch bei Katholiken zu beobachtenden Neigung, was man als Christ zu tun und zu lassen habe, im Vollzug kirchenamtlich vorgegebener Regeln zu sehen (unter Beachtung der dort zu findenden Ausnahmebestimmungen) und zum Gewissen ein eher pragmatisches Verhältnis zu unterhalten. Das mag auch zu dem bösen, gelegentlich zu hörenden Verdacht geführt haben, Katholiken seien falsch. Unvergeßlich ist mir ein Gespräch in unserer katholischen Studentengemeinde, bei dem unseren evangelischen Gästen völlig unverständlich war, welche Beziehung wohl zwischen der rechten Art, die Fastenzeit zu begehen, und der Beachtung kirchlicher Vorschriften bestehen könnte. Umgekehrt ist für Katholiken trotz der inzwischen auch bei ihnen festzustellenden größeren Meinungsbreite immer noch überraschend, wie weit sich das evangelische Spektrum in Glaubens- und Lebensfragen zwischen Weitherzigkeit und Rigorismus spannt. Und obwohl auch in der Katholischen Kirche die früher deutlich vorherrschende Mitte dünn geworden ist, scheint mir für das Leben kirchennaher evangelischer Christen charakteristischer, daß dort nicht die Mitte, sondern die strengere Tendenz prägender ist. Als ein sehr vordergründiges, aber keineswegs abwegiges Beispiel zitiere ich einen meiner Söhne, der mir während seiner Zeit als Sprecher einer Katholischen Studentengemeinde über ihre Versammlungen erzählte: »Wenn die Evangelen kommen, müssen wir Tee kochen. Sonst trinken wir Bier.«

Auch wenn in beiden Kirchen für Urteile und Vorurteile solcher Art die Wirklichkeit schwindet oder doch in starker Veränderung begriffen ist, so sind doch unterschiedliche, weil aus unterschiedlichen geistigen Ansätzen oder unterschiedlichen geschichtlichen Traditionen erwachsene Haltungen bis heute auch gesellschaftlich relevant. Gewiß sind die Zeiten vorbei, in denen katholische Bischöfe ihren geliebten Diözesanen ganz selbstverständlich Wahlempfehlungen erteilten. Das 2. Vatikanische Konzil hat der lange gehegten Vorstellung, aus dem Glaubensbekenntnis und den kirchlichen Lehren ließe sich eine (partei)politische Programmatik ableiten, die für gute Katholiken verpflichtend ist, ganz grundsätzlich eine Absage erteilt. Was, jedenfalls tendenziell, blieb, ist eine größere Unbefangenheit der Katholiken im Umgang mit der politischen Realität und eine größere Bereitschaft, sich auf deren Notwendigkeiten praktisch einzulassen. Jedenfalls habe ich es mehr als einmal erfahren, daß meine evangelischen Kollegen auf Predigten und Ansprachen katholischer Amtsträger so reagierten, während es mir gar nicht besonders aufgefallen war.

»Typisch katholisch«, »typisch evangelisch« – das sind, trotz negativem Unterton, auch Identifikationsmuster. Das jeweils Gemeinte ist gewiß nicht das Wesentliche, aber meist hängt es in irgendeiner Weise mit dem Wesentlichen zusammen. Wer nicht der naiven Illusion anhängt, der Weg zur christlichen Einheit könnte dadurch verkürzt werden, daß man den jeweiligen konfessionellen Reichtum abwirft und nur noch mit dem leichten Gepäck in dieser Zeit vordergründig nützlicher sogenannter Kernbestände des Christlichen aufeinander zugeht, der wird sich hüten, »typisch Katholisches« und »typisch Evangelisches« einfach abzuwerten. Gewiß bezeichnen die so charakterisierten Verhaltensweisen Unterschiede in einer vereinfachenden und daher oft auch oberflächlichen und trennenden Weise. Daher sind solche Ausrufe, wenn sie denn wirklich ernst gemeint sind, nicht selten eher Vorurteile denn Urteile. Aber sie können uns auch dazu anregen, den Unterschied als gegenseitige Bereicherung und als wechselseitige Anfrage zu erkennen. Jedenfalls weist die Charakterisierung als »typisch« in einem gewissen Sinne auch auf Beständigkeit und damit Zuverlässigkeit hin. Gibt es schon »typisch ökumenisch«?

Hans Joachim Meyer
Vorsitzender des Zentralkomitees der Deutschen Katholiken

Geleitwort

Auf dem Kastellplatz meiner Heimatstadt Moers am Niederrhein standen, als ich vor über 50 Jahren dort hinkam, zwei Volksschulen dicht nebeneinander. Ich besuchte die evangelische, die andere war katholisch. Wir »trafen« einander in den Pausen und nach Schulschluß, und zwar heftig. Bei einer dieser zahllosen Raufereien habe ich ordentlich was unters Kinn und auf die Nase bekommen. Der katholische »Partner« verstand sich besser aufs Boxen. Typisch katholisch?

Und noch eine oberflächliche Betrachtung: Bei Gemeindeabenden und -festen gibt es fast immer Kartoffelsalat. Ich habe ihn bei beiden Konfessionen ausgiebig genossen. Allmählich ist daraus bei mir die Ansicht entstanden, es gäbe einen typisch katholischen und einen typisch evangelischen Kartoffelsalat. Den katholischen mag ich lieber. Er schmeckt nach meinem Urteil - oder Vorurteil? - milder, ist vielleicht stärker mit Mayonnaise angereichert. Der evangelische dagegen schmeckt nüchterner, fast ein bißchen säuerlich. Wahrscheinlich ist er gesünder.

Abwegige Vorstellungen? Gilt das dann auch für den Witz, den Johannes Rau über den Reformierten erzählt, der sich auf eine Orgie vorbereitet? Den erkenne man nämlich daran, daß er sich statt Selters Limonade bestellt, und dann sogar zwei Flaschen auf einmal.

Da ist er wieder, der Eindruck der Nüchternheit und Kühle auf der einen Seite und der wohltuenden, ja üppigen Wärme auf der anderen. Im Erlebnis der unterschiedlichen Kirchenpraxis gibt es dafür Entsprechungen. So manchem Evangelischen geht das Herz auf, wenn er die Feierlichkeit des katholischen Gottesdienstes erlebt und geheimnisvolle Heiligkeit zu spüren glaubt. Da wird Geborgenheit erlebbar, auch theologisch. Sie nehmen einem die Sorge um den rechten Glauben ab und zeigen den Weg, der gilt. »Sie« - das ist die Kirche, das sind engagierte Pfarrer mit Autorität und Schwestern, die sich selbstlos für andere einsetzen.

Bei alledem braucht man auf das pralle Leben nicht zu verzichten. Die Katholiken scheinen es mit ernsthafter Kirchlichkeit gut vereinbaren zu können. Und ihre Oberen lassen gelegentlich wissen, daß sie zwar an Geboten und Lehre ernsthaft festhalten, daß aber die Kirche Übung darin hat, mit einer diesen Grundsätzen nicht entsprechenden Alltagspraxis zu leben.

Beeindruckend ist über die Feierlichkeit hinaus gelegentlich auch die glanzvolle Pracht, in der die katholische Kirche sich zelebriert. Wer den Festgottesdienste im Mainzer Dom zu Bischof Lehmanns Begrüßung als Kardinal erlebt hat, dem will die geringschätzige Frage Stalins, wie viele Divisionen der Papst denn habe, lächerlich scheinen. Da sind viele und noch mehr, und alles glänzt. In Rom, bei der Kardinalserhebung, so massiv, daß den evangelischen Gästen die »höfische Prachtentfaltung« direkt unheimlich wurde. Aber immerhin, da ist eine Kirche, die Kraft aufweist und Geborgenheit bietet. Eine immer wieder lockende Einladung, sich in sie hineinnehmen zu lassen.

Das könnte den Suchenden von manchen typisch evangelischen Querelen und Unsicherheiten entlasten. Es ist doch lästig und mühsam, in Synoden und anderen Gremien unter evangelischen Christen endlos zu diskutieren und zu streiten. Vielleicht kommen da ja sogar typisch Deutsches und typisch Evangelisches zusammen, in jener Verliebtheit ins Grundsätzliche, die selbst den Kern des Gedankens noch spaltet und das Ergebnis auf die Spitze treibt. Ob das dann noch etwas mit der Lebenswirklichkeit zu tun hat, ob es verständlich ist, schert die scharfen Denker wenig. Das Prinzip zählt.

Sich ihm bedingungslos nach eigenem Urteil zu widmen, ist alle - evangelische - Freiheit gegeben. Ausgiebig wird sie genutzt. Frei von jeder Bevormundung und auch gleich frei von helfender Orientierung bildet man sich seinen Standpunkt, und auf dem steht man dann und »kann nicht anders«. Luther ist dabei leuchtendes Vorbild. Er kann sich dagegen nicht wehren. Das würde wohl auch nichts nützen. Was wäre er ihnen, was ist ihnen die Welt drumherum, wenn sie doch mit »ihrem Gott im Reinen sind«?

Bei Theologen im kirchlichen Amt entstehen daraus gelegentlich ebenso steile wie unfruchtbare Auseinandersetzungen. Nein, einen unfehlbaren Papst hat man in der evangelischen Kirche nicht, statt dessen aber gelegentlich gleich mehrere davon, jeden mit seiner eigenen Lehrmeinung.

Und dann gibt es all die Absonderlichkeiten in der kirchlichen Praxis, die mit Empfindungen zwischen Entsetzen und Reformbegeisterung aufgenommen werden. Kommen dann noch Erlebnisse freizügiger Lebensführung auch bei Pfarrern hinzu, dann entringt sich den kirchlichen Oberen schon mal der Seufzer: »Es ist zum Katholischwerden!«

Aber würde das helfen? Ist dort wirklich die Insel der Seligen? Und was denn müßte der evangelische Christ dafür aufbringen, daß er sich fürs Katholischwerden entscheidet? Da gibt es »Preislisten«, die zuvor gelesen werden wollen, vielleicht sogar typisch katholische.

Vor zwei Jahren, in der Vatikanischen Erklärung »Dominus Iesus«, haben Evangelische verblüfft und erschrocken einiges davon erblickt. Den Darlegungen zur Heilsmittlerschaft und zum Lehramt der Kirche folgen Sätze, die man auf evangelischer Seilte weder kennt noch sich vorstellen kann. Es »muß fest geglaubt werden« oder es »ist vor allem fest zu glauben« heißt es da, jeweils kursiv gesetzt, damit die Pflicht deutlich wird.

Überblickt man das letzte Jahrzehnt, dann kommt manches für den evangelischen Christen Befremdliche hinzu: der definitive Ausschluß der Frauen vom Priesteramt, die Einschränkung von Kompetenzen und Aufgaben der Laien in der Kirche, die Begrenzung der theologischen Diskussion, auch und gerade in der Wissenschaft.

Wer mit alledem etwas großzügig verfährt, bekommt, im Brief des Papstes an die deutschen Bischöfe im März 2001, zu lesen:

»Leider geht aber aus zuverlässigen Informationen hervor, daß es trotz vieler lehramtlicher Klarstellungen weiterhin ...«

Die Deutlichkeit solcher Mahnungen und manchmal auch Strafandrohungen hat prominente Katholiken zu Kommentaren veranlaßt, die uns noch im Ohr sind. Vor einer »Kommandokirche« warnte der Präsident des Zentralkomitees deutscher Katholiken, Hans Joachim Meyer. Ministerpräsident Erwin Teufel empfand die Gedankengänge der Moralenzyklika im Jahre 1995 als »fremdgewordene Welt mit Drohbotschaften, Verbotstafeln, Beschwörungen und Verschwörungstheorien«.

Und so zeigt sich wieder einmal, daß man sichere Geborgenheit ohne strenge Grenzziehungen wohl nicht haben kann. Der »typisch Evangelische« kommt damit nicht zurecht. Die Bibel unmittelbar gibt ihm Orientierung und sie legt sich, darauf vertraut er, immer auch selbst aus.

Die Mühe um das rechte Verständnis dieser Auslegung ist lästig, aber unabwendbar. Alle können und sollen sich an ihr beteiligen: die Theologen und die »Laien«, und in beiden Gruppen in jeglicher Position selbstverständlich Frauen und Männer gemeinsam. Da kommt man oft in Unsicherheiten und aus dem Suchen nicht heraus. Typisch evangelisch zu glauben und zu leben ist eben auch nicht einfach.

Immerhin gibt es Stärkung auf diesem Weg. Die kraftvolle und einprägsame Sprache der Lutherbibel z.B. Daran halten die Evangelischen gern fest, ohne sich deswegen ganz der – vor allem katholisch verantworteten – »Einheitsübersetzung« zu entziehen. Denn darin sind sie sich mit der großen Mehrheit der Katholiken einig: Was immer möglich ist, um evangelischen und katholischen Christen die gemeinsame Bekundung ihres Glaubens in Wort und Praxis zu ermöglichen, das muß getan werden. Nicht nur in der in Deutschland schon stattlichen Zahl der von beiden Kirchen verantworteten Dokumente und gemeinsamen Erklärungen. Auch im kirchlichen Alltag ist das Verlangen nach Gemeinsamkeit beständig und stark. Im ökumenischen Kirchentag wird es zum Ausdruck kommen, auf gemeindlicher Ebene setzt es sich seit langem immer wieder durch.

Auf dem eingangs erwähnten Kastellplatz meiner Heimatstadt sind die beiden Volksschulen, die katholische und die evangelische, verschwunden. Der Platz zwischen der evangelischen Stadtkirche und der Pfarrkirche St. Josef ist frei. Auf ihm feiern beide Gemeinden zusammen ihr Gemeindefest, mit ökumenischem Gottesdienst natürlich. Das letzte Leitmotiv hieß: »Ein Herz und ein Seele.« Und so war es auch. Die Gemeinschaft war vorbehaltlos und beglückend.

Das sollte unter uns typisch werden. Typisch evangelisch und typisch katholisch.

Jürgen Schmude

Präses der Synode der Evangelischen Kirche in Deutschland

»Typisch christlich« – Was uns verbindet

»Typisch katholisch – typisch evangelisch«, so lautet der Titel des vorliegenden Buches. Beide Redeweisen, so zeigen die einleitenden Artikel von Hans Joachim Meyer und Jürgen Schmude, hören sich mit den Ohren der jeweils anderen Konfession durchaus verschieden an. Doch was der eine als typisch beim andern ansieht, kann beiden nicht gleichgültig sein. Im nun folgenden Hauptteil werden in den Sachartikeln zu zentralen Stichworten des »ökumenischen Alltags-Dialogs« in den Bereichen »Praxis des Glaubens«, »Gemeinde und Kirche« und »Lehre« ein eigener Beitrag aus katholischer und ein eigener Beitrag aus evangelischer Sicht jeweils einander gegenübergestellt. Auf diese Weise soll das Selbstverständnis der beiden Konfessionen deutlich hervortreten. Es ist dabei nicht die Absicht, das gemeinsame Christliche zu verstellen oder gar zu vernachlässigen, sondern es geht darum, ein besseres Verstehen dessen zu erreichen, was evangelischen und katholischen Christen je auf ihre Weise am Christ- und Kirchesein wichtig ist. Nicht selten wird gerade in der Profilierung der konfessionellen Differenz die getreue Wahrung »des spezifisch Christlichen« gesucht, ein Bestreben, das beide Konfessionen »im Grunde« zutiefst verbindet.

Was aber ist denn das *typisch Christliche*, das bei aller Unterschiedlichkeit der beiden Konfessionen Protestanten und Katholiken *gemeinsam als Christen kenntlich macht und auszeichnet*? Eine von allen Seiten als zutreffend empfundene Antwort auf diese Frage zu finden, ist alles andere als leicht und gerade darum dringlich. Warum ist das so?

1. Zur Bedeutung der Frage nach dem »typisch Christlichen«
Zugegeben, der Ausruf »typisch christlich!« ist heutzutage kaum irgendwo zu hören, schon eher die Redensart »typisch Kirche!«. Damit sind dann aber in der Regel nicht beide Konfessionen ge-

meint, vielmehr wird vorwiegend das eigene Kirchentum kritisiert. »Typisch Kirche« wird meistens abfällig im Hinblick auf bestimmte ärgerliche Verwaltungsakte gebraucht oder auf einen in der Kirche herrschenden, Mißfallen erregenden Umgangsstil bezogen (etwa auf die Art, wie Konflikte bearbeitet oder nicht bearbeitet werden). Auch wenn jemand wegen seiner Lebensführung aus dem kirchlichen Dienst entlassen wird oder wenn eine kirchliche Veranstaltung zum wiederholten Mal langweilig, lustlos oder unprofessionell abläuft, dann heißt es eben: »typisch Kirche!«

Wenn in unserem Zusammenhang nun aber nach dem »typisch *Christlichen*« gefragt ist, dann geht es uns selbstverständlich nicht um solche, zweifellos vorhandenen Defizite und Ärgernisse im Bereich christlicher Religionsausübung, sondern um das positiv und unterscheidend Kennzeichnende des Christentums bzw. des christlichen Glaubens als einer bestimmten religiösen Lebensform. Angesichts der Entwicklung hin zur radikal pluralisierten, multikulturellen und multireligiösen Gesellschaft – darüber sind sich Theologen und Nichttheologen weithin einig – ist es höchste Zeit, daß das »christliche Proprium« in Gottesverehrung und Wahrnehmung des Menschen, in Auffassung und Gestaltung von Kultur und Gesellschaft, in ethischen und politischen Grundentscheidungen vermehrt als das den Christen Gemeinsame registriert und zugleich nach außen dargestellt wird. Das Christentum muß über die konfessionellen Differenzen hinaus sein ureigenes Gesicht zeigen, das es von anderen Religionen sowie vom verbreiteten Säkularismus unterscheidet, um auch in Zukunft als unverwechselbare Glaubensgemeinschaft in der Öffentlichkeit wahr- und ernstgenommen zu werden und als kulturprägende Kraft wirken zu können.

Wo sich zwei Partner allein gegenüberstehen – das ist ja ein bekanntes soziales Phänomen –, dort nehmen sie gegenseitig eher die zwischen ihnen bestehenden Differenzen wahr. Sobald sie aber beide miteinander herausgefordert sind, treten die Gemeinsamkeiten stärker hervor. Es genügt hier, auf das banale Beispiel von

Geschwisterverhalten in der Familie hinzuweisen: Konkurrieren und streiten sie zu Hause, so ist dies sofort vergessen, sobald etwa die eigene Schwester oder der eigene Bruder – vielleicht in der Schule oder in der Öffentlichkeit – von anderen angegriffen, ausgegrenzt oder mißachtet wird. Ähnliches läßt sich in den letzten Jahren und Jahrzehnten im Blick auf die Konfessionen beobachten: Anders als früher standen und stehen die beiden großen Kirchen – trotz aller fortdauernden Lehrunterschiede – in gesellschaftspolitischen Fragen meist eng zusammen, wie beispielsweise beim gemeinsamen »Sozialwort«[1] oder, um einen noch aktuelleren Anlaß zu nennen, bei kirchenoffiziellen Stellungnahmen etwa zur Gentechnologie, in deren Zusammenhang Karl Lehmann als Vorsitzender der Deutschen Bischofskonferenz und Manfred Kock als Ratsvorsitzender der EKD mehrfach betont haben, daß zwischen ihre Positionen »kein Blatt Papier« passe.

Die gemeinsame Wahrnehmung der politisch-sozialen Verantwortung der Christen nach außen im *gesellschaftlichen Dialog* und die gemeinsame Bearbeitung speziell der Glaubensfragen nach innen im *interkonfessionellen Dialog* sind zwei verschiedene Diskussionszusammenhänge, die einander gleichwohl bedingen. So gesehen ist die Erhebung konfessioneller Differenzen in Glaubenslehre und Glaubenspraxis keinesfalls als potentielle Schwächung der gemeinsamen christlichen Stimme in der Gesellschaft mißzuverstehen. Im Gegenteil: Die Genauigkeit in dogmatischen und pastoral-praktischen Fragen kann das Selbstbewußtsein und die Glaubwürdigkeit beider Partner und damit ihr gemeinsames Gewicht im gesellschaftspolitischen Diskurs durchaus stärken. Allerdings: Das allein genügt heute nicht mehr. Die Interdependenz zwischen dem Dialog der Kirchen mit der Gesellschaft und dem innerchristlichen

---

1. *Kirchenamt der Evangelischen Kirche in Deutschland/Sekretariat der Deutschen Bischofskonferenz* (Hg.), Für eine Zukunft in Solidarität und Gerechtigkeit. Wort des Rates der Evangelischen Kirche in Deutschland und der Deutschen Bischofskonferenz zur wirtschaftlichen und sozialen Lage in Deutschland. Gemeinsame Texte 9, Bonn 1997.

Dialog ist offenkundig. Gleichzeitig ist es für die großen christlichen Konfessionen unumgänglich geworden, den *interreligiösen Dialog* gemeinsam zu führen und eine selbstbewußte Begegnung des Christentums mit den anderen Religionen zu suchen und zu fördern.

Die christlichen Kirchen sehen sich gegenwärtig also in zunehmendem Maße gefordert, »das Christliche« nicht nur in gesellschaftlichen Streitfragen oder gegenüber dem religiösen Indifferentismus zu vertreten, sondern speziell auch im Gespräch mit Vertretern anderer Religionen (bzw. Religiositäten) deutlich zu machen und festzuhalten. Im Blick auf den Dialog mit den großen Weltreligionen wird dies allerdings in sehr differenzierter Weise geschehen müssen; anders im Gespräch mit dem Judentum – da die Botschaft Jesu im Glauben Israels wurzelt und das Verhältnis von Judentum und Christentum im Glauben ebenso einzigartig wie geschichtlich durch Pogrome und Holocaust unbeschreiblich belastet ist; anders im Verhältnis zum Islam, insofern dieser keineswegs eine in sich geschlossene Größe darstellt; wieder anders gegenüber Buddhismus und Hinduismus.

Gerade die Muslime, um ein derzeit vermehrt virulent werdendes Beispiel zu nennen, sind für den gläubigen Widerspruch meist empfänglicher als für das Überwinden oder gar Verwischen der Grenzen, wenn dies auf mangelnder eigener Identität und Überzeugung beruht. Auch zwischen Christen und Muslimen gibt es durchaus positive Erfahrungen von Gemeinsamkeiten im politischen Bereich, die als Basis für den Dialog taugen: So hat beispielsweise das gemeinsame Eintreten für einen konfessionell bestimmten Religionsunterricht nach dem Grundrecht von Art. 7, 3 des Grundgesetzes in den letzten Jahren mehrfach Christen und Muslime zusammengeführt und einander näher gebracht. Aber in den eigentlichen Glaubensfragen stehen die Dinge dann doch nochmals anders. Wenn etwa in der jüngeren Vergangenheit unter dem Leitwort »Abrahamitische Ökumene« erste Schritte eines Annäherungs-Dialoges auch mit dem Islam versucht wurden, so wird heute in wachsendem Maße deutlich, daß man bei allgemeinen Konsensbemühungen wohl nicht stehenbleiben kann und darf. Die christlichen Konfessionen sehen sich im Gegenteil – gerade im Gespräch mit dem Islam – mehr und mehr veranlaßt, zu einem der Würde jeder Religion (als bestimmter Form der Wahrheitssuche) entsprechenden religiösen Differenz-Dialog fortzuschreiten, der natürlich von großem gegenseitigem Respekt getragen sein muß. Achtung vor dem Anderen und Fremden ist eben nicht mit einem vorschnellen oder gar falschen Konsens gleichzusetzen.

Namentlich im Gespräch mit den einzelnen Religionen wird es für die Christen also darauf ankommen, künftig das »typisch Christliche«, das ihnen gemeinsam ist, dezidiert und klar, zugleich jedoch sehr sensibel für die andere religiöse Überzeugung zur Sprache zu bringen. Dies gilt zum einen in bezug auf die zentrale Botschaft Jesu von der nahegekommenen Gottesherrschaft und das nachösterliche Evangelium von der Heilsbedeutung des Kreuzestodes Christi und seiner Auferstehung, zum andern im Blick auf das hieraus erwachsene typisch christliche Gottesbild und die für Christen typische Sicht vom Menschen sowie die damit verbundenen, christlich motivierten theologischen, ekklesiologischen oder soziokulturellen Optionen. Freilich: Von alledem wird in den folgenden Artikeln dieses Buches nicht explizit die Rede sein können. Hier geht es zunächst und vor allem darum, den alltäglichen »Dialog der Geschwister« fortzuführen, nicht zuletzt auch mit dem Ziel, in anderen und größeren Zusammenhängen gemeinsam christliche Positionen beziehen und vertreten zu können.

Bevor in den jeweils doppelt besetzten Hauptartikeln versucht wird, einen breiter angelegten »ökumenischen Alltags-Dialog« anzustoßen, soll zuvor – wenn auch in aller Kürze – das »unbestreitbar Gemeinsame« der Christen in Erinnerung gerufen und darin das »typisch Christliche« in den Blick genommen werden.

Die gemeinsame christliche Substanz, das, was die Christen eint, umfaßt nach unserer Überzeugung weitaus mehr, als was die Konfessionen tatsächlich trennt. Dies zu realisieren, ist nicht nur für den ökumenischen, sondern auch für den interreligiösen und den gesellschaftlichen Dialog von größter Bedeutung. Für die weitere Darstellung ergeben sich drei Gliederungspunkte: Auf der Basis des »*unbestreitbar Gemeinsamen der Christen*«, nämlich des ihnen in der Bibel gemeinsam geschenkten Wortes Gottes und des in beiden Konfessionen überlieferten gemeinsamen Glaubensbekenntnisses sowie im Blick auf die gemeinsame Taufpraxis und unter Verweis auf den gemeinsamen Schatz an Gebeten (etwa des Vaterunsers) sowie an altkirchlichen Lehrtexten und Gesängen sollen »*zwei typisch christliche Grundbilder*« beschrieben werden, in denen sowohl das konfessionell Verbindende wie das typisch Christliche ansichtig wird (insbesondere die Essentials des christlichen Gottes- und Menschenbildes).

Anschließend sollen dann aber auch einige mit unterschiedlicher Interpretation des biblischen Wortes und des gemeinsamen christlichen Glaubensvollzuges zusammenhängende »*fortwirkende konfessionelle Charakteristika*« angesprochen werden, die bis auf weiteres den realen Unterschied ausmachen (nämlich Kirchenbild, Gottesdienstverständnis und Weltverhältnis). Die Zielsetzung ist dort und hier dieselbe: Die gemeinsamen Grundbilder sollen deutlich machen, was uns in Sachen der christlichen Lehre zutiefst als Geschwister in Christus verbindet. Die Nennung der fortbestehenden, hauptsächlich die christlich-konfessionelle Praxis betreffenden Unterscheidungsmerkmale steht unter dem Motto: Die Differenzen betonen, um Übergänge zueinander und Durchbrüche ins gemeinsame Zentrum zu provozieren.

2. Das »unbestreitbar Gemeinsame« der Christen

Das Gemeinsame der Christen, wodurch sich das Christentum zugleich typisch von anderen Religionen unterscheidet, ist unbestreitbar der Glaube an ein schöpferisches und erlösendes *Wort Gottes, das in Jesus Christus Mensch geworden ist – zur Rechtfertigung (oder Rettung) des Menschen und zum Heil der Welt.* Nach dem gemeinsamen Glauben *der Christen* offenbart und bezeugt und verkündet das biblische Wort in Gestalt der hl. Schrift beider Testamente (des »Alten« und des »Neuen Testaments«) – unbeschadet der oftmals unterschiedlichen Auslegungen und Interpretationen – den »Gott Abrahams, Isaaks und Jakobs« und Jesus Christus als sein eschatologisches Wort: »*Viele Male und auf vielerlei Weise hat Gott einst zu den Vätern gesprochen durch die Propheten, in dieser Endzeit aber hat er zu uns gesprochen durch seinen Sohn*« (Hebräer 1, 1-2). Der am Kreuz gestorbene und vom Tod erstandene Jesus Christus und sein Evangelium vom nahegekommenen Reich Gottes (Basileia) bilden die Mitte des biblischen Glaubens und damit des von allen Christen »Heilige Schrift« genannten Buches.

Dabei ist es für die überwiegende Mehrheit der Christen nicht eigentlich der Buchstabe, weder derjenige der heiligen Schrift noch der der Tradition, welcher den Glauben weckt, sondern der in ihr (und den Hörern bzw. Lesern) wirksame heilige Geist: »Denn der Buchstabe tötet, der Geist aber macht lebendig« (2. Korinther 3, 6b).

Gemeinsam ist den Christen aber nicht nur *die Bibel* und *das lebendige Wort des Evangeliums,* welches in ihr zur Sprache kommt, sondern auch die *Taufe,* die von jeher, soweit sie »im Namen des Vaters und des Sohnes und des Heiligen Geistes« mit Wasser gespendet wird, als das grundlegende Sakrament gegenseitige Anerkennung genießt. Im gemeinsamen Taufbekenntnis eingeschlossen und bewahrt sind *das Apostolische und das Nizänische Glaubensbekenntnis* und damit der Konsens in den Fundamentalartikeln des Glaubens bzw. den großen trinitätstheologischen, christologischen und pneumatologischen *Dogmen der altkirchlichen ökumenischen Konzilien.*

Gemeinsam ist den Christen neben und in den allgemeinen Vorstellungen von Sündenvergebung, Versöhnung und Heil von Gott her vor allem der von Paulus formulierte Glaube an die *Rechtfertigung des Menschen allein aus Gnade (bzw. allein aus dem Glauben).*

Die Gemeinsame Erklärung zur Rechtfertigungslehre,[2] die am 31.10. 1999 von der römisch-katholischen Kirche und den Mitgliedskirchen des Lutherischen Weltbundes unterzeichnet wurde, stellt fest, daß trotz bleibender konfessioneller Unterschiede im einzelnen und je anderer Akzentsetzungen eine fundamentale Übereinstimmung in den zentralen Wahrheiten dieser Lehre besteht.

Gemeinsam ist den christlichen Konfessionen zugleich die ebenfalls von Paulus geprägte, Lehre und Leben eschatologisch verbindende *Trias »Glaube - Liebe - Hoffnung«* (1. Korinther 13, 13), die der bedeutende evangelische Theologe Adolf von Harnack (1851-1930) einmal »die beste Devise des Christlichen« genannt hat.

Und gemeinsam ist den Christen - neben vielen anderen Gebeten und Hymnen - nicht zuletzt das *Vaterunser* als »Gebet des Herrn«, das seit den Anfängen der christlichen Gemeinden (zusammen mit Symbolum und Dekalog) einer der zentralen Grundtexte der Verkündigung und Katechese wie der gelebten Glaubenspraxis ist. Zusammen mit den Protestanten sprechen seit dem Zweiten Vatikanum auch die Katholiken wieder die in der Didache dem Herrengebet angefügte Doxologie mit: »Denn dein ist das Reich und die Kraft und die Herrlichkeit in Ewigkeit«.

Natürlich haben die großen christlichen Kirchen auch die *Feier des Abendmahls* gemeinsam, aber - dies darf hier nicht unerwähnt bleiben - sie feiern es (teilweise aus verständlichen Gründen) bis dato *nicht miteinander*, von Ausnahmen abgesehen. Dabei sind auch die Positionen der beiden großen Kirchen zum praktischen Verfahren durchaus unterschiedlich: »Die evangelischen Kirchen heißen schon heute ihre katholischen Mitchristen am Tisch des Herrn willkommen im Sinne der Rechtfertigung allein aus Glauben.«[3]

---

2. *Lutherischer Weltbund/Päpstlicher Einheitsrat,* Gemeinsame Erklärung zur Rechtfertigungslehre1997, Paderborn und Frankfurt 1999.

3. Votum von 141 evangelisch-theologischen Hochschullehrerinnen und Hochschullehrern zur »*Gemeinsamen Erklärung zur Rechtfertigungslehre*«, in: epd-Dokumentation 7 (1998), 1-4: 2.

Katholischerseits kann dies nicht entsprechend formuliert werden. Die vielfach gewünschte und erstrebte »eucharistische Gastfreundschaft« zwischen Katholiken und Protestanten stößt gegenwärtig erneut und verstärkt auf Schwierigkeiten. Dies ist umso bedauerlicher, als der Grund der christlichen Hoffnung für evangelische und katholische Christen derselbe ist: Die unbeschränkte Liebe Gottes zum Menschen in dem Menschen Jesus.

3. Zwei typisch christliche Grundbilder: Gott und Mensch
Christen haben gemeinsam ein ganz eigenes, im Glauben Israels grundgelegtes und durch Jesus Christus neu vermitteltes Bild von Gott als einem liebenden und zugleich streitbaren, sich der Menschen, insbesondere der Armen und Schwachen erbarmenden Beziehungswesen: Im »Magnifikat« der Maria heißt es: »Er erbarmt sich von Geschlecht zu Geschlecht über alle, die ihn fürchten. Er vollbringt mit seinem Arm machtvolle Taten: Er zerstreut die im Herzen voll Hochmut sind, er stürzt die Mächtigen vom Thron und erhöht die Niedrigen. Die Hungernden beschenkt er mit seinen Gaben und läßt die Reichen leer ausgehen« (Lukas 1, 50-53).

3.1. Der »dreieine« Gott
Der im Neuen Testament bezeugten »Menschwerdung« des göttlichen WORTES liegt *kein philosophisch-abstraktes Gottesbild*, vielmehr die *biblische Erfahrung der Offenbarung des in der Geschichte wirksamen, »konkreten« und »personalen« Gottes* zugrunde. Jesu prophetische Botschaft (»Evangelium«) vom nahegekommenen »Reich Gottes« kündet, wie die biblische Gottesrede überhaupt, von Gott, der sein Wesen darin offenbart, daß er sich seiner ganzen Schöpfung und seinem Volk selbst mitteilt und sich insgesamt in eine liebende Beziehung zur Welt setzt (Johannes 3, 16). Ja, noch mehr: In Jesus Christus selbst, dem Gekreuzigten und Auferstandenen, ist die Liebe und Herrlichkeit Gottes sichtbar erschienen. Er ist das Evangelium in Person, das Geheimnis (griech.: mysterium, lat.: sacramentum) der Gottesbegegnung schlechthin.

Die spätere, im Laufe der frühen Christentumsgeschichte aus dieser christlichen Botschaft entfaltete kirchliche Lehre vom »dreieinen« oder »dreifaltigen Gott« (die sogen. »Trinitätslehre«) will die geschichtlich sich zeigende Beziehung Gottes zur Welt am Anfang (»Schöpfung«), in der Fülle (»Erlösung«) sowie am Ende der Zeit (»Vollendung«) und damit als Selbstoffenbarung Gottes in seinem »dreifaltigen« göttlichen Wesen (Gott als »Vater, Sohn und Heiliger Geist«) deuten und zu verstehen geben.

Der Glaube an den »dreifaltigen Gott« bildet das eigentliche Grundgeheimnis des Christentums und die Herzmitte des Christseins. Auf den Namen des dreieinigen Gottes werden Christen und Christinnen getauft, auf ihn richtet sich der Lobpreis der Kirche in Predigt, Gottesdienst und Diakonie, an ihn wenden sich letztlich alle Dankgebete und Segensbitten. Die vom Mittlergedanken geprägte altchristliche Grundform der sogenannten »kleinen Doxologie«, das »Ehre sei dem Vater *durch* den Sohn *im* Heiligen Geist« wurde im Laufe der Kirchengeschichte allmählich zugunsten einer an Matthäus 28, 19b orientierten, gleichordnenden Nennung der »drei göttlichen Personen« (»Ehre sei dem Vater *und* dem Sohn *und* dem Heiligen Geist«) aufgegeben. Doch bildet die darin zum Ausdruck kommende Spannung zwischen »immanenter« (in Gott selbst wesender) und »ökonomischer« (in der Geschichte wirksamer und sich offenbarender) göttlicher Trinität keinen wirklichen Gegensatz, weil das trinitarische Verhalten Gottes zu uns die Offenbarung seiner Wirklichkeit selbst ist: »Gott ist die Liebe« (1. Johannes 4, 8).

Bei der theologischen Beschreibung des trinitarischen göttlichen Wesens mit Hilfe der Formel »eine Natur in drei Personen« (bzw. in drei »Hypostasen«) hat man allerdings immer gewußt, daß diese Begriffe (Natur, Person, Hypostase) ihre kulturell bedingte Problematik haben. Das bekannteste Mißverständnis ist die Auffassung, beim christlichen Glauben an den dreipersönlichen Gott handele es sich um eine den genuin biblischen Monotheismus preisgebende Verehrung von drei Göttern (vgl. z. B. die Lesart des Koran, Sure 5,

72-73). Doch wäre dies Tritheismus, der zweifellos dem typisch christlichen Glauben an den »einen Gott in drei Personen« zutiefst widerspräche. Der Sinn der christlichen Trinitätslehre liegt demgegenüber darin, Gottes mehrfache liebende Beziehung zur Welt (Schöpfung, Erlösung, Vollendung), die in der Menschwerdung in Jesus Christus ihr Zentrum hat, wahr- und ernstzunehmen. Gott ist die den Menschen und die Welt suchende, schon immer in sich selbst vollendete Liebe (vgl. 1. Johannes 4, 16). Auch der Gedanke einer einzigen zugrundeliegenden Wesenheit Gottes in drei Erscheinungsweisen (bisweilen zog man den Vergleich mit Wasser, Dampf und Eis) trifft die biblische Erfahrung Gottes nicht: denn dann gäbe es wieder nur ein »Prinzip Gott« anstatt der lebendigen Beziehung in Gott selbst.

Auf den ersten Blick mag vielleicht ein monistisches bzw. monarchisches Gottesbild einfacher und zugänglicher erscheinen als die christliche Trinitätslehre. Doch ist das trinitarische christliche Gottesbild dafür in sich außerordentlich lebendig, vielfältig und gestaltreich. Und dies ist nach christlicher Überzeugung für die biblisch bezeugte lebendige Beziehung von Wahrheit und Freiheit in der christlichen Religion zutreffend. Die stärksten Hemmnisse und Schwierigkeiten im Verständnis des christlichen Gottesbildes lösen sich dann auf, wenn man den Glauben an die Dreifaltigkeit Gottes letztlich nicht als philosophische Spekulation oder gar als religiöse Denksportaufgabe betrachtet, sondern als vertiefend weitergeführte theologische Erzählung (oder Kunde) von der im Alten und Neuen Testament bezeugten Geschichte Gottes mit den Menschen.

3.2. Der von Gott gerufene, von ihm abgefallene und heimgesuchte Mensch
Bei allen Unterschieden, die sich im Laufe der Kirchengeschichte im katholischen und evangelischen Verständnis des Menschen ergeben haben, zeigt sich doch und ist erst jüngst wieder verstärkt herausgestellt worden, daß es ein gemeinsames Grundbild vom Menschen und eine Reihe von gemeinsam vertretenen, dem christlichen

Glauben entsprechenden anthropologischen Essentials und Existentialien gibt: Die Menschen sind »nach Gottes Bild geschaffen« (1. Mose 9, 6) und zum »Leben in Fülle« (Johannes 10, 10) berufen (Geschöpflichkeit und gnadenhaftes Berufensein zur Glückseligkeit), aber sie haben sich von ihrem Schöpfer entfernt, sind in Schuld und Sünde gefallen und dem Tod ausgeliefert (Gefallensein und fortwährendes Scheitern); sie können sich nicht durch eigene Leistung die rechtfertigende Zuwendung Gottes verdienen, sie können sich nicht selbst retten, sich nicht selbst Gerechtigkeit und ewiges Leben schaffen. Die Menschen sind radikal angewiesen auf Gottes zuvorkommende Gnade und Güte (Erlösungs- und Heilsbedürftigkeit), sie können nur durch den Glauben an Gottes ungeschuldete Liebe und seine freie Vergebung das Heil erlangen (»Rechtfertigung« des Sünders allein aufgrund von Gottes Initiative).

Die Rede von der Rechtfertigung des Gottlosen bzw. vom Menschen als dem gerechtfertigten Sünder, aber auch die Rede vom Heil der Welt durch Gott in Christus haben ihre Grundlage und Entsprechung im Glauben an Gott als (trinitarisch) sich selbst mitteilender Liebe. Die theologische Lehre von der Rechtfertigung allein aus Gnade bzw. allein aus Glauben[4] meint letztlich, daß das wirkliche Wesen des Menschen darin besteht, von Gott berufen zu sein und in allen seinen Verstiegenheiten gnädig von ihm (heim-)gesucht zu werden.

Man könnte die spezifisch christliche Sicht vom Menschen mit dem Stichwort »*verdankte Existenz*« zusammenfassend kennzeichnen. »Verdankte Existenz« bedeutet: Ihre unantastbare *Würde*, ihr unendlicher Wert ist den Menschen *von Gott gegeben*. Dies allein begründet letztlich jene »fundamentale Ebenbürtigkeit«, die den »aufrechten Gang« nicht nur für einzelne, sondern für alle möglich macht. »Verdankte Existenz« bedeutet damit aber auch: Der

---

4. »Rechtfertigung allein aus Glauben« ist die traditionell evangelische Formulierung, »Rechtfertigung allein aus Gnade« die traditionell katholische.

Mensch weiß um die Tatsache, daß er sich und seine Welt nicht selbst geschaffen hat und nicht selbst endgültig sichern kann. Sein Selbstwertgefühl speist sich nicht primär aus Machtbewußtsein und Leistung, sondern aus dem zuvorkommenden Geliebtsein. Die dem Menschen angemessene Grundhaltung ist daher aus christlicher Sicht niemals anmaßender Hochmut (»superbia«; Hybris, Überheblichkeit und Mißachtung der Schöpfung), vielmehr »aufrechte« Demut (»humilitas«; Selbstbescheidung; Ehrfurcht vor der eigenen und fremden Geschöpflichkeit, aber auch Bereitschaft zum Dienst an der Förderung der Menschen und der Entwicklung der Welt).

Dem Christentum ist bisweilen vorgeworfen worden, wegen seines Grundbildes vom Menschen als Sünder neige der christliche Glaube zu einem pessimistischen Menschenbild. Dies ist vor allen Dingen am Begriff der »Erbsünde« festgemacht worden. Aber die Erbsündenlehre ist genauso wie die Trinitätslehre keine metaphysische Spekulation. Sie versucht vielmehr eine Antwort auf die Frage, warum der Mensch sich permanent und von jeher dagegen sträubt, von Gott gefunden zu werden und aus der Fülle dessen zu leben, was ihm von Gott her möglich ist. Das christliche Menschenbild folgt keinem Pessimismus, sondern sucht im (mit Hoffnung gepaarten) Realismus mit dem fertig zu werden, was es in Gottes guter Schöpfung faktisch an radikal Bösem[5] und an Unbegreiflichem gibt.

4. Fortwirkende unterscheidende Konfessions-Charakteristika: Kirchenbild, Gottesdienst und Weltverhältnis

Kirchenbild, Gottesdienst und Weltverhältnis – mit diesen Stichworten sind Bereiche genannt, in denen die beiden großen Kirchen nach wie vor erkennbar unterschiedlichen Grundvorstellungen fol-

---

5. Es sei daran erinnert, daß gerade der Aufklärer Immanuel Kant (1724-1804) einen natürlichen Hang zum Bösen beim Menschen annahm und den genannten Begriff prägte: *I. Kant*, Die Religion innerhalb der Grenzen der bloßen Vernunft (1793), Erstes Stück über »das radikal Böse in der menschlichen Natur«.

41

gen. Der Wille zum gegenseitigen Verstehen kommt heute gerade darin zum Ausdruck, daß die Konfessionen ihre Unterschiedlichkeit in diesen Punkten klar benennen und erörtern, ohne die Differenzen vorschnell aufzulösen oder gar die jeweils anderen Standpunkte zu verwischen. Das würde, so ist man inzwischen vielfach auf beiden Seiten überzeugt, das Miteinander gerade nicht fördern, sondern moralische Appelle zur Verständigung an die Stelle möglicher Verständigung über den Weg tieferen Verstehens setzen. Vermutlich wird auch der Ökumenische Kirchentag 2003 in Berlin erneut schmerzlich vor Augen führen, daß die Differenzen in diesen Punkten *derzeit* nicht als überwindbar zu betrachten sind – schon gar nicht auf einfachem Weg und kurzfristig.

4.1. Kirche

Der Kristallisationspunkt der fortdauernden konfessionellen Verschiedenheit liegt zweifelsohne im unterschiedlichen Kirchenverständnis. Allerdings zeigt der kürzlich aufgebrochene öffentliche Streit um den von der »bilateralen Arbeitsgruppe der Deutschen Bischofskonferenz und der Kirchenleitung der Vereinigten Evangelisch-Lutherischen Kirche Deutschlands« erarbeitete Text für ein gemeinsames Kirchenverständnis »Communio sanctorum. Die Kirche als Gemeinschaft der Heiligen«[6], daß die Trennlinien, gerade was das Kirchenbild betrifft, teilweise und in bestimmter Hinsicht auch quer zu den Konfessionsgrenzen verlaufen.

Was die gegenwärtige kirchenamtliche katholische Ekklesiologie angeht, so muß beachtet werden, daß die Dokumente des Zweiten Vatikanischen Konzils, denen sehr wohl lehramtliche Dignität zukommt, selbst zwei verschiedene ekklesiologische Grundmodelle enthalten, die mehr oder weniger unverbunden nebeneinander

---

6. *Bilaterale Arbeitsgruppe der Deutschen Bischofskonferenz und der Kirchenleitung der Vereinigten Evangelisch-Lutherischen Kirche Deutschlands* (Hg.), Communio Sanctorum. Die Kirche als Gemeinschaft der Heiligen, Paderborn und Frankfurt a. M. 2000.

stehen:[7] das gegenreformatorisch geprägte *hierarchologische* und das altkirchlich-patristisch geprägte *communionale Kirchenmodell«.* Am aufschlußreichsten ist hier der Vergleich zwischen Kapitel 2 der Kirchenkonstitution »Lumen Gentium«, wo im Sinne der sogenannten Communio-Ekklesiologie exemplarisch die Gleichheit aller Glieder des Volkes Gottes in der ihnen gemeinsamen Würde und Berufung, ihre unmittelbare Beziehung zu Christus sowie die Teilnahme aller an den drei Ämtern Christi betont ist, und Kapitel 3 derselben Kirchenkonstitution, in welchem eindeutig die Hierarchie den Vorrang vor den Laien hat.

Die damals im Interesse des innerkatholischen Konsenses in Kauf genommene Antinomie führte zu den weithin bekannten nachkonziliaren Auseinandersetzungen um die katholisch-kirchliche Praxis: *Auf der einen Seite* haben (gemäß dem zweiten Kapitel von »Lumen Gentium«) alle Glieder des Volkes Gottes ein Charisma zum Dienst an der Auferbauung des Leibes Christi empfangen, so daß das Amt die Beziehung zu Christus nicht monopolisieren kann und darf, vielmehr der Christuspräsenz in den vielen dient und zum Dienst an den Diensten bestimmt ist, die ihrerseits ihre Geistbegabung zu Geltung bringen; die Beziehung zwischen Amt und Gläubigen zeichnet sich hier also durch Wechselseitigkeit aus. *Auf der anderen Seite* sind (gemäß dem dritten Kapitel) die verschiedenen Strukturelemente der Kirche in der Art einer Hierarchie miteinander verbunden, nämlich durch Unterordnung der Gläubigen unter die Priester und Bischöfe, der Bischöfe unter den Papst, des Papstes unter Christus. Nach dieser einseitig gegenreformatorisch bedingten Lehrtradition existiert im Organismus der Kirche nur insofern Leben, als die Glaubenshinterlage (»depositum fidei«) und die Schlüsselgewalt (»potestas« der Sakramentenspendung) von Christus, dem unsichtbaren Haupt, herkommend, durch Petrus

---

7. *H. J. Pottmeyer*, Der eine Geist als Prinzip der Einheit in Vielfalt. Auswege aus einer christomonistischen Ekklesiologie, in: Pastoraltheologische Informationen 2 (1985), 253-284; *ders.,* Kirche des dreifaltigen Gottes, in: Wort und Antwort 229 (1988), 83-86.

und die Bischöfe, also sukzessiv durch das hierarchische Amt, zu den Gläubigen gelangen. Das Prinzip der gehorsamen Unterordnung in der Kirche macht sich aus dieser Sicht natürlich gerade auf der operativen Ebene einschneidend bemerkbar.

Leider hat das römisch-katholische Lehramt in nachkonziliarer Zeit die Gewichte wieder einseitig zugunsten des zuletzt genannten, gegenreformatorisch akzentuierten Hierarchismus verschoben, nicht zuletzt vermittels des überarbeiteten kirchlichen Gesetzbuches (CIC/1983). Hieraus erklärt sich vieles, was in der Gegenwart mit den Begriffen »hierarchistisch«, »zentralistisch«, »autoritär«, »amtszentriert« kritisiert wird. Die beispielsweise in der römischen Erklärung »Dominus Iesus«[8] ausgesprochene Lehre, daß »die kirchlichen Gemeinschaften« (wie beispielsweise die evangelischen Kirchen) »nicht Kirchen im eigentlichen Sinn« seien, realisiert und legitimiert vorzugsweise eine Ekklesiologie, die H. J. Pottmeyer im Anschluß an die Theologie des Konzils, die das Wirken des heiligen Geistes in den Gläubigen stärker akzentuiert, als »*Christomonismus*« bezeichnet hat.[9] Der praktische Sinn des Christomonismus ist nach Pottmeyer u. a. die formale und historische Legitimierung der »Kirche in Gestalt des Amtes«[10]. Diese sogenannte *christomonistisch* ausgerichtete, hierarchistische Ekklesiologie bleibt nun aber, darüber kann kein Zweifel bestehen, entschieden hinter der vom Zweiten Vatikanischen Konzil gelehrten bzw. intendierten, insgesamt *trinitarisch* begründeten Communio-Ekklesiologie zurück.

---

8. *Kongregation für die Glaubenslehre.* Erklärung DOMINUS IESUS. Über die Einzigkeit und die Heilsuniversalität Jesu Christi und der Kirche, Vatikanstadt 2000 (Deutsche Fassung, hg vom Sekretariat der Deutschen Bischofskonferenz; Verlautbarungen des Apostolischen Stuhles 148), Bonn 2000.

9. Vgl. *H. J. Pottmeyer*, Der eine Geist als Prinzip der Einheit in Vielfalt, 255ff.

10. Ebd., 257ff.

In diesen innerkatholischen Divergenzen liegt ein (nicht zuletzt auch für das ökumenische Gespräch verhängnisvolles) Dilemma. Mit der in der Konzilsaula ausführlich diskutierten und dann mit überwältigender Mehrheit beschlossenen *Vor*ordnung des Kapitels über die Kirche als »Volk Gottes« vor das Kapitel über die »Hierarchie«[11] wurde bewußt eine in ekklesiologischer Hinsicht ökumenisch höchst bedeutsame »konziliare Wende« (Medard Kehl)[12] herbeigeführt und besiegelt.

In der katholischen, theologisch-wissenschaftlichen Dogmatik der Gegenwart besteht von daher ein breiter Konsens darüber, daß nur *ein Kirchenmodell, welches dem Glauben an den dreifaltigen Gott analog ist,* dem tiefsten Wesen der Kirche entspricht. Aus einer trinitarischen Grundauffassung von Kirche – das Konzil bezeichnet die Kirche sowohl als Volk Gottes des *Vaters* als auch als Leib *Christi* und als Tempel des *Heiligen Geistes* –[13] folgt nämlich notwendigerweise der Vorrang des zuerst genannten, communionalen Kirchenbildes.

Eine solche Kirchenvorstellung schließt die hierarchische Ämterstruktur keineswegs aus, sondern integriert sie in die »Communio sanctorum«: (christologisch begründete) Ämter und (pneumatologisch verstandene) Charismen sind hierbei einander nicht mehr unter-, vielmehr spannungsreich zugeordnet; dasselbe gilt für das Verhältnis von Weltkirche und Ortskirchen. Aus katholischer Sicht kann also gesagt werden: Die Kirche ist als »Communio sanctorum« Mysterium und Sozialgebilde in einem und als solche

---

11. Vgl. dazu die verschiedenen Untersuchungen in: *G. Baraúna* (Hg.), De Ecclesia I u. II. Beiträge zur Konstitution »Über die Kirche« des Zweiten Vatikanischen Konzils, Freiburg/Frankfurt a. M. 1966.

12. *M. Kehl*, Die Kirche. Eine katholische Ekklesiologie, Würzburg 1992, bes. 48ff. 76ff.

13. Vgl. hierzu zusammenfassend *G. Greshake*, Der dreieine Gott. Eine trinitarische Theologie, Freiburg/Basel/Wien 1997, 377ff.

das umfassende Grundsakrament des in Christus erschienen Heils. Sie ist, wie das Konzil wörtlich sagt, »gleichsam das Sakrament, das heißt Zeichen und Werkzeug für die innigste Vereinigung mit Gott wie für die Einheit der ganzen Menschheit« (Lumen Gentium 1).

Auf diese Ekklesiologie hatte man auch im evangelischen Bereich große Hoffnungen gesetzt. Doch inzwischen haben sich die Umstände leider wieder geändert. Weite Teile der evangelischen Theologie und Kirche können in gegenwärtigen Dokumenten wie »Dominus Iesus« allein die hierarchische Kirchenkonzeption erkennen und stehen darum einer Harmonisierung der Unterschiede im Kirchenverständnis (wie etwa in der Erklärung »Communio Sanctorum«) skeptisch gegenüber.[14]

Damit sind wir beim evangelischen Kirchenbegriff. Er sieht Christus nicht in der Struktur der Kirche, sondern in seinem verkündigten Wort anwesend. Christus wird *wesentlich* dort erfahren, wo zwei oder drei in seinem Namen versammelt sind (Matthäus 18, 20) und sein Wort hören.

Auch für das evangelische Verständnis ist die Kirche die Stiftung Christi und keine Gründung von Menschen. Aber die Stiftung Christi ist nicht strukturell, sondern funktional zu verstehen. Von Christus gestiftet ist die Predigt des Evangeliums. Die Kirche ist damit dann wahre Kirche, wenn in ihr das Evangelium richtig gepredigt und die Sakramente evangeliumsgemäß gespendet werden. Ihre Strukturen müssen auf diese Funktion bezogen sein und sind von daher wandelbar, weil die apostolische Sukzession nicht eine Sache der Strukturen, sondern eine Sache der rechtfertigenden Botschaft ist. Nach evangelischem Verständnis ist es nicht die Kirche, welche die Botschaft hervorbringt, sondern es ist umgekehrt die Botschaft, aus der allererst die Kirche entsteht. Die Kirche ist

---

14. Dazu s. *A. Beutel*, Versöhnte Vielfalt? Hermeneutisch-theologische Bemerkungen zu Bedeutung und Funktion der »Bezeugungsinstanzen« in »Communio Sanctorum«, in: ZThK (98) 2001, 247-264.

das Geschöpf des Wortes: »ecclesia creatura est evangelii«, heißt es bei Martin Luther.[15]

Die Kirche wird nicht primär an Strukturen und Ämtern erkennbar, sondern an Vollzügen – an der Predigt und an Taufe und Abendmahl, welche in der Gemeinschaft der Glaubenden in einer der Stiftung Christi entsprechenden Weise gefeiert werden. In der »Augsburgischen Konfession« von 1530 heißt es dazu in der klassischen Formulierung, die einen breiten evangelischen Konsens beschreibt: Die Kirche ist definiert als »die Versammlung aller Gläubigen, bei welchen das Evangelium rein gepredigt und die heiligen Sakramente lauts des Evangelii gereicht werden«[16].

Die apostolische Sukzession bezieht sich darum evangelisch nicht auf die Verwirklichung in einer *Strukturrealität*, sondern auf die Verwirklichung in einem *Verstehensprozeß*. Wegen des charakteristischen Grundverständnisses bleibender Strukturen bezieht sich das katholische Verständnis der apostolischen Sukzession mehr auf die Wahrung des überlieferten Glaubens im Tradierungsprozeß, während die evangelische Kirche sich stärker an neuen Verstehensmöglichkeiten orientiert – eben weil sich Verstehen jeweils neu einstellen muß. Darum ist die evangelische Kirche in ihrem Verständnis der apostolischen Sukzession pluraler und wandelbarer – aber bisweilen auch schwerer greifbar, zersplittert, unklar und damit aktuellen politischen Einflüssen leichter ausgeliefert. Gegen diese Gefahr hat darum die evangelische Kirche in der »Theologischen Erklärung von Barmen« im Jahre 1934 die falsche Lehre verworfen, »als dürfe die Kirche die Gestalt ihrer Botschaft und ihrer Ordnung ihrem Belieben oder dem Wechsel der jeweils herrschenden weltanschaulichen und politischen Überzeugungen überlassen.«[17]

---

15. Weimarer Lutherausgabe (WA) Bd. 2, 430, 6-8 (Resolutionen zur Leipziger Disputation von 1519).

16. Confessio Augustana (CA) 7.

17. Die Bekenntnisse und Lehrzeugnisse der ev. Kirche finden sich am leichtesten zugänglich im *Ev. Gesangbuch* (EG): Das »Augsburger Bekenntnis«

In der Spannung von notwendiger Veränderbarkeit bei gleichzeitiger Gebundenheit an die Botschaft verläuft darum die Diskussion um Kirchenstrukturen in der evangelischen Theologie und Kirche.

4.2. Gottesdienst

Was über die unterschiedlichen Kirchenverständnisse zu sagen war, gilt in vergleichbarer Weise auch für den Gottesdienst, jene Seite der kirchlichen Realität, die in ihrer spezifischen Eigenart am ehesten öffentlich erkennbar ist. Vielleicht kann man es zugespitzt einmal so sagen: Im katholischen Gottesdienst kommt es auf den ersten Blick mehr auf das Objektive und die objektive Anschaulichkeit des heiligen Geschehens an, im evangelischen mehr auf das Subjektive und die subjektive Innerlichkeit. Evangelischer Gottesdienst betont mehr die subjektive Authentizität des Glaubens. Der katholische Gottesdienst dagegen versteht sich als Mitvollzug der Liturgie der Kirche in ihrer geschichtlichen Herkünftigkeit und Zukünftigkeit und betont mit den Aspekten der Gültigkeit und der Wirkung des Sakramentalen »ex opere operato« die kirchliche Authentizität des Glaubens. Der vorherrschende Gestaltsinn der katholischen Liturgie ist die geschichtlich »*ekklesial vermittelte Unmittelbarkeit*«, die Teilhabe am kirchlichen Gedächtnis des Leidens, des Sterbens und der Auferstehung Christi (»memoria passionis et resurectionis«). Die evangelische Liturgie hat ihren Gestaltsinn im Glauben des Subjekts an Gottes rechtfertigendes Wort, d. h. in der »*personalen Unmittelbarkeit*« zu Gott in Christus.

Der katholische Gottesdienst, so könnte man versuchsweise formulieren, wirkt eher von außen nach innen, der evangelische von innen nach außen. Carl Zuckmayer hat das traditionelle Spezifikum des Katholischen in seiner Autobiographie einmal so beschrieben: »Ich war katholisch – das war bei uns selbstverständlich ... [Wichtig war] ... die Zugehörigkeit zu einer Religionsgemein-

von 1530 findet sich unter Nr. 857, die »Barmer Theol. Erklärung« von 1934 unter Nr. 858.

schaft, deren Ritus in uralten Formen verwurzelt ist. Das Kind läuft in die Kirche wie in den Bäckerladen, es ist nichts pietistisch Würdevolles oder Griesgrämiges dabei, hier riecht es nach warmem Brot, dort nach steinkühlem Weihrauch; das Kniebeugen, Niederknien, Händefalten, Kreuzschlagen [...], das alles fügt sich ins tägliche Leben ein wie Schlafengehen, Aufstehen, Anziehen, Lernen, Spielen.«[18] Das Alltägliche, Unspektakuläre und damit einfach Prägende des katholischen Gottesdienstes ist damit gut dargestellt.

Der evangelische Gottesdienst hingegen legt den größten Wert auf die individuelle Andacht, wenngleich man im katholischen Bereich seit dem II. Vatikanum mit dem Prinzip der »bewußten Teilhabe«[19] ähnliches findet. Der evangelische Gottesdienst ist wesentlich ein Spezialfall individueller Frömmigkeit, die in der Gemeinschaft zum Ausdruck kommt. Einer der bedeutendsten evangelischen Theologen, Friedrich Schleiermacher (1768-1834), hat dies zu Beginn des 19. Jahrhunderts auch so definiert: Gottesdienst ist die gegenseitige Mitteilung religiöser Erfahrung.[20] Dieses Gottesdienstverständnis kommt aus dem 18. und 19. Jahrhundert, als der Protestantismus sich im Bürgertum entfaltete, und es ruht auf der für Jahrhunderte gültigen Vertonung von Frömmigkeit durch Johann Sebastian Bach. Vielleicht kann man es verkürzend einmal so ausdrücken: Aus evangelischer Sicht kommt die Liturgie aus der Frömmigkeit, im katholischen Verständnis kommt die Frömmigkeit aus der Liturgie. Überholt ist aber die Zuordnung, nach evan-

18. *C. Zuckmayer*, Als wär's ein Stück von mir. Horen der Freundschaft, Frankfurt/Main 1986 [1966], 150f.

19. Die Liturgiekonstitution »Sacrosanctum Concilium« (SC) vom 4.12.1963 spricht den Wunsch aus, daß alle Gläubigen »zu der vollen, bewußten und tätigen Teilnahme an den liturgischen Feiern geführt werden« (SC 14).

20. *F. Schleiermacher*, Praktische Theologie, Berlin/New York 1983 (R.d.A. 1850), 74: »Der Zwekk des Cultus ist die darstellende Mittheilung des stärker erregten religiösen Bewußtseins.«

gelischem Verständnis sei der Gottesdienst zu verstehen als der *Dienst Gottes* für den Menschen und der katholische Gottesdienst als *Dienst des Menschen* für Gott. Nach SC 7 ist jeder Gottesdienst »als Werk Christi, des Priesters und seines Leibes, der die Kirche ist«, aufzufassen. Aber auch nach evangelischem Verständnis muß umgekehrt festgestellt werden, daß das Handeln Gottes und das Handeln des Menschen in der Liturgie einander als Wort und Antwort durchdringen.[21]

4.3 Weltverhältnis
Die christliche Religion widerspricht im Prinzip jedem grundsätzlichen Dualismus von (gutem) Gott und (böser) Welt. Die Welt (Kosmos; mundus) ist und bleibt – auch nach dem Sündenfall – Gottes Schöpfung, die dem Menschen zur Gestaltung aufgetragen ist. Trotzdem ist der christliche Weltbegriff aufgrund der vielfältigen Erfahrung von Sünde, Krankheit und Tod von Anfang an (und durch die gesamte Christentumsgeschichte hindurch) zwischen dem Verständnis der »Welt« als von Gott geschaffenem und geordnetem Lebensraum des Menschen bzw. als Ganzheit der raumzeitlichen Wirklichkeit und dem Verständnis der »Welt« als einer gottentfremdeten, nicht mehr (oder noch nicht) im Einklang mit dem Willen Gottes befindlichen Wirklichkeit hin- und hergerissen. Aufgrund der gegebenen christentumsgeschichtlichen Entwicklungen (Aristotelismus der mittelalterlichen Theologie einerseits, mehr an Augustinus orientierte Reformation andererseits) hat die katholische Theologie in der Folgezeit das problematische Gott-Welt-Verhältnis vorwiegend unter den Stichworten »Natur und Gnade«, die protestantische Theologie primär von der »Zwei-Reiche-Lehre« oder der Dualität von »Gesetz und Evangelium« sowie mit Hilfe der Unterscheidung von »Politik und Religion« interpretiert. Gleichwohl hat die Ev. Kirche in der Zeit des Nationalso-

---

21. *M. Meyer-Blanck*, Liturgie und Liturgik. Der Ev. Gottesdienst aus Quellentexten erklärt, Gütersloh 2001, 35-39.

zialismus auch neu gelernt, daß die Kirche die Politik anerkennt, aber diese auch erinnert an Gottes Reich und an Gottes Gerechtigkeit und so die Verantwortung der Regierenden begleitet.[22]

Von daher geht man katholischerseits auch heute weithin von einem (auch nach dem Sündenfall noch vorhandenen) »übernatürlichen Existential« des Menschen aus, das ihn und seine Welt für Gottes Gnadenwirken zutiefst empfänglich macht, so daß die Gnade nicht der Natur widerspricht, sondern sie voraussetzt und vollendet (»gratia supponit naturam, non destruit, sed perficit eam«). Das Weltverhältnis wird dadurch im Prinzip dialogisch. Dennoch gibt es gerade hier auch innerhalb der katholischen Theologie erhebliche Differenzen. Im bereits oben dargestellten ekklesiologischen Streit, wie er nach dem letzten Konzil aufgebrochen ist, geht es zugleich auch um das katholische Weltverhältnis und um die Frage nach der »Legitimität der Neuzeit«[23]: Wird die moderne Welt heilspessimistisch als im Grunde verdorben bzw. als durch und durch sündig betrachtet, so daß ihr nur durch eine »äußere Intervention« Gottes geholfen werden kann, dann scheint das Heil strikt an das Wirken der kirchlichen Autorität als geschichtliches Werkzeug des göttlichen Einwirkens gebunden zu sein. Die praktische Folge davon sind ein »Lenkungs- und Versorgungsmodell« der Seelsorge und ein entsprechender pastoraler Leistungsdruck. Wird jedoch die Welt *heilsoptimistisch* als immer schon (und immer noch) von der Gnade Gottes umfangen betrachtet und folglich auch die neuzeitliche Freiheitsgeschichte – trotz ihrer vielfachen Verirrungen – als im Prinzip christlich inspiriert angesehen, kann es für die Kirche nicht darum gehen, das Heil autoritär zu lehren und not-

---

22. Theol. Erklärung von Barmen (s.o. Anm. 17), 5.

23. Eine Formulierung Hans Blumenbergs. Vgl. auch *P. Blickle*, Die leibhaftige Freiheit. Als Glaube, Herrschaft, Ordnung sich nicht mehr von selbst verstanden: Ringen um die Legitimität der Neuzeit, in: FAZ Nr. 175 (Samstag, 31. Juli) 1999, Bilder und Zeiten, Reihe: Das Jahrtausend. Sechzehntes Jahrhundert, I.

falls mit mehr oder weniger sanfter Gewalt in die Welt zu importie-
ren, sondern darum, durch ihre zeichenhafte communionale Lebensgestalt zu vergegenwärtigen und zu bezeugen, daß und wie
Gottes Liebe den Menschen schon immer zugewandt ist und sie zu
einen vermag.[24] Die praktische Folge ist ein »Mystagogiemodell«
der kirchlichen Pastoral, in welchem es beim Handeln der Kirche
in der Welt von heute vor allem darum geht, in Wort, Sakrament,
caritativem und politischem Engagement den Menschen unserer
Zeit zeichenhaft den Sinn des Daseins bzw. »das Geheimnis« zu erschließen, das er immer schon ist: das von Gott gewollte, zu Liebe
und Achtung berufene Beziehungswesen – personal und sozial sein
Bild und Gleichnis auf Erden.

Für die protestantische Theologie dagegen ist es seit der Reformation (und dann erst recht seit der Aufklärung) grundlegend, daß
Politik und Religion als zwar nicht getrennt, aber als zu unterscheiden gedacht werden. Dazu ist die Unterscheidung von »Gesetz und
Evangelium«, also von »Gottes Regiment durch Gesetze und Politik« und »Gottes Regiment durch das tröstende Wort des Evangeliums« im Sinne Martin Luthers, grundlegend. Mißverstanden ist
diese Unterscheidung allerdings dann, wenn daraus die *Trennung*
von kirchlicher und politischer Verantwortung gefolgert wird (gemäß der falsch verstandenen sogenannten »Zwei-*Reiche*-Lehre«, als
handele es sich um zwei getrennte *Bereiche*). Richtig ist aber an der
zutreffender als »Zwei-Regimenten-Lehre« zu bezeichnenden lutherischen Unterscheidung, daß weder der Glaube an politische Bedingungen geknüpft werden darf, noch umgekehrt Glaubenseinsichten
ohne politischen und ökonomischen Sachverstand direkt auf das
Handeln in der Welt angewendet werden können. Da aber jeder
Christ zum geistlichen *und* zum weltlichen Regiment Gottes gehört

---

24. Vgl. *P. M. Zulehner*, »Denn du kommst unserem Tun mit deiner Gnade
    zuvor ...«. Zur Theologie der Seelsorge heute. Paul M. Zulehner im Ge-
    spräch mit Karl Rahner, Düsseldorf 1984. In Anlehnung an Rahner
    spricht die katholische Theologie hier von »realsymbolischer« Vergegen-
    wärtigung.

und dort zu entscheiden hat, muß die Unterscheidung nach evangelischem Verständnis jeweils genau abgewogen und die Spannung beider Bezüge ausgehalten werden. Die Spannung selbst ist soziologisch als Folge der funktionalen gesellschaftlichen Differenzierung zu betrachten, weil nicht mehr einfach politische und religiöse Autoritäten zu entscheiden haben, sondern jede und jeder zur politischen und religiösen Verantwortung individuell aufgerufen ist. Für das protestantische Selbstverständnis ist es grundlegend, daß die neuzeitliche Freiheitsgeschichte und die Rechtfertigungslehre in engem Zusammenhang betrachtet werden. Daraus resultiert dann keine pessimistische Sicht der »Säkularisierung«, sondern stärker die positive Bewertung der Unterscheidung von Politik und Religion (wenngleich es auch hier erhebliche Richtungsunterschiede innerhalb der ev. Theologie und Kirche gibt).

5. Einheit in Vielfalt:
»Typisch evangelisch - typisch katholisch - typisch christlich«
Gerade dort, wo es um »das Eigentliche« geht, treten im Christentum von Anfang an nicht nur Gemeinsamkeiten, sondern immer auch Differenzen auf. So drängt sich insgesamt die Frage auf: Inwieweit ist das Prinzip »Einheit in Vielfalt« (und damit das Prinzip der Pluralität) selbst ein notwendiges Moment des typisch Christlichen? Ein und dasselbe *Evangelium* Christi ist in den *vier Evangelien*, d. h. in einer gewissen Pluralität überliefert; eben dies hat in der frühen Kirche unter schwierigsten Bedingungen Einheit möglich gemacht: Einheit in und durch Vielfalt.[25] Das entscheidende Kriterium hierbei ist: Die Vielfalt muß der Auferbauung der Gemeinde und ihrer Einheit im Zeugnis dienen. Im Abschiedsgebet Jesu heißt es: »Alle sollen eins sein: Wie du Vater in mir und ich in

25. Der Philosoph Paul Ricœur hat dazu bemerkt, allein die Tatsache von vier überlieferten Evangelien verbiete es dem theologischen Denken, »eine eindeutige Hyper-Fabel zu seiner Basis zu machen« (*P. Ricœur,* Zeit und Erzählung Bd. III, München 1991, 414, Anm. 22).

dir, so sollen auch sie in uns eins sein, damit die Welt glaubt, daß du mich gesandt hast« (Johannes 17, 21).

Im Sinne der beschriebenen Grundbilder gilt es demnach künftig genauer hinzusehen, was das Gemeinsame ist und wo die gewachsenen Differenzen liegen. Aber es gilt auch, interessierter und offener hinzusehen, wo die Stärken des jeweils anderen liegen. Und so findet man dann vielleicht auch den Mut, die eigenen Stärken ohne schlechtes Gewissen wahrzunehmen und aus ihnen heraus Kirche und ökumenische Begegnung zu gestalten. Bisweilen wurde in letzter Zeit gesagt, die »Konsensökumene« sei an ihre Grenzen gekommen und an ihre Stelle habe stärker die Wahrnehmung der Differenzen zu treten.

Wie dem auch sei: Für die Zukunft kommt es darauf an, in welcher Haltung Differenzen beschrieben werden. Dieses Buch plädiert dafür, die *Differenzen mit einem positiven Vorurteil* wahrzunehmen, neugierig auf Entdeckungen und Verstehen und nicht in der eigenen Unsicherheit, welche das Schlechte und Defizitäre auf den jeweils anderen projiziert. Das Sehen auf die Differenzen mit einem positiven Vorurteil scheint uns jedenfalls weiterzuführen als der Konsens um den Preis eines schlechten Gewissens. Das »positive Vorurteil« kann sich nämlich verlassen auf das Urteil Jesu, der seine Gegenwart jeweils dort versprochen hat, »wo zwei oder drei in seinem Namen versammelt sind« (Matthäus 18, 20).

A.

Praxis des Glaubens

1.

Bibel

Evangeliar, Nordfrankreich, um 860-870; Pergament, 26,1 x 19,6 cm; Schnütgen-Museum, Köln.

Ihrer herausragenden Bedeutung für die christliche Lehre entsprechend wurde die Bibel seit frühester Zeit künstlerisch gestaltet und in ihrer Materialität als Buch in besonderer Weise wahrgenommen. Dazu gehören neben der Sorgfalt des Schreibens die Illustration und der Einband mit zum Teil kostbarsten Goldschmiedearbeiten. Biblische Texte wurden zunächst ausschließlich für den Gebrauch im Gottesdienst bzw. zu Gebet und Studium in den Klöstern abgeschrieben und illustriert. Unter Karl dem Großen und dann den Ottonen entstanden bedeutende Malschulen, deren Werken man noch heute die den heiligen Texten zuerkannte Hochschätzung im wahrsten Sinne des Wortes ansieht.

Insbesondere die Evangelien sind häufig reich ausgestaltet, den einzelnen Texten ist oft ein Blatt mit der Darstellung des Evangelisten vorangestellt. Ihre herausragende Stellung beruht auf ihrer Bedeutung als Zeugen des Lebens Jesu und ihrer Autorenschaft der kanonischen Texte.

Auf einer freien Bildfläche, von vergoldeten Rahmenleisten mit Eckzieraten umgeben, das Symbol des Engels über sich, ist der Evangelist Matthäus schreibend dargestellt. In der Linken hält er das Tintenhorn, in der Rechten die Feder. Diese Darstellung des Schreibvorgangs, wie ihn die Buchkünstler selbst ausübten, ist vielfach zu finden. Der Vorgang des Schreibens erhält so eine besondere, hoch zu schätzende Bedeutung, die zwischen dem Autor des Evangeliums und dem Schreiber selbst hergestellte Beziehung rückt dessen Tätigkeit und zugleich das entstehende Werk in ein besonderes Licht.

Die Zeiten, in denen man katholischerseits das Schriftprinzip der Protestanten als »papierenen Papst« verspottet hat, sind, Gott sei Dank, endgültig vorüber. Die Katholiken haben in den letzten Jahrzehnten die biblischen Schriften buchstäblich wiederentdeckt. Zeichen eines »Bibelfrühlings« im katholischen Bereich gab es bereits in den 20er und 30er Jahren des 20. Jahrhunderts (1925 in Klosterneuburg/Österreich Gründung des »Volksliturgischen Apostolats«; 1933 in Stuttgart Gründung des Katholischen Bibelwerks; 1935 Gründung der »Katholischen Bibelbewegung« in der Schweiz). 1943 veröffentlichte Pius XII. eine Enzyklika über die zeitgemäße Förderung der Biblischen Studien (*Divino afflante Spiritu*), die der modernen Bibelwissenschaft endlich offiziell eine Tür öffnete. Vor allem nach dem 2. Vatikanischen Konzil nahm die katholische Exegese in Deutschland einen unglaublichen Aufschwung. Inzwischen arbeiten katholischen Exegeten ganz selbstverständlich auch in renommierten ursprünglich evangelischen Kommentarreihen zur Bibel mit.

Auch in den Gemeinden fand die Bibel nun zunehmend Beachtung. Mit der durch das 2. Vatikanische Konzil angestoßenen Liturgiereform wurde 1969 eine neue Leseordnung eingeführt, mit einem dreijährigen Lesezyklus für die Sonn- und Festtage. Seitdem gehört endlich das Alte Testament in großen Teilen zu den am Sonntag im Gottesdienst vorgelesenen Bibeltexten. In den letzten Jahrzehnten entstanden erstaunlich viele Bibelseminare und Bibelgruppen. Nicht zuletzt die in Südafrika entwickelte Methode des »Bibel-Teilens« wurde und wird in den letzten Jahren in vielen Bibelkreisen praktiziert; sie verhilft zu einer sehr persönlichen Begegnung mit biblischen Texten. Sie bedarf freilich langfristig einer Ergänzung durch andere Methoden. Mit der sogenannten »Einheitsübersetzung«, die durch das Katholische Bibelwerk angestoßen wurde, gibt es seit 1980 eine moderne, flüssig lesbare Bibelübersetzung, die auf dem Urtext basiert und (entgegen mancher überzogenen Kritik) eine solide Basis für die persönliche Bibellektüre wie für die Bibelarbeit bildet. Nach Umfragen im Zusammenhang mit dem Bibeljahr 1992 ist die persönliche Bibellektüre unter Katholiken in Deutschland inzwischen verbreiteter als unter evangelischen Christen.

Ein Blick in neuere Religionsbücher macht deutlich, wie sehr die Bibel inzwischen auch im Religionsunterricht in den Mittelpunkt gerückt ist. Ihre Texte sind ja viel lebendiger als Aussagen von Katechismen, weil sie unmittelbare religiöse Erfahrung widerspiegeln. Allerdings trifft die biblische Botschaft inzwischen auf eine junge Generation, die oft sehr weit von kirchlichen Erfahrungen entfernt ist und dennoch auf der Suche. Trotz aller Frustration bedarf es hier vermehrter Anstrengungen, die Relevanz biblischer Texte für heutiges Leben und Sinnsuchen aufzuspüren. Seit vielen Jahren wird der schulische Religionsunterricht durch die gemeindliche Katechese ergänzt, in der Kinder und Jugendliche auf die Sakramente vorbereitet werden. Auch in der Gemeindekatechese spielt die Bibel eine entscheidende Rolle. Unzählige Männer und Frauen sind in den letzten Jahren für die Gemeindekatechese geschult worden und haben auf diese Weise selber eine ganz neue Begegnung mit der biblischen Botschaft als Wort Gottes erlebt. Das Potential, das damit den Gemeinden zugewachsen ist, ist wohl kaum zu überschätzen. Allerdings ist die gemeindliche Katechese momentan dabei, an ihre Grenzen zu geraten. Die Vermittlung biblischen Glaubens an die junge Generation wird völlig neu überdacht werden müssen.

Eine besondere Rolle spielt die Bibel in der kirchlichen Erwachsenenbildung. Bei allen kirchlichen Krisenerscheinungen der letzten Jahre hat das Thema »Bibel« einen festen Platz in der kirchlichen Bildungsarbeit errungen und behauptet. Veranstaltungen zu biblischen Themen sind nach wie vor überdurchschnittlich gut besucht. Vor allem der vom Katholischen Bibelwerk und der Diözese Rottenburg-Stuttgart entwickelte »Grundkurs Bibel« wird inzwischen in vielen deutschen Bistümern durchgeführt. Dieser gründliche Bibelkurs, der immerhin 16 Wochenenden (verteilt auf zwei

Jahre) umfaßt, hat in den letzten Jahren allein in der Diözese Rottenburg-Stuttgart mehr als 1.000 Teilnehmer erreicht und wird nach wie vor jedes Jahr neu angeboten – mit ungebrochenem Erfolg. Das liegt nicht zuletzt daran, daß dieser Kurs eine solide historisch-kritische Exegese (die nach wie vor unverzichtbar bleibt) mit erfahrungsbezogenen Zugängen verbindet und eine breite Methodenvielfalt aufweist. Einen wahren Boom erleben seit Jahren bibliodramatische Angebote, in denen versucht wird, Bibelauslegung und Selbsterfahrung zu integrieren. Sie bedürfen natürlich einer sorgfältigen fachlichen Begleitung.

Veröffentlichungen zur Bibel finden große Beachtung. Nachdem der Nachholbedarf auf dem Gebiet der historisch-kritischen Exegese (zumindest bei den Interessierten) weithin abgedeckt ist, interessieren neuerdings vor allem solche Publikationen, in denen der Bibeltext in das konkrete Leben übersetzt wird. Die Botschaft, die Lebensrelevanz der Texte ist gefragt. Vor allem die (tiefen-) psychologische und die feministische Bibellektüre finden in weiten Kreisen Beachtung und werfen ein überraschend neues Licht auf viele biblische Texte. Die feministische Exegese hat viele bisher kaum beachtete Frauentraditionen der Bibel neu ins Bewußtsein gebracht und hat (nicht nur!) Frauen ganz neue Zugänge zu biblischen Texten eröffnet. All diese neuen Zugänge (samt den soziologischen und linguistischen Methoden) werden in dem 1993 erschienenen Dokument der Päpstlichen Bibelkommission »Die Interpretation der Bibel in der Kirche« aufgegriffen und anerkannt. Es vertritt die Überzeugung: Eine breite Palette von Auslegungsmethoden und Zugangswegen zur Bibel ist nötig, um den Reichtum ihrer Texte zu heben und ihre Bedeutung für heutige Menschen deutlich werden zu lassen. Seit 1946 erscheint beim Katholischen Bibelwerk in Stuttgart die Zeitschrift »Bibel und Kirche«. Sie versucht, eine Brücke zwischen wissenschaftlicher Forschung und kirchlicher Basis zu schlagen. Vor allem Haupt- und Ehrenamtliche in den Kirchen nutzen sie zur biblischen und exegetischen Weiterbildung, um über den Fortgang der Exegese auf dem Laufenden zu bleiben.

Im Jahr 1965 kam dann eine zweite Vierteljahreszeitschrift hinzu: »Bibel heute«. Diese reich illustrierte Zeitschrift wendet sich an breite Kreise und versucht jeweils unter einem bestimmten Thema, biblische Bücher, Gestalten oder Themen einem breiteren Leserkreis nahe zu bringen. Im Jahr 1996 gelang es dann, eine dritte Vierteljahreszeitschrift zu etablieren: »Welt und Umwelt der Bibel. Archäologie – Kunst – Geschichte«. Dabei ist es gelungen, durch eine breite Themenvielfalt weit über den Kreis der kirchlich Interessierten hinaus zu wirken. Diese drei Bibelzeitschriften, die im deutschsprachigen Raum einmalig sind, haben die letzten Jahre einen immer stärker ökumenischen Charakter erhalten.

Eine unerwartete Folge der intensiveren Beschäftigung mit der Bibel ist eine kritischere Einstellung vieler Christen zu innerkirchlichen wie zu gesellschaftlichen Fragen. Denn Macht- und Gesellschaftskritik spielen nicht nur in den prophetischen Traditionen der Bibel eine entscheidende Rolle. Gerade sie sind in den letzten Jahren neu entdeckt worden. Daß sich im Kreuzestod Jesu die Solidarität Gottes mit den Leidenden und Gemordeten ereignet, ist neu ins Bewußtsein gerückt, aber auch, welch ein gewaltiges Protestpotential gegen Unrecht und die Mißachtung menschlichen Lebens darin steckt. Nicht von ungefähr haben die Ansätze der lateinamerikanischen Befreiungstheologie an der kirchlichen Basis große Beachtung und Sympathie gefunden. Bedenkt man die zentrale Stellung der biblischen Exodustradition, wird man den befreiungstheologischen Ansatz trotz mancher kirchenamtlichen Einwände nach wie vor für unverzichtbar halten.

Franz-Josef Ortkemper

Zugänge zur Bibel. Das neue Bibeldokument aus Rom, in: Bibel und Kirche, 4 (1994); *Anneliese Hecht*, Bibel erfahren. Methoden ganzheitlicher Bibelarbeit, Stuttgart 2001; *Grundkurs Bibel. Neues Testament*, Neubearbeitung, 2 Bde., Stuttgart 2002; *Grundkurs Bibel. Altes Testament*, Neubearbeitung, 2 Bde., Stuttgart 2003.

Die Bibel ist ein in über 2000 Sprachen übersetzter Bestseller. Man spricht vom »Buch der Bücher«, um die kulturelle Wirkung zu akzentuieren, vom »Buch des Lebens« im Sinne religiöser Bedeutsamkeit. Beide Formulierungen können einen individuell gestalteten gläubigen Umgang mit biblischen Texten bezeichnen oder kurz: Bibelfrömmigkeit, der ein spezifischer Bibelgebrauch entspricht.

Daß evangelische Frömmigkeit prägnant als Bibelfrömmigkeit zu beschreiben sei, ist eine weit verbreitete, doch präzisierungsbedürftige These, denn diese Frömmigkeit ist alles andere als homogen. Ihre Facetten spiegeln theologische und historische Problemkonstellationen des Protestantismus. Martin Luther stützte seine reformatorische Einsicht, daß der Mensch allein aus Glauben lebe, auf das Zeugnis der biblischen Schriften und interpretierte die Bibel als maßgebende Autorität für Individuum und Kirche. Das führte zum einen zur Verbreitung der Bibel im Volk, zum anderen zu einer gewissen Demokratisierung der Auslegung. Die Heilige Schrift sei in sich klar, lege sich selbst aus und erleuchte allen alles. Als das »erste Prinzip der Theologie« bezeichnete Luther deshalb die Bibel und bot damit die Grundlage für das spätere evangelische Verständnis von der Heiligen Schrift als alleiniger Richtschnur für Lehre und Handeln (sog. Schriftprinzip). Während jedoch Luthers Schriftverständnis in erster Linie das Moment der religiösen Überzeugung betonte, schwächte sich diese existentielle Komponente im Zuge der fortschreitenden Konfessionalisierung weitgehend ab. Der Protestantismus hält am Schriftprinzip fest, die dynamische, durch Auslegung stets neu zu bewährende Vorstellung von der Selbstevidenz der Schrift aber wird im 17. Jahrhundert durch die vergleichsweise statische Lehre von der Inspiration der Schrift ersetzt. Der Lektüre übergeordnet wird der geistgewirkte Text, der unanfechtbar gilt. Von Dauer ist diese Wertschätzung der Buchstaben freilich nicht. Die historisch-kritische Forschung, ein Kind der Aufklärung, befragt die Texte nach deren vernünftig nachvollziehbarer Ent-

stehung in ihrer Zeit. So wird der Niedergang des Inspirations-
dogmas besiegelt und das protestantische »Schriftprinzip« stürzt,
wie man dramatisch sagt, in die »Krise«. Auf welche Weise der
erkenntnisleitende Vorrang der Bibel im neuzeitlichen Problemho-
rizont zu denken sei, gehört zu den umstrittenen Grundfragen
evangelischer Theologie. Deren Alternativen repräsentieren das
Spektrum evangelischer Bibelfrömmigkeit.

Die evangelische Bibelfrömmigkeit begegnet in verschiedenen
Ausprägungen. Empirisch am besten untersucht ist die Einstellung
der in landeskirchlichen Gemeinden verbundenen Gläubigen.
Rund zwei Drittel der gegen Ende des 20. Jahrhunderts befragten
Haushalte im Westen Deutschlands und gut die Hälfte der Haus-
halte in den östlichen Bundesländern besitzen eine Bibel. Meist
favorisieren evangelische Christen die Übersetzung nach Martin
Luther, doch auch zeitgenössische Übertragungen wie die »Gute
Nachricht« oder die ökumenische »Einheitsübersetzung« sind verbreitet.

Allerdings: Bibelbesitz und Bibelgebrauch sind zweierlei. Empirische Untersuchungen belegen, daß nur eine Minderheit der mit
der Rede von »Bibelfrömmigkeit« meist verknüpften Erwartung
regelmäßiger Bibellese entspricht. Religiös greift die Praxis der individuellen Schriftlektüre oder der Besuch gemeindlicher Bibel-
kreise auf die reformatorische Einsicht zurück, daß (allein) die
Bibel Antwort auf die existentiellen Fragen des Menschseins gibt.
Auch die noch lebendige pietistische Tradition der Herrnhuter
Brüdergemeinde, jeden Tag unter ein ausgelostes Bibelwort und
einen Liedvers zu stellen (sog. Losungen), teilt diese Überzeugung.
Und doch begegnen evangelische Christen mehrheitlich auf anderen Wegen der Bibel: etwa in der weihnachtlichen Christvesper und
vornehmlich bei Amtshandlungen wie Taufe, Trauung oder Beerdigung. Die Bibel ist dabei Teil eines Rituals, das Erlebnisräume
unter Einschluß biblischer Sentenzen bereitstellt, mit deren Hilfe
lebensgeschichtlich bedeutsame Übergänge angemessen vollzogen
werden können.

Die Selbstverständlichkeit, mit der man in den zuletzt genannten Fällen die Bibel als Bestandteil bedeutsamer Passagen erlebt, signalisiert allerdings den fließenden Übergang zu einer evangelischen Bibelfrömmigkeit außerhalb der verfaßten Kirche. Dazu gehören diejenigen, welche die Bibel als unverzichtbaren Bestandteil der christlich geprägten Lebenswelt verstehen. Das Kulturgut Bibel steht für einen umfassenden Sinnhorizont, auf den die gängigen gesellschaftlichen Maximen von Moral und Recht Bezug nehmen oder auch die künstlerische Bearbeitung religiöser Themen. Der evangelisch erzogene, später aus der Kirche ausgetretene Maler Otto Dix etwa, dessen Œuvre reiche biblische Motive aufweist, antwortet auf die Frage nach seinem Verhältnis zur Religion: »Ich weiß nicht, ob ich gläubig bin, oder ob ich ein Atheist oder sonst etwas bin. Ich weiß gar nichts. Gar nichts weiß ich. Jedenfalls bin ich nicht dogmengläubig, sondern sehr skeptisch.« Und doch symbolisieren gerade Christus-Darstellungen erschütternde Kriegserfahrungen des Künstlers. Eine Bibelfrömmigkeit repräsentieren also auch die Darstellungen biblischer Themen in Literatur und Musik, in der bildenden Kunst, in Comic und Film, wobei dem vielfach bewußt undogmatischen Bibelgebrauch ein aufgeklärtes oder auch mythologisches Denken zu Grunde liegen kann.

Abzuheben von den gemeindlichen und den gesellschaftlich-kulturellen Formen evangelischer Bibelfrömmigkeit ist schließlich der evangelikale Frömmigkeitstyp. Historisch im Pietismus des 18. Jahrhunderts verankert, steht zwar auch hier der regelmäßige Bibelgebrauch im Vordergrund. Zwischen landeskirchlich orientierten und evangelikalen Christen aber gibt es mit Blick auf den Bibelgebrauch häufig Spannungen, die vor allem die Methode der Bibelauslegung betreffen. Während im kirchlichen Bereich die Legitimität der historisch-kritischen Exegese prinzipiell anerkannt wird, stößt die historische Kritik im evangelikalen Spektrum in der Regel auf Ablehnung. Das dort viel zitierte Wort, daß alle Schrift von Gott eingegeben sei (vgl. 2. Timotheus 3, 16), verdeutlicht zugleich die Entscheidung, den Glauben mit Blick auf das inspirierte gött-

liche Wort und also im Rückgang hinter die Aufklärung zu vergewissern. Auch hier also erkennen Christen das biblische Wort als
alleinige Norm für Glauben und Handeln an, messen die Autorität
aber der oben genannten Tradition folgend dem geschriebenen
Wort zu.

Nun mehren sich in jüngerer Zeit generell die Anfragen an die
Dominanz der historisch-kritischen Bibelauslegung, die den stu-
dierten Pfarrerinnen und Pfarrern das exegetische Monopol zumißt
und damit dem reformatorischen Ideal eines durch Bibellektüre
geformten Christenlebens widerstrebt. Reges Interesse finden daher
in der Kirche, aber auch im Umkreis der Befreiungstheologie und
feministischen Theologie andere Wege der Bibelauslegung, beispielsweise der erfahrungsbezogene Zugang im Bibliodrama oder
auch tiefenpsychologische Auslegungen. Durch diese stärker auf
das subjektive Erleben ausgerichteten Zugänge können Hindernisse
für die von den Reformatoren geforderte persönliche Aneignung
der Heiligen Schrift beseitigt werden, die eine Dominanz wissenschaftlicher Textauslegung errichtet.

Die skizzierten Entwicklungen, auch die ökumenischen Initiati-
ven zum Jahr mit der Bibel 1992 und 2003 zeigen, daß man evangelische Frömmigkeit unter Berücksichtigung der gelebten phänome-
nalen Vielfalt zur Recht als Bibelfrömmigkeit begreift. Angesichts
der individualisierten Gegenwartskultur haben evangelische Christinnen und Christen die Aufgabe, die Wahrnehmung der Bibel als
lebendiges Gegenüber zu schärfen.

Martin Vetter

Karl-Fritz Daiber/Ingrid Lukatis, Bibelfrömmigkeit als Gestalt gelebter Religion (Texte und Arbeiten zur Bibel 6), Bielefeld 1991; *Annet-
te Noller*, Zugänge zur Bibel, in: Eugen Biser u.a. (Hg.), Der Glaube
der Christen. Ein ökumenisches Handbuch. Band 1, München/
Stuttgart 1999, 477-497.

2.

Gesangbuch, Haus- und Stundenbücher

Brüder Limburg (1375/85-1416): Juli-Blatt aus den *Très Riches Heures des Duc de Berry*, 1413-16; Pergament, 22 x 13,5 cm; Musée Condé, Chantilly.

Bestimmte Zeiten des Tages wurden seit dem Mittelalter auch den Laien für das Gebet empfohlen, Stundenbücher sollten bei der Einteilung helfen. Neben den Gebetstexten enthalten sie auch Auszüge aus den Evangelien oder Psalmen. Je nach Auftraggeber waren diese Stundenbücher mehr oder weniger prächtig gestaltet, was vor allem die Ausstattung mit Miniaturen betrifft. Die Arbeiten der Brüder von Limburg entstanden zur Blütezeit der Miniaturenmalerei, stellen aber zu Beginn des 15. Jahrhunderts zugleich eine ganz neue Seh- und Erzählweise vor, die wegweisend für die Tafelmalerei, insbesondere die Darstellung von Landschaft wurde.

Die *Très Riches Heures* für den Herzog de Berry sind vor allem wegen des dem eigentlichen Stundenbuch vorangestellten Kalendariums berühmt geworden, das zu jedem Monat eine Miniatur enthält.

Das Juli-Bild zeigt wie alle anderen Blätter im Hintergrund eines der herzoglichen Schlösser (hier das heute zerstörte Château du Clain in Poitiers); im Vordergrund sind Szenen aus der bäuerlichen Arbeit des Sommermonats dargestellt: detailgetreu wird die Schafschur wiedergegeben, auf einem von Mohn- und Kornblumen durchwachsenen Weizenfeld arbeiten die Schnitter. Die kleinteilige, sachlich auf Einzelheiten eingehende Darstellung sowohl der Bauern und ihrer Tätigkeiten als auch der Landschaft und Architektur macht diese Miniatur zu einem wichtigen Zeugnis der Lebensweise der Zeit. Erstaunlich ist auch die tiefenräumliche Gestaltung und perspektivische Wiedergabe des Schlosses.

Das Stundenbuch des Duc de Berry ist damit heute nicht allein kunstvolles Zeugnis eines Gebetbuches, sondern durch seine teuerste Ausstattung auch Luxusgut und durch die dargestellten Inhalte zugleich Spiegel sowohl der Besitztümer des Herzogs wie auch der Lebensweise von Adel und Bauern.

Gebet und Gesang gehören von Anfang an zum Leben der Christengemeinden und der einzelnen Christen. Die Kirche ist eine betende und singende Gemeinschaft; nicht nur die Reformation hat sich »durchgesungen«; auch die katholische Reform und Erneuerung wäre hierzulande ohne »deutsche Kirchenlieder« und »Andachten« kaum möglich gewesen.

Hilfsmittel für Gebet und Gesang als christliche Grundvollzüge waren und sind entsprechende Bücher: Gesangbuch, Haus- und Stundenbücher.

Gesangbuch. In der Vielfalt der gottesdienstlichen Gesänge nimmt im deutschen Sprachgebiet das Lied der Gemeinde eine Vorrangstellung ein. Seit dem 9. Jahrhundert läßt sich das Einströmen des deutschen Kirchenliedes in die lateinische Liturgie nachweisen. Ein nachhaltiger Impuls zur Förderung des muttersprachlichen Kirchenliedes ging von der Reformation aus. Sie gab entscheidende Anstöße zur Sammlung solcher Lieder und Gesänge in Gesangbüchern.

Die katholische Gesangbuchgeschichte wird einerseits durch intensive Reformbemühungen vor dem Konzil von Trient (1545-1563), anderseits durch die Herausforderungen der reformatorischen Gesangbuchentwicklung in Gang gesetzt. Bereits ein starkes Jahrzehnt nach der Veröffentlichung der ersten protestantischen Gesangbücher erscheinen solche für den katholischen Gottesdienst. Im Jahre 1537 gibt der Dominikaner Michael Vehe, Propst des neuen Stifts zu Halle, das erste katholische Gesangbuch heraus.

Mit der Zeit der katholischen Aufklärung beginnt die Epoche der für das deutsche Sprachgebiet typischen Gesang- und Gebetbücher, die von den zuständigen Bischöfen herausgegeben werden und daher kirchenamtlichen Charakter haben. An erster Stelle ist die Diözese Fulda zu nennen, die 1776 ein Diözesangesangbuch erhält.

Ein einheitliches Gesang- und Gebetbuch für das gesamte deutsche Sprachgebiet wurde seit der Mitte des 19. Jahrhunderts immer wieder in Vorschlag gebracht. Die Liturgiereform nach dem Zweiten Vatikanischen Konzil bot eine günstige Gelegenheit, das Einheitsgesangbuch in Auftrag zu geben. Nach langwierigen und mühsamen Vorarbeiten in den Jahren 1963-1974 liegt das Einheitsgesangbuch 1975 gedruckt vor: *Gotteslob. Katholisches Gebet- und Gesangbuch.* Herausgeber sind die Bischöfe Deutschlands und Österreichs sowie der Diözesen Bozen-Brixen, Lüttich, Luxemburg und später auch Temesvar. Das Schweizer Kirchengesangbuch (1966) macht in einem Anhang (1970) Gesänge aus dem *Gotteslob* den Gemeinden zugänglich. Wertvolles Lied- und Gebetsgut, das im Stammteil nicht mehr berücksichtigt werden konnte, wird in die Eigenteile der einzelnen Diözesen aufgenommen.

Das *Gotteslob* trägt die Früchte der Liturgiereform in die Gemeinden. Ohne dieses Buch hätte die Neuordnung des Gottesdienstes nicht von den Gemeinden verwirklicht werden können. Das *Gotteslob* fördert die Vielfalt der Gottesdienste: die Eucharistiefeier als Hauptgottesdienst der Kirche, die Feiern der Sakramente, die Horen der Tagzeitenliturgie (vor allem Laudes, Vesper und Komplet), selbständige Wortgottesdienste, volkstümliche Andachten (insbesondere Kreuzweg und Rosenkranz). Das *Gotteslob* ist ökumenisch ausgerichtet und zeichnet sich aus durch eine breite Einbeziehung des evangelischen Kirchenliedes. Besondere Beachtung verdient das reiche Angebot an Psalmen. Das *Gotteslob* dient freilich nicht nur dem Gemeindegottesdienst, sondern auch dem gemeinsamen Gebet in Haus und Familie sowie dem persönlichen Gebet und dem geistlichen Leben des Einzelnen.

Das *Gotteslob* versteht sich als »Rollenbuch der Gemeinde« und will den Mitfeiernden die volle, bewußte und tätige Teilnahme an der Liturgie ermöglichen. Um den Wechselgesang zu fördern, sind drei ergänzende Publikationen erschienen: das *Chorbuch für einstimmigen Gesang zum Gotteslob* (Gesänge zur Eröffnung, zur Gabenbereitung, zur Kommunion und zum Dank), das *Kantorenbuch* (Antwortgesänge zwischen den Lesungen der Messe) und das *Halleluja-Buch* (Rufe vor dem Evangelium).

Hausbücher. Das Gesangbuch verbindet den Gottesdienst und das Hausgebet. Daneben gibt es eine ganze Reihe von Hausbüchern, die das Gesangbuch ergänzen. An erster Stelle ist die Heilige Schrift als das Buch der Bücher zu nennen. Die Katholiken haben durch die Bibelbewegung und die ökumenische Bewegung des 20. Jahrhunderts einen intensiveren Zugang zur Heiligen Schrift gewonnen. Der Katholische Erwachsenenkatechismus stellt fest: »Sie ist die Ur-kunde unseres Glaubens, an der sich jede kirchliche Verkündigung nähren und orientieren muß; sie muß gleichsam deren Seele sein.«

Noch unsere Großeltern haben sich die Lesungen der Sonn- und Festtage von Leonhard Goffiné, einem Prämonstratenser des Barock, auslegen lassen. Er veröffentlichte 1690 in Mainz die *Hauspostille oder christkatholische Unterrichtungen auf alle Sonn- und Festtage des ganzen Jahres.* Dieses Hausbuch erlebte bis in die Mitte des 20. Jahrhunderts mehr als 120 Auflagen. Heutzutage sind es eher die jährlichen Bibelesepläne, die Tageslesungen in fortlaufender Reihenfolge angeben und helfen wollen, im Laufe der Zeit das ganze Buch der Bücher kennen zu lernen. Den Rang eines Hausbuches haben die Katechismen, deren eigentliche Geschichte mit der Neuzeit beginnt. Diese Glaubensbücher dienten der katechetischen Unterweisung im Unterricht, aber auch der Lektüre in der Familie zuhause. Besondere Bedeutung kommt neuerdings dem von der Deutschen Bischofskonferenz herausgegebenen *Katholischen Erwachsenenkatechismus* (1985) zu. Im Vorwort wird sein Ziel so umschrieben: »Auf der Grundlage des Großen Glaubensbekenntnisses, das den Christen des Ostens und des Westens gemeinsam ist, entfaltet der Katechismus das Christusgeheimnis, um es den Menschen unserer Zeit tiefer zu erschließen. Dadurch soll der Glaube in unseren Diözesen gestärkt, die lebendige Verbundenheit der Gläubigen mit Jesus Christus vertieft und diesen eine Hilfe gegeben werden, als Christen in der Welt zu leben.«

Biographien und Legenden von Heiligen sind eine Form ihrer Verehrung, die für die katholische Frömmigkeit kennzeichnend ist.

Zu den wichtigsten und wirkmächtigsten Heiligenlegenden gehört die *Legenda aurea* (Goldene Legende) des Jacobus a Voragine, die er um 1250/60 verfaßte. Dieses populärste und meistverbreitetste Volksbuch des Mittelalters enthält in der Folge des Kirchenjahres ungefähr 150 Heiligenleben in einer ansprechend schlichten Erzählweise und wurde in alle Sprachen des Abendlandes übersetzt. In der Gegenwart ist das Angebot von zeitgemäßen und anhand der geschichtlichen Quellen erarbeiteten Büchern über Heilige, Selige und Glaubenszeugen reich und vielfältig, aber der alte Brauch, daß sich Familien vor allem an Winterabenden zur Lesung aus den Heiligenbüchern versammeln, ist aus bekannten Gründen sehr zurückgegangen. In vielen Klöstern werden am Ende des Abendessens die Heiligen des folgenden Tages aus dem großen Heiligenkalender der Kirche (*Martyrologium*, Neuausgabe 2001) vorgelesen und bekannt gegeben.

Eine neue Art von Hausbuch, das sich nicht nur auf Heilige bezieht, verdient Beachtung. Als Beispiel sei genannt: *Durch das Jahr - durch das Leben. Hausbuch der christlichen Familie* (2000). Dieses Hausbuch will ein Begleiter auf dem Weg des Lebens durch den immer wiederkehrenden Jahreskreis mit seinen Festen sein und lädt deshalb zum Blättern und Lesen, zum Nachschlagen und Fragen, zum Betrachten und Beten, zum Singen und Spielen ein.

Stundenbücher. In den ersten Jahrhunderten des Christentums gab es ein kirchliches geordnetes Beten der Gläubigen auch außerhalb der Eucharistie sowohl zuhause wie in der gottesdienstlichen Versammlung. Besondere Bedeutung hatten das gemeindliche Morgenlob (Laudes) und Abendlob (Vesper) an Wochentagen.

Im Lauf der historischen Entwicklung wird das Stundengebet zum Chorgebet, zum Offizium, d.h. zur Aufgabe der Geistlichkeit. Für die Privatrezitation der Texte des Chorgebets werden diese für die dazu verpflichteten Geistlichen dann schließlich in einem eigenen Buch, dem Brevier, zusammengestellt. Auf Weisung des Zweiten Vatikanischen Konzils wurde das Stundenbuch der Kirche gründlich überarbeitet und auch in die Landessprachen übersetzt.

Die drei Bände der deutschen Ausgabe erschienen 1978: *Die Feier des Stundengebetes. Stundenbuch für die katholischen Bistümer des deutschen Sprachgebietes*; für die Gemeinden, für Gemeindegruppen wie für einzelne Beter kam 1981-1984 ein *Kleines Stundenbuch* heraus, das das *Morgen- und Abendgebet der Kirche aus der Feier des Stundengebetes für die katholischen Bistümer des deutschen Sprachgebietes* enthält.

Das jüngste Konzil äußerte den dringenden Wunsch, dem Volk Gottes sein ureigenes Gebet in neuer Weise und in neuen Formen wiederzugeben. Die Zukunft gemeindlichen Betens liegt in der Wiedergewinnung des Urgebets der Kirche. Dieses Gebet vor allem am Morgen und Abend gilt es wieder zu entdecken, neu kennen und lieben zu lernen. Mit guten Gründen nennt das Zweite Vatikanische Konzil Laudes und Vesper »die Angelpunkte des täglichen Stundengebetes«.

Werner Groß

Josef Andreas Jungmann, Christliches Beten in Wandel und Bestand. Mit einem Vorwort zur Neuausgabe von Klemens Richter, Freiburg/Basel/Wien 1991; *Paul Ringseisen*, Morgen- und Abendlob in der Gemeinde. Geistliche Erschließung, Erfahrungen, Modelle. Mit einem Beitrag von Martin Klöckener, Freiburg/Basel/Wien 2002.

Neben der Bibel ist das Gesangbuch das bedeutendste Buch im Leben der christlichen Gemeinde. Beredt gibt es Zeugnis vom Glauben über Jahrhunderte hinweg, und es spiegelt den Wortschatz, die Ausdrucksfähigkeit und die Frömmigkeit von Generationen. Als ein Dokument des Selbstverständnisses und als ein unverzichtbares Buch für gottesdienstliches Handeln ist es repräsentativ für Glauben und Leben der kirchlichen Gemeinschaft. Weil mit ihm die liturgische Teilnahme der Gemeinde am Gottesdienst ermöglicht wird und weil es mit dem Gottesdienstbuch zusammen den Zeichenvorrat für dessen Gestaltung enthält, ist es das Gottesdienstbuch der Gemeinde schlechthin.

Der Begriff *Gesangbuch* hat sich erst im 18. Jahrhundert durchgesetzt. Zuvor hießen diese Sammlungen geistlicher Gesänge »Enchiridion« (»Handbüchlein«, weil es im Unterschied zum großformatigen Chor- und Kantorenbuch in der Hand gehalten werden konnte), »Geistliche Lieder und Psalmen« (in Anlehnung an entsprechende neutestamentliche Stellen) , »Seraphischer Lustgarten« (aus Freude an barock-blumigem Vokabular), »Praxis pietatis melica« (»Frömmigkeitspraxis in Liedern«, mit Bezug auf die im 17. Jahrhundert sich durchsetzende neue Frömmigkeit), um nur einige von zahlreichen Beispielen zu nennen.

Der Sache nach war das Gesangbuch eine Erfindung der Reformation und verhalf ihren Ideen zu weiter Verbreitung und durchschlagendem Erfolg. Das erste gedruckte Gesangbuch ist ein tschechischsprachiges aus dem Jahre 1501, wahrscheinlich eine Privatarbeit, die als Nachwirkung der hussitischen Reformbemühungen anzusehen ist. Die ersten lutherischen, deutschsprachigen Gesangbücher stammen aus dem Jahr 1524 (ein aus Einblattdrucken zusammengestelltes »Achtliederbuch«, Nürnberg und zwei »Enchiridien«, Erfurt).

Die reformierte Singepraxis, insbesondere die von Calvin initiierte französischsprachige in Straßburg und Genf, sah nur das einstimmige Singen von Psalmen im Gottesdienst vor. Die dafür notwendigen neu gedichteten Psalmbereimungen wurden seit 1539 (Straßburg) gedruckt. Der erste vollständige französischsprachige Psalter mit allen 150 Psalmen erschien 1562.

Die territorialgeschichtliche Entwicklung seit dem Augsburger Religionsfrieden 1555 mit dem Grundsatz »cuius regio eius religio« brachte es mit sich, daß jeder Landesherr für das kirchliche Leben Verantwortung trug und es somit in fast jedem Fürstentum ein eigenes Gesangbuch gab. Dazu kamen die freien Reichsstädte, mit dem Ergebnis, daß im 18. und frühen 19. Jahrhundert im deutschsprachigen Raum mehrere Hundert Gesangbücher gleichzeitig in Gebrauch waren.

Erst im Zuge der Nationalbestrebungen im 19. Jahrhundert kam es zur Idee eines Einheitsgesangbuches, das 1915 mit dem Deutschen Evangelischen Gesangbuch zu einem ersten, wenn auch noch lange nicht landesweit akzeptierten Ergebnis führte.

Die Titel der offiziellen Gesangbücher im 20. Jahrhundert zeigen übrigens den Wandel des Selbstverständnisses an: *Deutsches Evangelisches Gesangbuch* (1915), *Evangelisches Kirchengesangbuch* (1950), *Evangelisches Gesangbuch* (1993). Das derzeitige Evangelische Gesangbuch bietet in seinem Stammteil, der für alle deutschsprachigen Regionen – über Deutschland hinaus auch in Österreich, Elsaß-Lothringen, Siebenbürgen u.a. – als verpflichtend anerkannt wird, einen Schatz von etwa 550 Gesängen. Das Gesangbuch ist somit ein Einheitsband der deutschsprachigen evangelischen Christen. Regionale Besonderheiten finden ihren Ausdruck in landeskirchlichen Anhängen.

Inhaltlich ist das heute gebräuchliche Gesangbuch in einen Liederteil und einen Textteil gegliedert. Die Anordnung der Lieder folgt einem Schema, das schon in der Reformationszeit angelegt zu finden ist: Kirchenjahr, Gottesdienst (liturgische Gesänge, Sakramente), Biblische Gesänge (Psalmen, biblische Erzähllieder), Glaube – Liebe – Hoffnung (christliches Leben, Tages- und Jahreskreis, Ökumene). Der Textteil bietet Psalmen, Ordnungen für Gottesdienste zu den Tageszeiten (Stundengebete) sowie Andachtsformen,

Bekenntnisse der Kirche, Lehrzeugnisse, einen umfangreichen Gebetsteil, einen liturgischen Kalender und Beigaben zur Liederkunde. Damit will das Gesangbuch ein christliches Haus- und Gemeindebuch sein. Mit diesem erweiterten Anspruch sind die Gattungen Hausbuch und Stundenbuch im evangelischen Bereich als überholt, weil inbegriffen anzusehen. Allenfalls Losungsbücher und Kalender haben noch Bedeutung und Platz im Leben christlicher Familien.

Über Jahrhunderte wurde das Gesangbuch zur Ausbildung verwendet. Mit ihm und mit Bibel sowie Katechismus wurde das Lesen gelernt, die Sprachfähigkeit entwickelt, das Musizieren in den Schulen angeleitet. So prägte es die Frömmigkeit ganzer Generationen. In ihm äußert sich die Mündigkeit der Gemeinde.

Worte, Strophen und Texte repräsentieren die »Wolke der Zeugen« und bilden das Band der Christenheit, das die Gemeinde und die Einzelnen zusammenhält.

Die Spannung zwischen alten Texten und heutiger Sprache bleibt unaufhebbar. Notation und Klanggewand der Worte und Dichtungen spiegeln den jeweiligen historischen Kontext der Entstehungszeit. In Choralnotenschrift sind Gesänge notiert, die fast unverändert aus dem Mittelalter stammen. In Gesangbüchern der Barockzeit wurde oftmals die Baßstimme mit abgedruckt; ein Zeichen für die vertikale, harmonisch orientierte Hör- und Musiziergewohnheit des »Generalbaßzeitalters«. Im 18. und 19. Jahrhundert wurde der größte Teil der Gesangbücher ohne Noten gedruckt; einerseits waren Kostengründe ausschlaggebend, andererseits schwand die Vielfalt der Melodien, und auf nur wenige »Töne« wurden die verschiedensten Texte gesungen. Mit dem Einbruch der Rhythmik, Harmonik und Melodik der populären Musik seit der Mitte des 20. Jahrhunderts findet man zum Teil auch Akkordsymbole, die nicht mehr für Orgel-, sondern etwa für Gitarren- oder Klavierbegleitung gedacht sind.

Der Formenschatz ist wesentlich erweitert. Im Vergleich zum überwiegenden Gebrauch des Strophenliedes in früherer Zeit sollen nun Formen wie Singspruch, Wechselgesang, Refrainlied, Kanon und mehrstimmiger Satz auf die Vielfalt aufmerksam machen, in der sich das Gotteslob, die Klage, das Beten, das Antworten der Gemeinde artikulieren kann.

Als gedruckte Sammlung geistlicher Gesänge ist das Gesangbuch nicht nur Dokumentation geschichtlicher und aktueller Glaubenszeugnisse, sondern vor allem ein ständiger Hinweis auf das jetzt und heute geschehende Singen und Beten. Seine Funktion ist gleichzeitig eine rückwärtige wie vorwärts weisende: Denn immer schwingt die erhoffte Teilnahme am Leben der Kirche mit und damit der Wunsch, die Chancen des Einstimmens, der Kommunikation und Identifikation wahrzunehmen.

Gestalt und Schmuck der Gesangbücher zeigen die kulturelle Bedeutung des Gesangbuchs für die Christen. Als Konfirmationsgeschenk diente es über Generationen. Kostbare, in der Regel privat bestellte Einbände weisen sowohl auf das öffentliche Ansehen des Gebers als auch auf den Prestigewert des Buches für den Besitzer. Die Preisgestaltung der Verleger spielte eine nicht unwesentliche Rolle für die Verbreitung. Mancherorts wurde der Druck seitens der Städte so unterstützt, daß mindestens jeder Haushalt ein Exemplar günstig erwerben konnte (Genf, 16. Jahrhundert). Auch die heutigen Grundpreise um 10 € machen das Buch für breite Massen erschwinglich. Allerdings haben vielleicht die von der Gemeinde bereitgehaltenen kircheneigenen Exemplare die Sitte von einst, mit dem Gesangbuch zur Kirche zu gehen, nicht gerade gefördert und seine Auswanderung aus Familie und Haus begünstigt. Das Gesangbuch wird damit zum Kircheninventar und verliert seine Funktion als Bindeglied zwischen Kirche und Haus. Die äußere Gestaltung einiger landeskirchlicher Gesangbuchausgaben (z.B. Bayern, Thüringen, Württemberg) mit ihrem reichen Bildschmuck und erweiterten Textteilen versucht mit Erfolg, dieser Aufgabe gerecht zu werden und das Gesangbuch in den Familien wieder heimisch werden zu lassen.

Christian Finke

Handbuch zum Evangelischen Gesangbuch, Bd. 1-3, Göttingen 1995ff.; *Christian Möller* (Hg.), Kirchenlied und Gesangbuch. Quellen zu ihrer Geschichte, Tübingen/Basel 2000; *Martin Rößler*, Liedermacher im Gesangbuch. Liedgeschichte in Lebensbildern, Stuttgart 2001; *Peter Ernst Bernoulli/Frieder Furler* (Hg.), Der Genfer Psalter. Eine Entdeckungsreise, Zürich 2001.

3.

Gebet

Jan van Eyck (um 1390-1441): *Paele-Madonna* (Ausschnitt), 1434-1436; Eichenholz, 140,8 x 176,5 cm, Groeningemuseum, Brügge.

Eine Stiftung für die Kirche war mit der Hoffnung auf eine positive Wertung beim Jüngsten Gericht verbunden, die seit der Gotik immer häufiger zu findende Darstellung der Stifter – häufig mit ihrer gesamten Familie – auf einer Altartafel war zugleich Erinnerung an die Personen selbst und ihre Frömmigkeit.

Während die Stifterfiguren zunächst (und auch später noch überwiegend) als kleine Figuren am Bildrand oder räumlich von der eigentlichen Szene getrennt auf einer Seitentafel dargestellt wurden, kehrt Jan van Eyck diese Trennung ins Gegenteil, verbindet reale und heilige Personen: Er malt den alten Kanonikus Georg von der Paele, der sich nach seiner internationalen Karriere in der päpstlichen Kanzlei in Brügge als Stiftsherr der St. Donatianskirche zur Ruhe gesetzt hat, im Chorraum eben dieser Kirche zusammen mit der Madonna, dem hl. Georg und dem hl. Donatian. Die vollendet abbildhafte Gestaltungsweise und Lichtführung lassen alle Dinge und Personen wirklich erscheinen – für den betenden Kanonikus, der seine Brille abgenommen hat und vom Brevier aufschaut, ist sein Glaube sozusagen Realität geworden.

Seine private Andacht, die im stillen Gebet sichtbare Frömmigkeit ist durch den im Bild gezeigten Ort wie auch den Aufstellungsort der Tafel in der Donatianskirche eingebunden in die Institution Kirche, der von der Paele sein Leben lang gedient hat. Zugleich spricht dieses Bildnis natürlich auch vom Selbstbewußtsein des frommen Stifters, der mit den Heiligen und dem Christuskind den Raum teilt.

Worin erfährt man die Unterschiede zwischen den Konfessionen am deutlichsten? Im sonntäglichen Kirchgang, sofern er noch stattfindet? In der Art und Weise, wie man sich zur kirchlichen Autorität verhält? Oder in der Wahl der politischen Parteien? Einige meinen, die konfessionelle Einfärbung mache sich sogar in der Wahl der Zigaretten bemerkbar.

Eines ist gewiß: Mit der Zugehörigkeit zu einer Konfession ist nicht bloß ein Glaubensbekenntnis angesprochen, sondern eine ganze Kultur, die über Jahrhunderte gewachsen ist; eine spirituelle Sensibilität, die sich auf alle Lebensbereiche erstreckt und auswirkt. Zu ihr gehört die Tradition der Frömmigkeit.

Wenn auch innerhalb der letzten Jahrzehnte große Veränderungen stattgefunden haben, so bleibt dieser Bereich doch der Ort, wo die Unterschiede verständlicherweise besonders wahrgenommen werden. Die Reform der katholischen Meßfeier nach dem Zweiten Vatikanischen Konzil, die Einführung der deutschen Sprache, die überall durchgeführte Reform der Predigt, der gemeinsame ökumenische Wortlaut des Vaterunsers und große Teile gemeinsamen Liedgutes, das alles hat viele Konturen der Unterschiede abgeschliffen. Und der Prozeß hält in dem Maße an, als auch umgekehrt, von evangelischer Seite her, das Abendmahl häufiger und in enger Verbindung mit dem Wortgottesdienst gefeiert wird, so daß Katholiken beim Besuch des evangelischen Gottesdienstes erleben können, was viele früher weder erlebt noch auch für möglich gehalten haben

Doch gibt es im Bereich der Andachten und der häuslichen privaten Frömmigkeit immer noch so viele und charakteristische Unterschiede, daß hier »evangelisch« - »katholisch« im Sinne einer verschiedenen Kultur augenfällig wird.

Beginnen wir bei etwas scheinbar ganz Äußerlichem. Was unterscheide, das werde - so die allgemeine Auffassung - schon in der Art und Weise deutlich, wie ein Gebet begonnen würde. Schicke sich ein evangelischer Christ zum Beten an, mache er Anstalten, die auch äußerlich darin sichtbar werden, daß er sich in sich selber kehre, Gesicht und Nacken einziehe, um aus seiner Innerlichkeit heraus zu Gott zu beten. Der katholische Christ drehe sich eher nach außen, suche Gemeinschaft, beginne gleich von der Leber her zu Gott zu reden. Deshalb beständen seine Gebete hauptsächlich aus Bitten und materiellen und hautnahen Anliegen, die ihm grad auf der Zunge liegen. Auf der evangelischen Seite und im wachsenden Maße, wie man sich auf die evangelikale Seite verschiebt, würde gedankt und gelobt. Unter dem Vorbehalt, daß es hier viele Nuancen und Überschneidungen gibt, mag daran etwas wahr sein.

Aber würde man nun einen Katholiken fragen, selbst einen, der nicht besonders eifrig ist, wovon er in seinem Katholischsein lebe und woran man es untrüglich erkennen könne, so wird ziemlich bald, wenn nicht gar als erste Antwort kommen: Die Messe, die Eucharistiefeier. Er weiß um das Kirchengebot, jeden Sonntag die Messe zu besuchen, auch wenn er es nicht durchgehend einhält. Aber in diesem Punkt wird eine Kirchlichkeit der Frömmigkeit sichtbar, die bei Katholiken stärker ausgeprägt ist, als es im Durchschnitt der evangelischen Christen der Fall ist.

Das ist das Prägemal, das seiner Frömmigkeit anhaftet: Die Messe. Diese Gedächtnisfeier von Tod und Auferstehung Jesu, die in ihrer Form durch das Konzil von Trient groß und auch barock ausgestaltet wurde. Sie hat nicht aufgehört, katholisches Liturgie- und damit auch Gebetsempfinden bis zum heutigen Tag zu prägen. Sie ist ein großartiges Mysterienspiel, das vor allem in seiner Hochform, dem »Hochamt«, immer wieder Anregung für große und größte Kunstwerke war.

In dieser Wahrnehmung, daß Eucharistie nach dem Zweiten Vatikanischen Konzil »Gipfel und Höhepunkt alles geistlichen Tuns« ist, kommt nicht bloß ein Sinn für Schönheit, sondern auch für liturgische Objektivität zum Ausdruck. So gab es in gewissen Schweizer Gegenden den Ausdruck: »Der Priester hat schön geamtet«. Man nahm weniger die Qualität einer Predigt als das Gelingen und die Schönheit der gesamten Feier wahr. Ein Talent zur Rede wie auch persönliche Glaubwürdigkeit des Priesters sind immer willkommen und von Vorteil. Sie werden psychologisch helfen, dem Wort Gottes die Bahn zu bereiten. Aber sie machen, im katholischen Empfinden, nicht den theologischen Gehalt der Messe aus. Mag die Aussicht auf eine denkbar schlechte Predigt die Motivation zum Kirchenbesuch nicht gerade heben, so weiß der katholische Christ um den Wert der Eucharistie, der durch keine menschliche Unzulänglichkeit weder bedroht noch zerstört werden kann.

Ein weiterer Unterschied liegt in der Wahrnehmung des Kirchenraumes. Wenn der Katholik eine Kirche betritt, schaut er zuerst auf das »Ewige Licht« – und er wird eine Kniebeugung machen. Denn: Wo Licht ist, da ist ein Gebäude bewohnt. In den konsekrierten Hostien, die aus der letzten Eucharistiefeier aufbewahrt sind, glaubt er an die wirkliche Gegenwart Christi in der Gestalt des Brotes. Die Kirche ist für ihn der Ort, wo Jesus Christus, in der Gestalt des Brotes, wohnt. Durch die sakrale Handlung, die in diesem Raum vollzogen wurde, ist der Raum geheiligt, deshalb nicht leicht für andere Zwecke zu verwenden.

Ein Unterschied im Frömmigkeitsverhalten liegt gewiß auch darin, wie feierlich und aufwendig etwa Gottesdienste gestaltet werden. Die Ansprüche und Erwartungen von katholischer Seite sind da gewiß größer. Der Sakramentsgottesdienst ist eine Feier und will deshalb von jeder anderen alltäglichen oder gar belanglosen Verrichtung unterschieden werden. Also muß festlicher Schmuck, besondere Festkleidung, ein besonderes Zeremoniell her, welches das Unalltägliche des Ereignisses unterstreicht. Mag viel überflüssiger Prunk im Zug der Zeit gestutzt worden sein, so gehört er aber doch irgendwie dazu.

Es ist der Prunk des Kirchenraumes, der eine Seele für tieferes Hören aufschließt: Blumen, Kerzen, Gesänge, Orgel. Die Anzahl der Leuchter, welche die Ministranten tragen, ist nicht unwichtig für die Feierlichkeit eines Gottesdienstes; aber auch ihre Art, wie sie sich im sakralen Raum bewegen. Es wird ihnen eingebläut: In der

Kirche geht man nicht, spaziert man nicht, hüpft schon gar nicht, sondern: Man schreitet. Gewiß mißt sich die geistliche Tiefe, mit der die Gläubigen teilnehmen, nicht an solchen Äußerlichkeiten; weder an den Farben der Blumen noch der Choreographie rings um den Altar herum; auch nicht am künstlerischen Niveau der mehrstimmigen Meßkompositionen. Aber all das ist im katholischen Empfinden nicht unwichtiger Rahmen, der das Gebet begünstigt und zum gläubigen Nachdenken führt. Es mag die Andersartigkeit, das Nicht-Alltägliche dessen, was sich in der Liturgie vollzieht, unterstreichen.

Natürlich gibt es auch in den Gebetsformen, die jeweils bevorzugt werden, typische Unterschiede: Katholischerseits spielen in den Familien das Tischgebet vor und nach dem Essen, das Stoßgebet in bedrängenden Situationen, das Gebet für die Verstorbenen oder das besonders bei älteren Menschen beliebte Rosenkranzgebet noch immer eine gewisse Rolle. Im gemeinschaftlichen Beten von Gruppen sind häufig Morgenlob (Laudes) und Abendlob (Komplet) kennzeichnend für die Glaubenspraxis. In ausgesprochen katholisch-ländlichen Gegenden ist bis heute, wenn vielleicht auch nur noch da und dort, das Betläuten und das dabei gesprochene Angelusgebet (»*Der Engel des Herrn brachte Maria die Botschaft*«) in Übung – von den einen als bloßes Relikt angesehen, von anderen nach wie vor als »guter katholischer Brauch« geachtet

Hans Schaller SJ

J. Sudbrack, Beten ist menschlich, Freiburg 1981; *K. Rahner*, Von der Not und dem Segen des Gebets, Freiburg ²1992.

Gebetet wird in allen Religionen. Das Besondere im Christentum ist die Anrede an den dreieinen Gott – im öffentlichen Gebet im Gottesdienst in der Regel in der Sprechrichtung: an den Vater durch Christus im Heiligen Geist. Private Gebete sind häufiger Christusgebete, nur sehr selten Gebete an den Heiligen Geist, was vermutlich mit der Schwierigkeit zu tun hat, sich den Geist als Person vorzustellen.

Gibt es ein besonderes Profil evangelischer Gebetspraxis? Bis heute prägt Martin Luthers Gebetsauffassung, die in den Katechismen zusammengefaßt ist, die evangelische Frömmigkeit entscheidend mit.

Vor allem seine Betonung des Vaterunsers als »Mustergebet«, das von Christus selbst eingesetzt wurde und unübertrefflich ist, wirkt in der Hochschätzung dieses Gebetes und seinem vielfältigen Gebrauch in Sonntagsgottesdiensten, bei Taufen, Trauungen und Beerdigungen, Andachten und privater Frömmigkeit. Luther betonte in Abgrenzung zur spätmittelalterlichen Praxis des Stundengebets und der Rosenkranzfrömmigkeit die Kürze dieses Gebets und gleichzeitig die Gewißheit der Erhörung eines Gebetes, das Menschen »durch Christus« sprechen. Damit ist gerade nicht die bloße Verwendung einer Formel gemeint.

Im Namen Jesu zu beten, erwächst aus dem Vertrauen, daß er der alleinige Mittler ist. So zu beten zeigt das unumstößliche Vertrauen, daß Gott in Christus sich uns Menschen als die Liebe kundgetan hat, die uns stets umfängt und für uns ist. Die Prägnanz des Vaterunsers und die Gewißheit im Beten führen zur Ablehnung eines ritualisierten Betens, das im bloßen Vollzug besteht und höchstens auf das äußere Verständnis der Worte achtet.

Demgegenüber geschieht ein frommes Beten mit »rechtem Ernst«, »mit Andacht des Herzens«, und es weiß um Gottes Zusage. Manche sehen in dieser Verinnerlichung die Ursache für ein Phänomen, das noch heute Erstaunen hervorruft und in ökumenischen Gottesdiensten oft auffällt: Evangelische sprechen das Vaterunser (auch das Glaubensbekenntnis) deutlich langsamer als Katholiken.

Die gegenwärtige evangelische Gebetspraxis ist durch einen doppelten Befund gekennzeichnet: durch das, was man gemeinhin eine Krise des Betens nennt, und durch eine Entdeckung vielfältiger alter und neuer Gebetsformen.

Die Krise des Betens wird durch empirische Untersuchungen belegt. Die letzte Mitgliederbefragung in der Evangelischen Kirche in Deutschland von 1993 erbrachte, daß von den Evangelischen 64% (West) bzw. 67% (Ost) beten; von diesen geben wiederum 49% bzw. 41% an, daß sie täglich oder häufig beten. Der Marburger Theologe Hans-Martin Barth spricht bezogen auf diese Krise von »unklarer Adresse« und vom »unleserlichen Absender« des Gebets. Unklar ist die Adresse geworden, weil der radikale Zweifel an der bisherigen Vorstellung von Gott als einem allwissenden und allmächtigen Weltregenten sich in Theologie, Philosophie und Alltagsbewußtsein zu Recht durchgesetzt hat. Verschwommen ist die Adresse durch das Wissen um religiöse Pluralität und durch die immer häufiger gelebte Nachbarschaft verschiedener Religionen und Gottesbilder geworden. Der Absender hingegen wurde unleserlich, weil einerseits ein Leben ohne Gott als normal empfunden wird und kaum mehr zur Anfechtung führt und weil andererseits die Esoterik- und Meditationspraxis auf klare Gottesbilder verzichten konnte und statt dessen im allgemeinen Nebel von Sinnfragen und Wellness-Angeboten boomt; wer hier »betet« oder »meditiert«, sucht nicht mehr eine personale Verbindung, sondern ein Aufgehobensein im Weltganzen zum Zweck von Sinnvergewisserung oder Leistungssteigerung.

Dagegen werden die kirchliche und die private Gebetspraxis durch eine Fülle von Gebetsformen geprägt, die nicht zuletzt aus ökumenischen Begegnungen erwachsen ist. Die biblisch bezeugten Grundformen Bitte und Fürbitte, Klage und Dank, Lob und Anbetung werden in den evangelischen Gottesdiensten inzwischen erkennbar gestaltet und lösen die vielfach verbreitete Unsitte, das

Gebet zur Information oder Belehrung der Gemeinde zu mißbrauchen, ab. Dabei wurde die bildreiche Sprache der Psalmen ebenso wieder entdeckt wie musikalische Ausführungen in alter und neuer Klangfarbe. Die gesungenen Gebetsrufe aus Taizé, die Lieder und Kanons im Evangelischen Gesangbuch, aber auch die Stille ermöglichen nun Gestaltungen, die das Gebet als Aufgabe der Gemeinde statt als Lesung des Pfarrers erfahren lassen. Zeichenhafte Handlungen wie das Entzünden von Kerzen sind weit verbreitet. Neue Ausdrucksformen durch Musik, Bewegung und Tanz gewinnen allmählich an Raum. Die Gottesdienste zum »Weltgebetstag der Frauen« können als Beispiel dienen für solche ganzheitlichen Gebetsformen und zeichnen sich gleichermaßen durch die Berücksichtigung gesellschaftspolitischer Informationen und Solidaritätsaktionen aus. In der privaten Gebetspraxis spannt sich der Bogen von der verbreiteten Form der Andacht – z.B. mit Hilfe der Herrnhuter Losungen – bis hin zur christlichen Meditation, vom traditionellen Tischgebet zu neuen Tageszeitenritualen, vom Lesen in Gesang- und Gebetbüchern bis hin zum Beten mit eigenen Worten und Gedanken.

Gibt es eine typisch evangelische Antwort auf die Frage, wie der Krise und der Fülle zu begegnen ist? Sie besteht weder in dem bloßen Appell, die Fülle zu entdecken und auszuprobieren (so wünschenswert das ist), noch in dem Ratschlag, ein Schweigen auszuhalten, das neuen Gotteserfahrungen Raum läßt (so sinnvoll das sein kann). Sie besteht vielmehr in der Stärkung des einzelnen Menschen und seines Gewissens durch den Zuspruch der Verheißung und die gleichzeitige Unterrichtung im Glauben: Gottes Liebe ist durch Christus gewiß und vertrauenswürdig; auf Gott in seinem Wort zu hören, befreit zur Antwort im Gebet. Dadurch werden der Adressat und der Absender des Gebets erkennbar, und es wird ein klarer Raum innerhalb der vorhandenen Pluralität markiert, der Orientierung und Begegnung mit anderen ermöglicht.

Helmut Schwier

Hans-Martin Barth, Der Geist selbst vertritt uns. Wege aus der Krise des Gebets, in: Una Sancta. Zeitschrift für ökumenische Begegnung, Jg. 58 (1998), 299-310; *Udo Hahn*, Beten, Gütersloh 2000; *Frieder Schulz*, Mit Singen und mit Beten. Forschungen zur christlichen Gebetsliteratur und zum Kirchengesang, Hannover 1996.

4.
Lebensbegleitende Rituale

Rogier van der Weyden (1399/1400-1464): Mitteltafel des *Altars der Sieben Sakramente*, um 1440-44; Eichenholz, 200 x 97 cm; Koninklijk Museum voor Schone Kunsten, Antwerpen.

Rogier van der Weyden zeigt in diesem Altarwerk den Kirchenraum als besonderen Ort, an dem die Liturgie die biblischen Ereignisse nachvollzieht.

Im Auftrag wohl des Bischofs von Tournai, Jean Chevrot, und des Adligen Philippe Courault gemalt, stellt der Künstler die Institution Kirche im Spiegel der Sakramente dar. Im Inneren einer dreischiffigen gotischen Kathedrale werden simultan sechs Sakramente in den Seitenkapellen gespendet, in der Chorachse wird das Hauptsakrament der Eucharistie vollzogen.

Da dies allein kein Thema für das Gebet des Gläubigen vor dem Altar ist, stellt van der Weyden das Motiv der Kreuzigung in den Bildvordergrund: die Figuren dieser Szene sind im Gegensatz zu allen anderen im Größenmaßstab aus dem Kirchenraum gelöst und damit eindeutig aus dem Gegenwartszusammenhang der übrigen Szenen genommen. Damit wird auch die Distanz zwischen biblischer und liturgischer Zeit deutlich. Und doch verbindet der Maler für den Betrachter Kreuzopfer und Altaropfer eindeutig miteinander, indem die Blickbahn in der Bild- und Raumachse von der Kreuzszene zur Altarszene geführt wird, beide Szenen so wechselseitig aufeinander verweisen und damit die Bedeutung der Eucharistie hervorgehoben wird.

Nicht so sehr das Thema als vielmehr dessen Ausgestaltung kennzeichnen den Altar unter sozialgeschichtlichem Blickwinkel als Werk für den Klerus (nicht etwa für eine Bruderschaft oder Zunftvereinigung): alle Sakramente werden von Priestern bzw. Bischöfen gespendet, obwohl dies in jener Zeit noch nicht zwingend üblich war (z.B. für die Ehe); die Darstellung spiegelt somit den Anspruch der Kleriker auf ihre Vorrangstellung. Gerade diese wurde in der Vorreformation und Reformation zum Spannungsfeld, das auch in der Kunst zum Ausdruck kam.

Das Bedürfnis der Menschen nach heiligen Zeichen, durch welche die unterschiedlichen Bereiche und Situationen menschlichen Lebens im religiösen Glauben gedeutet und geheiligt werden, wächst. Je ungeborgener sich Menschen in der Unübersichtlichkeit moderner und mobiler Lebenswelten fühlen, desto größer wird die Sehnsucht nach Schutz und Geborgenheit.

Sakramente und Sakramentalien sind nach katholischer Auffassung geschichtlich überlieferte Heilszeichen der Kirche und Symbolgestalten des personalen Glaubens; als solche sind sie zugleich auch Riten, die den Lebensweg der Gläubigen begleiten und prägen; beide Aspekte gehören zusammen und lassen sich letztlich nicht trennen.

Zunächst sind die Sakramente der Kirche die entscheidenden Kristallisationspunkte des Glaubens im Leben eines katholischen Christen. In ihnen verdichtet sich Gottes Handeln am Menschen, wie es in Jesus Christus in einmaliger und unübertreffbarer Weise konkret geworden ist. Die lebendige und leibhaftige Gemeinschaft des Christen mit Jesus Christus, dem Ur-Sakrament, fügt die Getauften in die Kirche, das Grund-Sakrament, ein. Für den katholischen Christen ist die Kirche als Ganze Sakrament. Sie ist Heilsgemeinschaft in dem Sinn, daß alle, die zu ihr gehören, hineingenommen sind in die Beziehungsfülle des dreifaltigen Gottes. Kirche als Grundsakrament ist nicht menschlich-organisatorisches Machwerk, sondern göttliche Vorgabe. Das Heil und die Lebensfülle, die Gott in Jesus Christus der Welt eröffnet hat, will in den Sakramenten der Kirche zur Darstellung kommen. Kirche ist deshalb lebendiger Leib Christi, und die einzelnen Sakramente sind konkrete Entfaltung und Verdichtung des Heilswillens Gottes in konkrete menschliche Lebenssituationen hinein.

Diese Wesensbestimmung macht deutlich, daß Sakramente nicht einfach Riten zur Absegnung bestimmter lebensgeschichtlicher Umstände sind, so sehr sie in anthropologischer Hinsicht aufgreifen wollen, was das Leben an offenen Fragen mit sich bringt.

Sakramente sind Glaubenszeichen. In ihnen kommt Gottes Wirken am Menschen in der Gemeinschaft der Kirche so zum Ausdruck, daß der einzelne Christ im Empfang eines Sakramentes zur persönlichen Glaubensantwort bewegt wird. Es ist damit die Teilhabe jedes einzelnen Christen an der Lebens- und Beziehungsfülle des dreifaltigen Gottes, die Christen zur Teilnahme aneinander befähigt. Wo so in den Sakramenten der Kirche zur Darstellung kommt, was von Gott gegeben ist, sind sie wirksame Zeichen für den Anbruch des Reiches Gottes in dieser Welt und zugleich Verweis auf seine noch ausstehende Vollendung mit der Wiederkunft Christi. In dieser Spannung ereignet sich menschliches Leben immer als Weg, der für den Christen in allen Gebrochenheiten des Alltags zugleich die Verheißungen des Evangeliums als Zuspruch und Anspruch eröffnen will. Daß in allem Mangel des Lebens eine Fülle des Glaubens enthalten ist, bezeugen die Sakramente der Kirche, wo sie in deutungsoffene und fragwürdige Situationen menschlicher Existenz den Trost und die Kraft aus der Gemeinschaft mit dem gekreuzigten und auferstandenen Christus erfahrbar machen.

In diesem theologischen und pastoralen Horizont wird jene typisch katholische Überzeugung verstehbar: Die Sakramente der Kirche bewirken das Heil, das sie bezeichnen.

Ihren Ursprung haben die Sakramente als Zeichen der Kirche und als Glaubenszeichen des einzelnen Christen in Jesus Christus. Nach katholischem Verständnis ist die Einsetzung durch ihn als dem Ursakrament der Wurzelgrund eines jeden Sakramentes. Auch wenn sich erst im 12. Jahrhundert die Siebenzahl der Sakramente herausgebildet hat (Taufe, Firmung, Eucharistie, Buße, Krankensalbung, Weihe und Ehe), so darf diese Entwicklung nicht als willkürlich mißverstanden werden. Von Anfang an gelten in der Kirche die Taufe und Eucharistie als die grundlegenden Sakramente (sacramenta maiora), aus denen sich die anderen (sacramenta minora) als spezifische Ausfaltungen ergeben haben. Die Firmung vollendet die Taufe. Buße und Krankensalbung führen als Sakramente der Sündenvergebung in die durch die Taufe begründete Ursprünglichkeit zurück. Das Weihe- und Ehesakrament dienen der Auferbauung des Volkes Gottes, das in der Feier der Eucharistie seinen wesenhaften Mittelpunkt hat. Unter diesen sieben Sakramenten sind es die Taufe, die Firmung und die Weihe, die ein unauslöschliches Siegel (character indelebilis) im Empfänger ausprägen. Diese Aussage über die bleibende Wirkung macht nicht nur deutlich, daß diese Sakramente nur einmalig empfangen werden können, sondern betont damit auch die unzerstörbare und verläßliche Prägekraft, die in diesen Symbolhandlungen der Kirche gegeben ist. Die Wirkung eines Sakramentes gilt als ein Drittes, Mittleres (sacramentum et res) zwischen dem Sakrament selbst als Zeichen (sacramentum tantum) und der Gnade, als eigentliche Sache (res) verstanden, die das Sakrament schenken will. Das unauslöschliche Siegel (character indelebilis) ist damit die Wirkung eines Sakramentes, ohne daß sie schon gleich als fruchtbare Auswirkung des Empfangenen verstanden werden kann. Die Charakter-Lehre im Verständnis der Sakramente macht also bewußt, daß Gottes Zuwendung unbedingt, treu und absolut verläßlich ist. In der von Gott im Sakrament geschenkten Gabe kommt aber gleichzeitig die Aufgabe des Menschen als Ausdruck seiner Dankbarkeit in den Blick. Bei den einmal für immer gespendeten Sakramenten - Taufe, Firmung, Weihe und auch die Ehe - wird deutlich, daß es um eine neue Identität im Sinne einer das ganze Leben prägenden Kraft geht. So sehr Sakramente geschichtlich konkret in der Biographie eines Menschen ihren Ort bekommen durch einen bestimmten Zeitpunkt, zu dem sie gefeiert werden, dürfen sie doch nicht auf punktuelle Gnadenmitteilungen reduziert werden. Vielmehr bleiben die einmal empfangenen Sakramente Quelle neuen Lebens, aus der die Empfänger immer wieder neu schöpfen können.

Gerade bei den Sakramenten, die im Leben eines Christen öfter gefeiert werden (Eucharistie, Buße und ggf. die Krankensalbung), rückt die mystagogische Bedeutung ausdrücklicher in den Blick. Die in diesen Heilszeichen empfangene Lebensfülle immer tiefer anzunehmen, bewirkt, daß Christen persönlich und in der Gemeinschaft der Glaubenden in ihre Berufung zum Kirchesein hineinwachsen. Sakramente sind positive Zeichen des Heils. Sie veranschaulichen, was allen Menschen von Gott in Jesus Christus an Lebensfülle verheißen ist. Die Sammlung zur Feier des Heils und die Sendung in die Welt bilden die wesenhaften und zusammengehörigen Pole im Spannungsgefüge des sakramentalen Lebens von Christen. Was dem Einzelnen von Gott in der Gabe eines Sakramentes ganz persönlich in seine Lebensgeschichte hinein zugesagt ist, das hat eine untrennbare Bedeutung für Kirche und Welt. Sakramente dürfen deshalb nicht privatistisch verengt werden. So sehr sie in anthropologischer Hinsicht an Knotenpunkten menschlicher Biographien anknüpfen können, so deutlich wird in ihrer Liturgie, daß sie Feiern der Kirche sind. Beides kommt im ausdrücklichen Ritus der Sakramente zur Geltung. Das lobpreisende Gedächtnis des Heilstaten Gottes an seinem Volk und seine unüberbietbare Offenbarung in seinem Sohn Jesus Christus stellt die jeweilige Feier eines Sakramentes in den größeren heilsgeschichtlichen Zusammenhang (Anamnese). In der Anrufung des Heiligen Geistes (Epiklese) mit der Bitte, daß Gott in die konkrete Lebenssituation eines Menschen und der Kirche sein Heil aufs Neue wirken möge, vertraut die Kirche die Wirklichkeit des Lebens Gott in der gläubigen Gewißheit an, daß er in diesem Sakrament Heil wirkt.

Was in diesem inneren Zusammenhang für den gläubigen Christen Identität und Plausibilität begründet, bereitet in pastoraler Hinsicht zunehmend dort Schwierigkeiten, wo Menschen in ihrem Lebensalltag weit entfernt sind von den sakramentalen Lebensvollzügen der Kirche. Gerade bei der Hinführung von Kindern und Jugendlichen zu den Sakramenten wird in vielen Pfarrgemeinden bewußt, daß es eines längeren Prozesses der Vorbereitung braucht, der Eltern und Kinder schrittweise mit den Sakramenten der Kirche vertraut macht. In diesen neuen Herausforderungen werden der Erwachsenenkatechumenat der frühen Kirche und auch die Schrittfolge, die Papst Paul VI. in der Enzyklika *Evangelii nuntiandi* (Art. 21-24) für die Hinführung zum sakramentalen Glauben der Kirche aufgezeigt hat, zu einer hilfreichen Orientierung. Gerade die katechumenalen Stufenfeiern (Aufnahme in den Katechumenat, Katechumenensalbung, Zulassung zur Taufe, Überreichen von Glaubensbekenntnis und Herrengebet, Skrutinien) zeigen beispielhaft, wie Riten im vorsakramentalen Raum den Weg der Vorbereitung auf den Empfang der Taufe, Firmung und Eucharistie strukturieren und stützen helfen, so daß mit der Zeit im Leben Gewachsenes auch im Licht des Glaubens als Gabe Gottes identifiziert werden kann. Zugleich wird in diesen Stufenriten immer wieder die Ausrichtung dieses Vorbereitungsweges auf die sakramentale Eingliederung in die Kirche herausgestellt, was die Identität der Sakramente heraushebt. Auf diese Weise ergibt sich eine Differenzierung zwischen offenen Riten der Hinführung und identischen Sakramenten des Glaubens, ohne daß es zu problematischen Vermischungen oder Verzweckungen der kirchlichen Heilszeichen kommt.

In der Überlieferung der katholischen Kirche hat die Aufmerksamkeit für Riten, durch welche die unterschiedlichen Bereiche und Situationen menschlichen Lebens im Glauben gedeutet und geheiligt werden und die zunächst einen allgemein religiösen, nur in einem weiteren Sinn sakramentalen Charakter haben, schon immer auch große Bedeutung gehabt.

Die sogenannten *Sakramentalien* als Segens- und Gebetsriten der Kirche antworten auf das Bedürfnis, sich in der Transzendenz zu verankern und Lebenshilfe zu finden. Im Unterschied zu den Sakramenten, die von Jesus Christus eingesetzt kraft ihres Vollzugs dem Empfänger Gottes Gnade eröffnen, haben Sakramentalien kraft der Fürbitte der Kirche ihre Bedeutung und Wirkung darin, daß Menschen in ihrem inneren Suchen und Engagement Gottes Schutz und Segen zugesprochen wird. Den Menschen zu heiligen und Gott zu loben, ist die Grundbestimmung christlicher Existenz, die in den Sakramentalien zeichenhaft und betend vergegenwärtigt wird.

Sakramente und Sakramentalien sind Riten, die den Lebensweg von Christen in unterschiedlicher Bedeutung tragen und prägen wollen. Auf je eigene Weise bringen sie an den vielen Zäsuren menschlicher Lebensgeschichte zum Ausdruck, daß unsere Zeit und Welt von Gott geschaffen sind und von ihm vollendet werden: »Gott hat alles zu seiner Zeit auf vollkommene Weise getan. Überdies hat er die Ewigkeit in alles hineingelegt.« (Prediger 3, 11)

Franz-Peter Tebartz-van Elst

Katholischer Erwachsenenkatechismus, hg. v. d. Deutschen Bischofskonferenz, Kevelaer 1985; *Dieter Emeis*, Grundriß der Gemeinde- und Sakramentenkatechese, München 2001; *Eva-Maria Faber*, Einführung in die katholische Sakramentenlehre, Darmstadt 2002.

Gott will, das ist eine christliche Grundüberzeugung, das Leben jedes einzelnen Menschen, er will es begleiten und behüten. Menschen können diese Begleitung Gottes erleben, in ihrem Alltag, im Gebet und in besonderer Weise, wenn sie an den Ritualen der Kirchen teilnehmen.

Rituale sind alle gottesdienstlichen Feiern, alle Zusammenkünfte von Christinnen und Christen, in denen zu immer gleichen Anlässen immer gleiche Handlungen nach festen Regeln ausgeführt werden, die Gott und den Menschen gleichermaßen gerecht werden sollen: Stundengebete, Sonntagsgottesdienste mit Abendmahlsfeiern, Taufen, Trauungen, Konfirmationen, die Beichte ebenso wie die Beerdigung.

In allen diesen Feiern wird von Gott und seiner Beziehung zum Menschen gesprochen, manchmal allgemein oder bezogen auf alle Menschen wie im Stundengebet, manchmal ganz konkret und persönlich wie bei einer Trauung. Immer bei christlichen Ritualen wird gesungen und gebetet, Worte der Bibel sind zu hören, und die Menschen werden mit dem Segen Gottes versehen wieder in ihren Alltag entlassen.

Diese Rituale können dem Leben Struktur geben, indem sie es in Zusammenhang bringen mit der Geschichte Gottes mit der Welt und mit jedem einzelnen Menschen, an jedem Tag, im Rhythmus der Woche und im Ganzen betrachtet.

Dabei haben sie alle eine eigene Funktion und eine besondere Aussage.

Das Ritual des *Stundengebets* formt den Tag. Im Stundengebet, und zwar in Luthers Morgen-, Mittags- und Abendgebet ebenso wie in den Formen, die in Anlehnung an die altkirchliche und römisch-katholische Tradition entwickelt worden sind, nehmen sich Menschen Zeit für Gott, für Lob und Bitte. Sie empfangen die Zeit darin mit neuem Sinn erfüllt zurück und gehen gestärkt von dieser Begegnung mit Gott wieder in ihren Alltag, an ihre Arbeit, in ihren Schlaf.

Der Gottesdienst am Sonntag strukturiert die Woche. Besonders im sonntäglichen *Abendmahlsgottesdienst* findet die Gottesbegegnung in festlicher Weise statt, und sie ist in den Elementen des Abendmahls leibhaftig erlebbar. Menschen finden sich hier in einer Gemeinschaft vor, die alle Zeit und alles Leben als einen Teil von Gottes Willen und Tun versteht, die Gottes Dienst – sein Wort und seine Gabe im Abendmahl – empfängt und das miteinander feiert und damit Gott antwortet.

Die Gemeinschaft erinnert sich an Gottes Geschichte mit den Menschen, in die vergangene Generationen ebenso hineingehören wie die, die zu diesem Gottesdienst gekommen sind. Sie hört Gottes Forderungen an die Menschen und richtet sich neu auf ihn aus. Und sie wird erinnert an das Ziel der Geschichte und damit hineingenommen in die Feier der ewigen Gemeinschaft mit Gott in seinem Reich.

Die anderen Rituale, die in der Kirche begangen werden, sind auf den einzelnen Menschen bezogen, auf seine persönliche Geschichte mit Gott, auf sein individuelles Leben; häufig haben sie ihren Anlaß in Lebensübergängen. Die *Beichte* allerdings, die im evangelischen Bereich allmählich wiederentdeckt wird, gibt dem Menschen immer neu im Verlauf seines Lebens die Möglichkeit, die tiefgreifenden Störungen, die seine Verletzungen des Liebesgebotes (Lukas 10, 27) in die Welt gebracht haben – und zwar gegenüber den Menschen ebenso wie gegenüber Gott und im Verhältnis zu sich selbst – hinter sich zu lassen. Weil zugesagt ist, daß Gott Schuld vergibt, kann der Mensch die Verantwortung für sein Tun und für sein Unterlassen übernehmen, er kann um Vergebung bitten und er wird sie zugesprochen bekommen. Damit wird ein Neuanfang möglich.

Auch die *Taufe* ist ein Ritual, das einen Neuanfang setzt, in einer umfassenderen Weise und aus einem anderen Anlaß. Über diesen Anlaß besteht allerdings nicht immer Einigkeit. Eltern bringen ihr neugeborenes Kind (mitunter auch erst ältere Kinder) häufig darum in die Kirche, um ihre Freude und Dankbarkeit auszudrücken, um es in eine Gemeinschaft zu stellen, die ihm im Notfall beistehen kann und vor allem, um es segnen zu lassen. Nun ist die Taufe aber, wie das Abendmahl, nicht in erster Linie ein Segen, sondern ein Sakrament, ein wirksames Zeichen der Gnade Gottes, das dem Menschen Anteil am Sterben und Auferstehen Christi, also am ewigen Leben, gibt, und das im Glauben empfangen sein will. Es wird in der evangelischen Kirche zumeist Kindern gespendet, die noch nicht glauben können, die jedoch dieses Geschenk später auf der Schwelle zum Erwachsenenalter, bei der *Konfirmation*, bewußt und willentlich annehmen oder abweisen werden. Diese theologische Bedeutung der Taufe steht manchmal etwas unvermittelt neben dem Verständnis, das Eltern von diesem Ritual haben.

Die *Trauung* ist dagegen nach evangelischer Vorstellung eine reine Segenshandlung. Zwei Menschen wollen entweder den Beginn ihres gemeinsamen Lebens oder – das ist inzwischen häufiger – ihre bereits bestehende Beziehung öffentlich machen und sie wollen den Segen Gottes dafür zugesprochen bekommen.

Daß nicht nur verheiratete Paare einen Segen wünschen, daß Ehen auch scheitern können, daß es viele andere Momente im Leben geben kann, die den Wunsch nach einer ausdrücklich werdenden Begleitung Gottes und nach seinem Segen wach werden lassen – das alles hat zu der Frage geführt, ob nicht weitere Rituale gefunden werden müßten, damit der Mensch auf seinem Weg von der Geburt bis zum Tod nicht sich selbst überlassen bleibt, sondern vermittelt durch die kirchlichen Rituale der Nähe und des Segens Gottes gewiß sein kann. Zu denken ist hier beispielsweise an den Schulbeginn als erster »öffentlicher« Schritt der Loslösung des Kindes von den Eltern oder an das Verlassen des Elternhauses, das ja nur noch selten mit einer Eheschließung verknüpft und so rituell begleitet ist.

Auch Trennungsrituale anläßlich einer Scheidung oder eines Zerbrechens von Beziehungen könnten eine vergewissernde und die Begleitung Gottes spürbar machende Funktion haben.

Das letzte Ritual im menschlichen Leben ist die *Bestattung*, in der ein Leben in seinem Gelingen wie in seinem Scheitern abschließend gewürdigt und in die Hände Gottes zurückgelegt wird.

In den evangelischen Kirchen ist es seit einigen Jahren üblich geworden, diese verschiedenen Rituale als ein Angebot zu verstehen, das die Kirchen im Auftrag Gottes den Menschen machen und an dem die Menschen je nach ihren Bedürfnissen regelmäßiger oder seltener teilnehmen. Diese abgestufte Form der Teilnahme wird dabei ausdrücklich positiv gesehen, ausgehend von der Vorstellung, daß es ein Zeichen christlicher Freiheit sein kann, die Nähe und Distanz zur Kirche und ihrem Angebot selbst zu bestimmen.

Das Angebot der Rituale, insbesondere derjenigen, die Momente im Leben der einzelnen zum Thema haben, soll dabei verschiedenes leisten: Rituale ermöglichen es dem Menschen, das individuelle Leben in einem größeren Zusammenhang, nämlich dem der Geschichte Gottes mit den Menschen, zu sehen und von daher aufgehoben zu wissen. Sie führen den Menschen über sich selbst hinaus in die Begegnung mit einem anderen, mit Gott. Der empfangene Segen vergewissert den Menschen, daß er angenommen ist, so, wie er ist, daß sein Weg gut und von Gott begleitet ist und daß sein Leben einen Sinn hat, für den er nicht selbst einstehen muß. Das Ritual bietet die Möglichkeit, das eigene Leben als Ganzes neu zu verstehen, die eigene Lebensgeschichte christlich-religiös zu deuten und sich ihrer überhaupt erst zu versichern, indem sie erzählt und in einen Erzählzusammenhang hineingestellt wird.

Doch gegenüber dieser offenen Sicht mehren sich mit gutem Grund inzwischen die Stimmen, die fragen, ob das Moment der Freiheit hier nicht übertrieben wird. Sicher ist die Liebe und Nähe Gottes nach Aussage der Bibel ein Angebot, das Angebot eines Geschenks, das dem Menschen ohne Bedingungen gemacht wird. Doch damit verbunden finden sich Forderungen Gottes an den Menschen, Forderungen, die seinen Glauben und sein Leben in einer verbindlichen Beziehung zu Gott betreffen. Es kommt in diesem Verständnis nicht so sehr darauf an, wie der Mensch sich selbst sieht und versteht, sondern daß er sich in einen Raum begibt, in dem er gesehen und verstanden *ist*, in dem er Kraft empfängt, Segen, in dem er neu wird, an jedem Tag, in jeder Woche, ebenso wie an wichtigen Wendepunkten seines Lebens.

Corinna Dahlgrün

Manfred Josuttis, Segenskräfte. Potentiale einer energetischen Seelsorge, Gütersloh 2000; *Ulrike Wagner-Rau*, Segensraum. Kasualpraxis in der modernen Gesellschaft (Praktische Theologie heute 50), Stuttgart 2000.

Erstkommunion/Firmung; Konfirmation

Jan Joest (um 1460-1519): Pfingst-Tafel des *Hochaltars der St. Nicolai-Kirche*, 1509; Öl auf Eichenholz, St. Nicolai-Kirche, Kalkar.

Die Szenen aus der Heilsgeschichte, mit welchen die Innenflügel des Hochaltars bemalt sind, stellen in ihrer Wirklichkeitswiedergabe einen Höhepunkt altniederländischer Malerei dar. Jan Joest verlegt die Geistsendung so auch in den Innenraum eines bürgerlichen Hauses mit Holzvertäfelung und farbigen Fliesen. Anders als in den meisten der übrigen Tafeln fehlen aber hier zeitgenössisch gekleidete Personen, vielmehr beschränkt sich der Maler auf die Darstellung Marias und der Zwölf, die in lange Gewänder mit faltenreichen Umhängen gekleidet sind. Daß Petrus und Johannes großformatig im direkten Bildvordergrund plaziert sind, hat nichts mit dem Geschehen selbst zu tun, sondern entspringt der Notwendigkeit, für die Tafeln große Figuren zu arbeiten, damit die gemalten Szenen neben der figurenreichen geschnitzten Mitteltafel nicht untergehen.

Dem Bedürfnis nach Realitätswiedergabe entsprechend, arbeitete Joest die Apostel mit ganz individuellen Gesichtszügen als Männer unterschiedlichster Altersstufen. Um die Mutter Jesu gruppiert, die eine aufgeschlagene Bibel auf ihrem Schoß hält, empfangen alle in betender Geste die Flammenzungen des Geistes, der in einem Strahlenkranz als Taube über Maria schwebt.

Das Geschehen selbst ist gestalterisch so wenig faßbar, daß sich der Maler dieser Zeichenhaftigkeit bedienen muß, die zum Teil ihre bildhafte Vorlage bereits im biblischen Text besitzt. Im Gegensatz zu diesem ist in Jan Joests Tafel aber die Gesamtsituation ruhig, fast verklärt: in eher meditativer Haltung denn im Brausen »eines gewaltigen Windes« empfangen die Jünger den Geist. Vielleicht erschien dem Maler diese Stimmung dem Beginn des Neuen Bundes, dem Ausgangspunkt der Kirche angemessener.

Kinder, die als Säuglinge getauft wurden, gehören zwar schon zur Gemeinschaft der Kirche, empfangen aber, wenn sie an der Eucharistiefeier (Heilige Messe, Abendmahlsfeier) teilnehmen, noch nicht »die Kommunion«. Kommunion meint Gemeinschaft durch Teilhabe am Leib und Blut des Herrn, wobei freilich die Kelchgemeinschaft, die seit dem 2. Vatikanischen Konzil auch für Laien möglich ist, nach wie vor in katholischen Gemeinden eher die Ausnahme bildet

Die Feier, in der die Kinder um das 10. Lebensjahr zum ersten Mal an der Kommunion teilhaben, wird »Erstkommunionfeier« genannt; sie findet meistens am Sonntag nach Ostern statt und wird von daher häufig mit der Bezeichnung »Weißer Sonntag« identifiziert.

Wegen der vergleichbaren biographisch-familiären Bedeutung und öffentlichen Beachtung von katholischer Erstkommunionfeier und evangelischem Konfirmationstag am Übergang vom Kindesalter ins Jugendalter wird vielfach daran zugleich der Konfessionsunterschied festgemacht: Katholische Kinder gehen zur Erstkommunion, protestantische haben Konfirmation.

Die gängige Praxis der katholischen *Erstkommunion* hat sich geschichtlich entwickelt: Der altkirchliche Brauch, die kleinen Kinder nach der Taufe in der Gestalt des Weines an der Kommunion teilhaben zu lassen, wurde im Abendland nach 1200 aufgegeben. Das IV. Laterankonzil bestimmte, daß die Kinder zur Osterkommunion verpflichtet sind, wenn sie das Brot vom Tisch des Herrn unterscheiden können von dem Brot, das Menschen sonst miteinander teilen (etwa 7. Lebensjahr; sogen. »anni discretionis«). Mit höheren Ansprüchen an die Voraussetzungen stieg das Erstkommunion-Alter später ins 10.-14. Lebensjahr. Die gemeinsame Feier der Erstkommunion nach einem besonderen Erstkommunion-Unterricht entwickelte sich mit der Einführung der Schulkatechese. Nach der Einführung der Schulpflicht wurden die Kinder im Religionsunterricht gemeinsam zur Erstkommunion geführt.

Der Tag ihrer Erstkommunion wurde feierlich gestaltet. Dazu gehörte festliche Kleidung der Kinder (bei den Mädchen das weiße Kleid), eine besondere Gestaltung des Gottesdienstes und die Feier im Familienkreis. Wo das kirchliche, das familiäre und das gesellschaftliche Leben eine Einheit bildeten, wurde der Erstkommuniontag zu einem Tag, an dem nicht nur die erste Teilhabe am Tisch des Herrn, sondern ein Schritt der Kinder auf ihrem Lebensweg gefeiert wurde.

Erst im 19. Jahrhundert wurde der »Weiße Sonntag« zum allgemeinen Fest der Erstkommunionkinder. Ein Dekret von Papst Pius X. (1910) führte zu einem früheren Erstkommunion-Termin zurück. Die Eltern wurden ermutigt, ihre Kinder schon vor der Einschulung auf die Erstkommunion vorzubereiten. Mit der Ausdifferenzierung von schulischem Religionsunterricht und gemeindlicher Katechese wurde die Vorbereitung schließlich zur wichtigen Aufgabe der Gemeinde.

Diese Tradition prägt noch die heutige Praxis in den meisten katholischen Gemeinden. Weil Schule und Kirche meistenorts nicht mehr so eng verbunden sind wie früher, geschieht die Hinführung der Kinder zwar nicht mehr im schulischen Religionsunterricht (der durchaus beteiligt sein kann), sondern in der Katechese der kirchlichen Gemeinde. Es finden aber normalerweise in der Gemeindekatechese doch die Kinder eines Schuljahrganges zusammen – heute in der zweiten oder dritten Klasse. Sie gehen einen gemeinsamen Weg in kleineren Gruppen, wobei in sehr vielen Gemeinden ehrenamtliche Katechetinnen – meistens aus dem Kreis der Mütter der Kinder – beteiligt sind. Den Eltern, die bereit und fähig sind, den Weg ihrer Kinder zu begleiten, werden sehr oft entsprechende Anregungen gegeben. Es gibt Gemeinden, in denen die Kinder mit intensiverer Einbeziehung der Eltern unabhängig von Jahrgängen Gruppen der Hinführung zur Erstkommunion bilden. Es gab und gibt mancherorts noch heute sogar eine durch die Eltern vorbereitete Erstkommunion einzelner Kinder bereits vor ihrer Einschulung. Doch wird mit dem Wort »Erstkommunion« normalerweise das gemeinsame Fest der Kinder einer bestimmten Altersgruppe verbunden.

Zunehmend belastet ist die überlieferte Praxis der Erstkommunion von der Tatsache, daß immer mehr Kinder zwar an der Feier teilnehmen, aber keine weitergehende Kommuniongemeinschaft leben. In der Vorbereitung und Feier der Erstkommunion nehmen viele Kinder und ihre Eltern nur eine zeitlich begrenzte Beziehung zur Kirche auf. Die Verantwortlichen von der Seite der Kirche halten die Praxis der Erstkommunion meistenorts offen für diese Eltern und Kinder. Gleichzeitig bleibt die Frage, ob dabei eine Unverbindlichkeit gefördert wird, die die kirchliche Identität auf die Dauer gefährdet.

Die *Firmung* ist die Vollendung, Besiegelung oder – wie der Name sagt – Festigung des mit der *Taufe* geschenkten neuen Lebens in Christus. Sie gehört also mit der Taufe zusammen und wird bei der Taufe von Erwachsenen in der Tauffeier selbst gespendet. Dies geschieht durch die Handauflegung und die Salbung mit Chrisam unter den Worten »Sei besiegelt durch die Gabe Gottes, den Heiligen Geist.« Die Handauflegung symbolisiert sowohl Zusage als auch Beanspruchung. Die Firmbewerber empfangen die Gabe Gottes, und mit dieser Gabe sollen sie sich in der Geschichte Gottes mit den Menschen engagieren. Die Salbung mit dem wohlriechenden Olivenöl symbolisiert die Würde der Teilhabe an der Sendung Jesu, wie sie im Rückbezug auf Hoffnungen im Alten Testament beim Evangelisten Lukas gekennzeichnet wird: »Der Geist des Herrn ruht auf mir; denn der Herr hat mich gesalbt. Er hat mich gesandt, damit ich den Armen eine gute Nachricht bringe; damit ich den Gefangenen die Entlassung verkündige und den Blinden das Augenlicht; damit ich die Zerschlagenen in Freiheit setze und ein Gnadenjahr des Herrn ausrufe.« (Lukas 4, 18f. Nach Jesaja 61, 1f.).

Ursprünglich geschah die Aufnahme neuer Christen in Taufe, Firmung und Erstkommunion durch den Bischof als eigentlichen kirchlichen Amtsträger. Dieser übergab später den im Umfeld seiner Ortskirche wirkenden Priestern die Vollmacht zu taufen, behielt sich aber die Vollendung dieser Taufen durch die Firmung bei seinen Besuchen vor. Da in unseren relativ großen Bistümern die Bischöfe nicht in jedem Jahr alle Gemeinden besuchen können, wird die Firmung in den Jahren zwischen den Bischofsbesuchen auch von dafür bischöflich Beauftragten gespendet.

Das Alter, in dem die Firmung gefeiert wird, variiert nach pastoraler Situation und Zielsetzung. Noch vor wenigen Jahrzehnten wurden beim Bischofsbesuch alle gefirmt, die seit dem vorhergehenden Besuch zur Erstkommunion gegangen waren. Heute liegt das Firmalter meistenorts zwischen dem 12. und 15. Lebensjahr. Es gibt auch Gemeinden, in denen die Firmung erst mit jungen Erwachsenen (18. bis 20. Lebensjahr) gefeiert wird, um eine bewußtere Übernahme der Taufberufung zu ermöglichen. Je stärker die Lebenszusammenhänge der Menschen und damit die gesellschaftlich vorgegebenen Beziehungen zur Kirche aufgelöst sind, umso größer ist die Zahl der Heranwachsenden, die sich nicht mehr um ihre Firmung bewerben. Im Vergleich zur Erstkommunion hat die Firmung als biographischer Ritus sehr viel weniger Bedeutung.

Dieter Emeis

Erstkommunion zwischen Gemeinde und Familie. Themenheft, in: neue gespräche 29 (1999) H. 5, hg. von der AG für kath. Familienbildung; *Bernd Jochen Hilberath u. a.*, Firmung – wider den feierlichen Kirchenaustritt. Theologisch-praktische Orientierungshilfen, Mainz 1998.

Am Konfirmationstag sind die evangelischen Kirchen meist bis auf den letzten Platz besetzt. Neben den Eltern und Paten der Konfirmandinnen und Konfirmanden sitzen zahlreiche Verwandte und Freunde der Familie, zum Teil von weit her angereist, im Gottesdienst. Daß der Sohn oder die Tochter mit 14 Jahren konfirmiert wird, ist für evangelische Eltern (noch?) selbstverständlich, auch wenn sie sonst kaum Kontakt mit ihrer Gemeinde haben und die Kirche nur für eine Taufe, eine Trauung oder eine Beerdigung betreten. Die Konfirmation ist ein fester Bestandteil des Gemeindelebens und gehört zu den bestimmenden Merkmalen evangelischer Kirchenmitgliedschaft: Für die überwiegende Mehrheit der Kirchenmitglieder heißt evangelisch sein zunächst einmal konfirmiert zu sein. Was macht die Konfirmation so attraktiv?

In ihren Anfängen reicht sie bis in die Reformationszeit zurück. Allerdings haben die Reformatoren die Firmung, die sie vorfanden, zunächst abgelehnt. Sie wollten nur gelten lassen, was sich eindeutig auf einen Auftrag Christi zurückführen ließ. Die Firmung mit Handauflegung und Salbung durch den Bischof erschien ihnen nicht genügend in der Bibel begründet. Sie haben sie deshalb abgeschafft. Ein kleiner Ersatz ergab sich aus der Notwendigkeit, den Zugang zum Abendmahl zu regeln. Gründlicher Katechismusunterricht sollte auf die würdige Teilnahme vorbereiten. So ließ der Genfer Reformator Johannes Calvin die 10-Jährigen in Gruppen öffentlich über ihr Katechismuswissen prüfen. Danach wurden sie zum Abendmahl zugelassen. Die Zulassungsformel am Schluß der Prüfung wurde zum Kern für die spätere Konfirmation.

Der Straßburger Reformator Martin Bucer gestaltete ca. 1537 diesen Kern zu einer Feier aus. Allerdings verfolgte er damit eine andere Absicht. In der Auseinandersetzung mit den Wiedertäufern wollte er die Kindertaufe legitimieren und formte aus Elementen der altkirchlichen Taufliturgie, die der Kindertaufe fehlten, eine Feier zur Bekräftigung (Konfirmation) der Taufe: Die Jungen und

Mädchen sprachen das Glaubensbekenntnis und gelobten, dem Teufel und der Welt abzusagen und Christus nachzufolgen. Sie wurden auf die Kirchenordnung verpflichtet. Der Pfarrer legte ihnen die Hände auf und spendete ihnen den Heiligen Geist. Dadurch sollte die Taufe der Kinder ergänzt und zu einer Taufe im Sinne des Neuen Testaments gemacht werden. Die Teilnahme am Abendmahl »besiegelte« die Rechtmäßigkeit der Kindertaufe. Die Konfirmation Bucers hatte Anklänge an die Firmung, allerdings erfolgte die Handauflegung durch den Pfarrer, der nach reformatorischer Auffassungen alle Funktionen des Bischofs ausübt.

Zunächst blieb die Konfirmation, auch wegen der Kritik von anderen Reformatoren, auf wenige Kirchengebiete beschränkt. Erst Mitte des 19. Jahrhunderts war sie in allen Kirchen eingeführt. Besonders für pietistische Pfarrer war sie eine willkommene Gelegenheit, den Jugendlichen ein Bekehrungserlebnis zu vermitteln und ihnen durch die feierliche Verpflichtung zu einem christlichen Leben einen festen Halt für die Zukunft mitzugeben. Von pietistischen Pfarrern stammt auch die Sitte, den Konfirmandinnen und Konfirmanden ein individuell gewähltes Bibelwort auf den Lebensweg mitzugeben.

Diese theologischen Deutungen erklären noch nicht die Beliebtheit der Konfirmation. Abendmahl, Taufbezug und Bekehrung sind für kirchlich distanzierte Menschen keine zentralen Werte. Ihre Beliebtheit verdankt sich eher ihrer Funktion als Übergangsritus. Schon bei Bucer lag die Konfirmation im Alter der beginnenden Mündigkeit. Zentrale Elemente seiner Feier waren auf dieses Alter bezogen. So ließ sich mit der Konfirmation der Übergang in das Erwachsenenalter markieren.

Das zeigt vor allem das Brauchtum, das sich um die Konfirmation herum entwickelt hat: Wer konfirmiert war, wurde mit »Sie« angeredet, durfte allein die Kneipe besuchen oder am Schießunterricht teilnehmen. Die Mädchen waren mit Haube und Schleier gekleidet – als »Bräute Christi«. Nicht wenige Eltern werden bei der Konfirmation ihrer Töchter auch daran gedacht haben, daß diese jetzt junge Frauen geworden sind und bald einen Brautschleier tragen würden ...

In den Kirchen der Reformation war wie im mittelalterlichen Katholizismus das kirchliche Leben eng mit dem gesellschaftlichen verflochten. Darum konnte die Zulassung zum Abendmahl der Erwachsenen ohne weiteres zum Anlaß werden, den Jugendlichen neue Rechte zu verleihen, etwa das Patenrecht und das Recht, an Vergnügungen der Erwachsenen teilzunehmen. Die Elemente der kirchlichen Feier (Konfirmation eines Jahrgangs, neue Kleider, feierlicher Einzug, Aussagen in der Liturgie über die Aufnahme unter die Erwachsenen und über den Ernst des Lebens) schienen diese Motive zu bestätigen. Glaubensbekenntnis und Gelübde galten als Erweis der Reife des Erwachsenen. So waren in der Konfirmation wohl von Anfang an zwei Verständnisse miteinander verbunden: Bei den Pfarrern Glaubensbekenntnis, Gelübde und Abendmahlszulassung, bei den Eltern und Jugendlichen Abschied von der Kindheit und Eintritt ins heiratsfähige Alter. Solange christlicher Glaube und christliche Ethik zur gesellschaftlichen Norm gehörten und durch sie legitimiert waren, wurde das nicht als Widerspruch empfunden. Das änderte sich erst im 19. Jahrhundert, als immer mehr Menschen eine zunehmende Distanz zur Kirche ausbildeten. Seither wird immer wieder gefragt, ob man mit dem kollektiven Ja zum Glauben nicht einzelne Jugendliche zur Unehrlichkeit zwinge. Pfarrerinnen und Pfarrer, die diese Problematik erkennen, tragen dem durch eine neue Sinngebung der Feier Rechnung. Sie verzichten z.B. auf ein Gelübde und verstehen die Konfirmation in erster Linie so, wie sie im Volksmund bis heute bezeichnet wird – als »Einsegnung«, d. h. als Segnung für die Lebensreise.

Nun vollziehen sich lebensgeschichtliche Übergänge wie die Pubertät (oder die Eheschließung!) heute nicht mehr in einem Ritus an einem Festtag, sondern in einer längeren Entwicklungsphase. Der Übergang zu Verhaltensregeln von Erwachsenen erfolgt früher, der Auszug aus der Herkunftsfamilie später als noch vor einigen Generationen. Deshalb »macht« die Konfirmation den Übergang von der Kindheit in das Jugendalter nicht mehr. Aber sie macht ihn bewußt: »Als die Konfirmandinnen und Konfirmanden an uns vorbei in die Kirche einzogen, wurde mir klar: Diese Kinder werden nicht mehr wie vorher zu uns Eltern gehören.« (eine Mutter am Konfirmationstag).

In diesem Satz kommt beides zum Ausdruck: Schmerz über den möglichen Verlust und das Ende der bisher konstituierenden Familiengeschichte und zugleich Sehnsucht nach Kontinuität und Fortbestand. So betrachtet ist die Konfirmation heute auch ein Übergangsritus für Eltern, die jetzt ihre Rolle im Blick auf ihre erwachsen werdenden Kinder neu definieren müssen. Auch wenn die Konfirmation inzwischen kaum mehr den tatsächlichen Austritt aus der Ursprungsfamilie kennzeichnet, vergegenwärtigt sie ihn doch als konkrete Möglichkeit und integriert ihn als Option in die Familiengeschichte, sinnfällig dargestellt im feierlichen Einzug in die Kirche (und im abschließenden Auszug!). Er ritualisiert und symbolisiert die neue, zentrale Aufgabe für Eltern, nämlich zusehen können, wie die Kinder ihren eigenen Weg gehen. Die Konfirmation erinnert dann an die bleibende Zusage der Taufe und bietet im Abendmahl Wegzehrung für die Reise aus dem Land der Kindheit in eine weithin unbekannte Zukunft.

Rainer Starck

Konfirmation. Agende für ev.-luth. Kirchen und Gemeinden und für die Evangelische Kirche der Union, Bd. III, Berlin/Bielefeld 2001; *Rainer Starck/ Ingrid Scholz*, Der Konfirmationsgottesdienst, in: Comenius-Institut (Hg.), Handbuch für die Arbeit mit Konfirmandinnen und Konfirmanden, Gütersloh 1998, 294-316.

6.

Gottesdienstbesuch und Sonntag

Carl Spitzweg (1808-1885): *Der Gang zur Kirche*, um 1860; Öl auf Leinwand, 29 x 22 cm; Národni Galerie, Prag.

Von Spitzweg sind vor allem die Bilder bekannt, in denen er mit nachsichtiger Ironie das Leben der verträumten Kleinstadt und des biedermeierlichen Bürgertums schildert. Für viele dieser Darstellungen ist das erzählerische Element wesentlich.

Anders ist dieses Bild des Landlebens: Hier scheinen die Figuren eher Staffage innerhalb der Landschaftsdarstellung zu sein. Interessant ist es vor allem durch die Komposition: Die von links nach rechts aufsteigende Horizontlinie steht in spannungsvoller Beziehung zur Linie der Wegführung von rechts unten nach links oben. Mit beiden Blickbahnen arbeitet Spitzweg so gegen die Sehgewohnheiten: eine waagerechte Horizontlinie und die Führung des Auges von links nach rechts entsprechen der Leserichtung. Das Mittel der Kontrastierung bestimmt auch die Farbgestaltung: Dem dunklen Bereich in der linken Bildhälfte steht die warme, hellere Farbigkeit rechts gegenüber, jeweils durch kleinere gegenteilige Flächen nochmals gesteigert.

Mit dieser durch Spannung bestimmten Gestaltung kontrastiert die dargestellte Szene des ländlichen Kirchgangs. In festliche Sonntagsgewänder gekleidet sind Alt und Jung auf dem Weg zur einsam inmitten der Landschaft gelegenen Kirche. Der Maler fängt die Ruhe und Selbstverständlichkeit dieses Tuns ein; auch die Entfernung hält die Menschen nicht davon ab, dem Sonntagsgottesdienst beizuwohnen, der innerhalb des ländlichen Alltags ein besonderes Ereignis darstellt.

Jahrhundertelang galt als »praktizierender Katholik« nur, wer sonntags »zur Heiligen Messe geht«. Sonntag und Mitfeier des Gottesdienstes waren (und sind) für den katholischen Christen unverzichtbar miteinander verbunden. Noch die heute 50jährigen lernten im deutschen Einheits-Katechismus, dem »Grünen Katechismus« von 1955:

»An den Sonntagen und den gebotenen Feiertagen versammeln wir uns zur Feier der heiligen Eucharistie. An diesem Tag sollen alle zusammenkommen, die frohe Botschaft Christi hören, das heilige Meßopfer andächtig mitfeiern und, wenn möglich, den Leib des Herrn empfangen ... Dieses (zweite Kirchen-) Gebot gilt für jeden, der das siebente Lebensjahr vollendet hat. Nur wichtige Gründe entschuldigen davon: Krankheit und Krankenpflege, Sonntagsdienst im Beruf und allzu große Entfernung von der Kirche, besonders bei schlechtem Wetter. Wer ohne wichtigen Grund der Sonntagsmesse fern bleibt, begeht eine schwere Sünde ... Am Nachmittag oder Abend sollen wir auch an der Vesper oder der Andacht teilnehmen. Der Sonntag ist der Höhepunkt der Woche. Die Pfarrgemeinde und die Einzelnen bringen Gott durch Christus ihre Verherrlichung dar und empfangen Gnade, Freude und Kraft für den Alltag.« (210).

Die Vorgabe hat sich zwischenzeitlich nicht verändert. Auch im »Katechismus der Katholischen Kirche«, dem sog. Weltkatechismus von 1993, steht gemäß der kirchenrechtlichen Norm des Canon 1247 (»Am Sonntag und an den anderen gebotenen Feiertagen sind die Gläubigen zur Teilnahme an der Meßfeier verpflichtet«) eindeutig: »Die sonntägliche Eucharistie legt den Grund zum ganzen christlichen Leben und bestätigt es ... Wer diese Pflicht (zur Teilnahme an der Eucharistiefeier) absichtlich versäumt, begeht eine schwere Sünde« (Nr. 2128f.). Und weiter: »Die Teilnahme an der gemeinsamen sonntäglichen Eucharistiefeier bezeugt die Zugehörigkeit und Treue zu Christus und seiner Kirche. Die Gläubigen bestätigen damit ihre Gemeinschaft im Glauben und in der Liebe ...

Sie bestärken einander unter der Leitung des Heiligen Geistes.« (Nr. 2182).

Was sich in den vergangenen 50 Jahren geändert hat, ist einerseits die Zahl der regelmäßigen Teilnehmer am Sonntagsgottesdienst und zum anderen der soziale und kirchliche Kontext der (Nicht-)Teilnahme. Noch 1950 nahmen in der BRD etwa 50% aller Sonntagspflichtigen an der Feier teil – gestützt durch ein geschlossenes katholisches Milieu, mit den positiven Faktoren der Solidarität im Verhalten, der Verbindlichkeit von kirchlich vermittelten Werten und Normen, mit den Stützen von Tradition und Pflichtbewußtsein; belastet aber auch von Sündenangst, von Außenleitung und Gehorsamsmoral. Dabei bot die Mitfeier der klerikerzentrierten lateinischen Messe selbst wenig Möglichkeiten der aktiven Beteiligung. Die Predigt fand oft sogar vor der Messe statt, der Empfang der Eucharistie war gebunden an die unmittelbar vorausgegangene Beichte: durch die Kombination von Beichte und Kommunion für jeden Stand (Kinder, Jugendliche, Männer und Frauen) einmal im Monat kam etwa die Hälfte aller regelmäßigen Kirchgänger zum Kommunionempfang.

Die relativ geschlossene und noch nicht so mobile Gesellschaft fand in dieser Weise auch zu einer sinnvollen Sonntags- und Freizeitgestaltung. Sowohl die Auflösung des »katholischen Milieus« wie Faktoren der Wirtschaft (z.B. verkaufsoffene Samstage und Sonntage, zunehmende Sonntagsarbeit), des Freizeitverhaltens (freies Wochenende, Zweitwohnungen, Kurzurlaub), Veränderungen der kirchlichen Rahmenbedingungen (z.B. Vorabend-Meßfeier am Samstag, extreme Zunahme von Gottesdienstzeiten für alle Erwartungen der Gläubigen), der politischen Veränderung (Herstellung der Deutschen Einheit, wodurch zwar zwei Millionen Katholiken mehr in der neuen BRD leben, doch »atmosphärisch« hat der nichtreligiöse Bevölkerungsanteil eher nivellierend auch auf das kirchliche Verhalten in den alten Bundesländern gewirkt) und der Persönlichkeitsentwicklung (Selbstbestimmung, Emanzipation) haben dazu geführt, daß im Jahr 2000 noch etwa 16% der Katholiken

regelmäßig den Sonntagsgottesdienst mitgefeiert haben (wobei die
»Regelmäßigkeit« 1,7 Mal im Monat bedeutet).

Dabei hat sich zwischen 1950 und 2000 die Entwicklung von
einem bloßen »Nachwuchschristentum« zu einem verstärkten »Ent-
scheidungschristentum« hin verändert: hin zu einer bewußteren,
aktiveren und lebendigeren Mitfeier der Eucharistie, bedingt durch
die Liturgiereform des Zweiten Vatikanischen Konzils (1962-1965)
und die Bewegung »Von der versorgten Pfarrei zur mitverantwortli-
chen Gemeinde« im Sinne der Würzburger Synode (1972-1975) sowie der verschiedenen synodalen Vorgänge (Diözesansynoden und
-foren) oder auch der geistlichen Erneuerungsbewegungen. Mit Sorge erfüllt der weiter zunehmende Priestermangel, der die Zahl möglicher Eucharistiefeiern am Sonntag zurückgehen läßt und vielerorts zum Verschwinden der sonntäglichen Eucharistiefeier führt –
ein sogenannter »Wortgottesdienst« durch Diakone oder Pastoral-
/Gemeindereferent(inn)en ist und bleibt eine Notlösung –, aber
auch die stark rückläufige Zahl der am Sonntagsgottesdienst mitfeiernden Kinder und Jugendlichen: Sie kommen nur noch, wenn
eine besonders gestaltete Feier einen »event« erwarten läßt. Selbst
im Dienst als Ministranten, Lektoren oder Kantoren tätige Gemeindemitglieder kommen nur noch, wenn sie »Dienst haben«.

Insgesamt kann gesagt werden: Die Quantität der Teilnehmer
am Sonntagsgottesdienst ist rapide gesunken, die Qualität der Feier
und der Teilnahme dabei hat kräftig zugenommen. Die sozialen
Stützen von Solidarität, von Gruppenverhalten und Treue im Verhalten müßten ebenso wieder Wertschätzung erfahren wie die Haltung von Dankbarkeit und Liebe gegenüber dem Dreifaltigen Gott
anstelle einer überstarken Konsumhaltung und Subjektivität im
Glauben.

Wenn das Postulat gültig bleiben soll: »Keine Gemeinde ohne
sonntägliche Eucharistiefeier«, dann müssen neue Wege zum Priesterberuf erschlossen werden (u.a. Öffnung neuer Zugangswege zum
Priesterberuf); es darf aber auch gefragt werden, ob nicht die Gläubigen mehr Bereitschaft zur *einen gemeinsamen* Eucharistiefeier am

Sonntag in der Gemeinde entwickeln müßten, wobei dann allerdings viele entweder nicht mehr ohne weiteres kommen könnten (z.B. ältere Mitchristen oder Berufstätige, Familien mit Kindern) oder einfach nicht mehr kommen würden (weil das bislang breitgefächerte »Angebot« nicht mehr da ist).

Eine Kultur des christlichen Sonntags steht und fällt mit der Mitfeier des Gottesdienstes; sie geht freilich darin nicht auf, wie auch das Apostolische Schreiben »Dies domini« über die Heiligung des Sonntags (Rom 1998) dargelegt hat und wie die Ortskirchen und die kirchlichen Verbände immer wieder betonen. Andererseits gehören Sonntagsliturgie und Alltagsdiakonie, wie man heute deutlicher sieht, als zwei Pole christlicher Existenz wesenhaft zusammen. Die humane, soziale, kulturelle und religiöse Bedeutung des Sonntags ist und bleibt eine unverzichtbare Ressource des Mensch- und Christ-Seins.

Konrad Baumgartner

Kurt Koch, Ist der Sonntag noch zu retten? Ostfildern 1991; *Deutsche Bischofskonferenz/Evangelische Kirche Deutschlands* (Hg.), Menschen brauchen den Sonntag, Bonn/Hannover 1999.

Evangelische Christen gehen davon aus, daß von ihnen am Sonntag der Gottesdienstbesuch erwartet wird. Zugleich aber rechtfertigen sie die Nichterfüllung dieser Erwartung mit alltagstheologischen Argumenten: Es komme ja auf die persönliche Gottesbeziehung an, die schließlich an jedem Ort stattfinden könne. Und darin liege die *evangelische Freiheit*, die sich vom Katholizismus unterscheide. Pfarrer/-innen und Kerngemeinden sehen die Sache freilich anders: Der Gottesdienst – und gemeint ist dann fast immer der *Sonntagsgottesdienst* – sei *der Mittelpunkt der Gemeinde*, solle es jedenfalls sein. Zwei evangelische Prinzipien geraten hier in Spannung zueinander. Einerseits: Glauben gilt als freier selbstverantwortlicher Akt der Einsicht des Einzelnen, er kann und darf durch keine kirchliche (oder gar staatliche) Instanz erzwungen werden (Luther: nicht durch Gewalt, sondern durchs Wort kommt es zum Glauben). Andererseits: Die Zusammenkunft der Gläubigen zu Verkündigung und Feier ist das einzige unaufgebbare Kennzeichen von Kirche (so die Augsburgische Konfession von 1530, Art. VII).

Auch dem evangelischen Christentum war die Pflicht zum sonntäglichen Kirchgang nicht unbekannt. In den ersten 200 Jahren nach der Reformation konnte es durchaus passieren, daß gegen Kirchgangssäumige mit Polizeimitteln vorgegangen wurde. Danach wirkten sich andere gesellschaftliche Faktoren aus: die Sicherung bürgerlicher Religionsfreiheit, Bevölkerungswanderungen von den überschaubaren ländlichen Verhältnissen in die Klassengesellschaft der Stadt und schließlich die Individualisierung und Pluralisierung bei der Gestaltung nicht nur des Sonntags. So kam es zu einem erheblichen *Rückgang des Sonntagsgottesdienstbesuchs* der Evangelischen – schneller und etwas ausgeprägter als im katholischen Bereich. Allerdings: Der Eindruck, als gingen heute viel weniger Menschen am Sonntag in die Kirche als früher, stimmt für die letzten drei Generationen so nicht. Die Quote der Gottesdienstbesucher im heutigen Berlin liegt sogar etwas höher als im Jahr 1881. In der

Zeit nach dem 2. Weltkrieg bis in die Anfänge der 60er Jahre gab es ungewöhnlich hohe Besucherzahlen. Die Statistik seit 1975 weist rund 4-5% aus. So sind, auf das 20. Jahrhundert insgesamt geblickt, die Besucherzahlen auf niedrigem Niveau weitgehend stabil.

Die *Gestalt der Gottesdienste* am Sonntag hingegen hat sich in diesem Zeitraum durchaus verändert. Neben die normalen Sonntagsgottesdienste und die traditionellen Feiertagsgottesdienste sind andere Gottesdienste am Sonntag getreten, z.T. auch zu anderen Tageszeiten und in zeitlich größeren Abständen; sie richten sich häufig an eine ganz bestimmte Zielgruppe, und es wird meist zu ihnen besonders eingeladen (z.B. Familiengottesdienste, Taizé-Andachten, Jugendgottesdienste, Kantatengottesdienste). Trotz der Gottesdienstreformen überwiegt in den meisten evangelischen Sonntagsgottesdiensten jedoch ein Stil, der der bürgerlichen Mittelschicht am nächsten liegt.

Am Sonntag besucht nur eine Minderheit der evangelischen Kirchenmitglieder den Gottesdienst. Die meisten in dieser Minderheit tun es aus Gewohnheit. Zwar gibt es dabei auch ausgesprochenes *Wahlverhalten* – wenn nur der monatliche Familiengottesdienst besucht wird oder man nur zu bestimmten Predigern oder Predigerinnen geht oder nur bei einer bestimmten kirchenmusikalischen Ausgestaltung. Die Gottesdienste einer Stadt erscheinen dann als wöchentlich neu zu studierendes Angebot (neben anderem) für die Freizeitgestaltung. Häufiger ist der *treue Gottesdienstbesuch* (wöchentlich bis mehrfach monatlich bei mindestens 2/3 der Besucher eines normalen Sonntagsgottesdienstes) der gleichen Kirche. Für die regelmäßige Teilnahme spielen dabei neben dem Interesse an Glaubensfragen und kirchlicher Feier auch andere Faktoren eine Rolle: ein unausgefüllter Sonntagmorgen, bevor die Enkelkinder kommen; Bekannte und Freunde treffen.

Angesichts der Diskussion um Ladenöffnungszeiten und Sonntagsarbeit entdeckt die evangelische Kirche gegenwärtig die *Schutzwürdigkeit des Sonntags* neu. Die Datierung des Ruhetages auf den Sonntag kommt her aus der Begehung des sonntäglichen Gottes-

dienstes als Tag der Auferstehung Jesu Christi. Das Christentum
der ersten Jahrhunderte grenzte sich damit vom Judentum ab und
nahm eine kreative Fortschreibung des Gebots der Sabbatheiligung
vor. Der arbeitsfreie Sonntag ohne Ladenöffnung erleichtert der
Minderheit den Gottesdienstbesuch; Beispiele aus anderen Ländern
(z.B. USA) lassen allerdings eher keine schwerwiegenden Folgen für
den Gottesdienstbesuch bei Einkaufsmöglichkeit am Sonntag vermuten. In ökumenischer Übereinstimmung (»Menschen brauchen
den Sonntag«. Gemeinsame Erklärung des Rates der EKD und der
Deutschen Bischofskonferenz, 1999) wird hervorgehoben, wie wohl-
tuend für alle ein gemeinsamer wöchentlicher Feiertag ist. Innerhalb der Gesellschaft ist zu klären: Wie ist - bei weltwirtschaftli-
chen Verflechtungen und Zunahme kultureller/ religiöser Vielfalt
- in Deutschland abzuwägen zwischen Rechten individueller Freiheit und sozialen Regelungen zur Förderung des Zusammenlebens
in Familien und Gruppen?

Im Vergleich zur katholischen Kirche sind die *evangelischen Forderungen und Festlegungen zu Gottesdienstbesuch und Sonntagsheiligung
deutlich weniger eindeutig*, was zum Teil auch unter Evangelischen
sehr bedauert wird. Es zeigt sich an der Frage nach dem evangelischen Umgang mit »Gottesdienst und Sonntag« ein Blick auf ein
Christsein, das mit Spannungen leben und darin besonders
menschlich sein will. Der Glaube ist frei - zugleich überlebt genau
diese These von der Freiheit des Glaubens auf Dauer nicht ohne
Förderung und Weitergabe durch ein Zusammenkommen von
Gläubigen in Gruppen und die Beständigkeit einer Organisation
Kirche. Der gemeinsame Feiertag ist ein hohes Gut für eine Gesellschaft - zugleich kann und muß es auch immer neu wieder gegen
andere Güter abgewogen werden. Eine Kirche, die dadurch ist, daß
sie Gottesdienst feiert, und die Gottesdienstbesuch und Sonntagsheiligung nicht anordnet, hat aus theologischen Gründen davon
Abstand davon genommen, den Glauben mit einer »realen« Ein-
heitsgemeinschaft verkoppeln zu wollen. Kirche ist nicht schon das
vollendete Reich Gottes, sondern ist Zeichen für diese kommende

perfekte Gemeinschaft. Das *zwanglose sonntägliche Zusammenkommen von Individuen aus individueller Gewohnheit und freier Wahl verweist auf die Botschaft,* daß diese Gemeinschaft allein auf Gottes Liebe und Gnade gegründet ist. Im Abendmahl kommt dies besonders augenfällig zum Ausdruck: Hier stellen sich z.B. alte schlichte Frauen, kichernde Konfirmanden und Akademikerinnen, die sich sonst wenig zu sagen haben, für einen Moment nebeneinander und lassen sich von Christus her als Gemeinschaft ansprechen und handeln gemeinsam. Weil solch eine Kirche die *Gemeinschaftsfähigkeit der Menschen nicht überfordert,* kann sie dann doch auch Verbesserungen im Miteinander realistisch anstreben. Daß es solche Art von Gemeinschaft gibt, wird offensichtlich sogar von denen, die nicht an den Zusammenkünften teilhaben, als bedeutsam angesehen. So erklärt sich auch der folgende Fall: Der Sonntagsgottesdienst in der Dorfkirche soll eingestellt werden; zu wenige kommen noch. Daraufhin steht das ganze Dorf auf wie ein Mann und diejenigen, die nie zum Sonntagsgottesdienst kommen, kämpfen dafür, daß er weiterhin stattfindet.

Eberhard Hauschildt

Karl-Fritz Daiber, Wo bleiben sie denn? Noch einmal zum Thema Sonntag und Kirchgang, in: Zeitschrift für Gottesdienst und Predigt, 8 (1990), H. 2, 30-34; *Rudolf Roosen,* Anlaß und Interesse. Der Gottesdienst als ›Mitte‹ des Gemeindelebens und das Teilnahmeverhalten der Kirchenmitglieder, in: Pastoraltheologie. Monatsschrift für Wissenschaft und Praxis in Kirche und Gesellschaft, 87 (1998), 2-19; *»Menschen brauchen den Sonntag«.* Gemeinsame Erklärung des Rates der EKD und der Deutschen Bischofskonferenz, 1999 (auch: www.ekd.de).

B.

Gemeinde und Kirche

1.

Gemeinde

Auguste Renoir (1841-1919): *Kirche in Cagnes* (Ausschnitt), 1905; Öl auf Leinwand, 41 x 33 cm; Sammlung Durand-Ruel, Paris.

Von 1903 an bis zu seinem Tod 1919 lebte Renoir im südfranzösischen Cagnes, wo das Klima seinem extremen Rheumaleiden zuträglicher war. Neben Figurenbildern entstand hier auch eine Vielzahl meist kleiner Landschaften, in denen der Maler seine nächste Umgebung wiedergab.

In einer kleinen Ortschaft wie Cagnes stellte die Kirche neben einem Verwaltungsgebäude und dem Marktplatz einen wichtigen öffentlichen Ort und natürlich das religiöse Zentrum der Gemeinde dar.

Renoirs Bild zeigt den Kirchenbau als Teil der dörflichen Architektur, vor allem aber der mediterranen Landschaft. Nicht nur, daß die schlanke Zypresse und der Kirchturm sozusagen gemeinsam in den blauen Himmel ragen, vor allem die Farben verbinden Landschaft, Architektur und Menschen: die mit dem strahlenden Blau des Himmels konkurrierenden Orangetöne des Kirchengebäudes finden sich auch im Hügelzug und vor allem dem erdigen Vorplatz, in dessen Schattenbereichen ebenso wie in der Schattenzone der Fassade links das Blau wieder auftaucht. Durch die ganz malerische, zum Teil nur noch skizzenhaft andeutende Malweise vermittelt Renoir die flirrende Atmosphäre der südlichen Landschaft und gibt dem Betrachter so einen Eindruck von Harmonie und Gelassenheit einer dörflichen Gemeinschaft, in der die Kirche ein selbstverständlicher Ort ist.

Wenn in der Tages- oder Wochenzeitung etwas über die katholische Kirche zu lesen ist, dann zumeist über den Papst, die Bischöfe oder einen Amtsträger. Das ist typisch-katholisch und entspricht doch nicht der Wirklichkeit. Denn genau wie in der evangelischen Kirche spielt sich der überwiegende Teil des kirchlichen Lebens vor Ort in den einzelnen Kirchengemeinden ab. Dort wird Gottesdienst gefeiert, trifft sich die Gemeinde in Gruppen und Verbänden, wird die praktische Caritasarbeit organisiert.

Die »Gemeinsame Synode der Bistümer in der Bundesrepublik Deutschland« hat den Begriff »Gemeinde« 1975 (und bis heute gültig) so definiert: »Die Gemeinde ist an einem bestimmten Ort oder innerhalb eines bestimmten Personenkreises die durch Wort und Sakrament begründete, durch den Dienst des Amtes geeinte und geleitete, zur Verherrlichung Gottes und zum Dienst an den Menschen berufene Gemeinschaft derer, die in Einheit mit der Gesamtkirche an Jesus Christus glauben und das durch ihn geschenkte Heil bezeugen. Durch die eine Taufe (vgl. 1. Korinther 12, 13) und durch die gemeinsame Teilhabe an dem einen Tisch des Herrn (vgl. 1. Korinther 10, 16f.) ist sie ein Leib in Jesus Christus.« (Beschluß »Dienste und Ämter« 2.3.2) Der Begriff »Pfarrei« beschreibt im gegenwärtigen Sprachgebrauch stärker die rechtliche Strukturierung dieser von der Synode vor allem theologisch umschriebenen Wirklichkeit.

Und der Papst samt den Kardinälen und den vielen Prälaten der römischen Kurie? Abgesehen davon, daß die römische Kurie als Leitung der gesamten katholischen Weltkirche erheblich kleiner ist als etwa die Verwaltung der Erzdiözese Köln, ist doch festzuhalten: Seit dem ersten Vatikanischen Konzil (1870) mit seiner Dogmatisierung der Unfehlbarkeit des Papstes in Fragen des Glaubens und der Sittenlehre hat sich – wohl auch stark mit bedingt durch die Möglichkeiten der modernen Kommunikationsmittel – die Bedeutung der römischen Zentralverwaltung für die Kirche erheblich gesteigert. Der Papst ist der Repräsentant der Gesamtkirche; ihm kommt das Recht zu, die Bischöfe zu ernennen; er formuliert (nach Konsultationen mit den Bischöfen) die Rahmenrichtlinien für die Feier des Gottesdienstes, die Ausbildung der Theologen oder die Rechte und Pflichten der Amtsträger. In seltenen, dann aber spektakulären Fällen kann er auch Entscheidungen der Bischofskonferenz korrigieren (in Deutschland etwa bei der Frage der Konfliktberatung für Schwangere).

Das alles ist typisch katholisch, obwohl es im Alltagsleben der Gemeinden eine weniger spektakuläre Rolle spielt. Viel konkreter werden die Anliegen der Gesamtkirche für den einzelnen Gläubigen, wenn es etwa um die Mitsorge für die sozialen Belange der Christen in aller Welt geht (etwa vor Ostern bei der Aktion MISEREOR gegen Hunger und Krankheit in der Welt; bei der großen ADVENIAT-Kollekte« für die Kirche in Südamerika zu Weihnachten oder bei »Caritas Internationalis« oder MISSIO). Was aber ist im Blick auf die Struktur und das Leben einer normalen Gemeinde typisch katholisch?

Typisch katholisch ist zunächst, daß der Pfarrer als Leiter der Gemeinde nicht von dieser gewählt oder zumindest bestätigt, sondern vom Bischof ernannt wird. Durch die Priesterweihe (Ordination) ist er befähigt und beauftragt, die Eucharistie (Abendmahl) zu feiern, die Sündenvergebung zuzusagen (Beichte) und die Krankensalbung zu spenden. Er ist der reguläre Spender der Taufe (obwohl diese auch im Notfall von jedem Menschen gespendet werden kann) und assistiert bei der Feier der Eheschließung. Vor allem aber ist es seine Aufgabe, die verschiedenen Gaben und Fähigkeiten der Gläubigen (Charismen) zu entdecken, zu fördern und in das Ganze der Gemeinde zu integrieren. Ganz wesentlich für den Aufbau der Gemeinde ist gemäß den Aussagen des Zweiten Vatikanischen Konzils (1961-65) auch die Verkündigung des Wortes Gottes, zu dem nicht nur die Priester und Diakone (etwa in der Predigt), sondern auch die Laien (vor allem in der Katechese und im Zeugnis des alltäglichen Lebens) berufen sind.

Bei der Leitung der Gemeinde steht dem Pfarrer der von den Gläubigen gewählte Kirchenvorstand zur Seite. Er ist für alle vermögensrechtlichen Fragen zuständig und sowohl vom staatlichen als auch vom kirchlichen Recht zusammen mit dem Pfarrer eigenverantwortlich tätig. Der Pfarrgemeinderat, bei dessen Überlegungen es vor allem um die seelsorglichen Fragen der Gemeinde geht, steht dem Pfarrer beratend zur Seite und koordiniert das Gemeindeleben. Eine wichtige und tragende Rolle im katholischen Gemeindeleben spielen nicht zuletzt die in der gemeindlichen Diakonie (Vinzenzvereine, Caritasausschüsse) und Verkündigung (Katechese) Tätigen sowie die als »Helfer« in der Liturgie mitwirkenden (oftmals in Gruppen zusammengeschlossenen) Meßdiener, Lektoren und Kommunionhelfer.

Viele Aktivitäten des Gemeindealltags sind nach Altersgruppen geordnet: für Kinder- und Jugendliche, Erwachsene und Senioren. Charakteristisch ist hier auch die Tatsache, daß vor allem im Bildungs- und Kommunikationsbereich wichtige Aufgaben von den im 19. Jahrhundert gegründeten kirchlichen Verbänden (u. a. kfd = Katholische Frauengemeinschaft Deutschlands; Kolping, KAB = Katholische Arbeitnehmerbewegung, KKV = Katholiken in Wirtschaft und Verwaltung) übernommen werden. Da die Bindung an Vereine in unserer Gesellschaft nachläßt, hat man in vielen Gemeinden versucht, für jüngere Leute Familienkreise als eher informelle Gruppen und Gemeinschaften zu gründen. Als typisch katholisch kann man nicht zuletzt die Wallfahrten bezeichnen (ein- oder mehrtägig; zu Fuß, mit dem Bus etc.), zu denen sich einzelne Gruppen der Gemeinde zusammenfinden.

Ein großes Problem für die Zukunft der katholischen Gemeinden in Westeuropa und den Vereinigten Staaten stellt der zunehmende Priestermangel dar. Er zeichnete sich in Deutschland schon nach dem Zweiten Weltkrieg ab. Deshalb hat man von dieser Zeit an versucht, auch hauptamtliche Laien mit pastoralen Aufgaben in der Gemeinde (und natürlich auch übergemeindlich, etwa in Krankenhäusern, in der Arbeit mit Studenten etc.) zu betrauen; je nach

Ausbildung als Gemeindereferenten/-innen (Fachhochschule) oder Pastoralreferenten/-innen (Universitätsabschluß). Nach dem Zweiten Vatikanischen Konzil ist auch die Aufgabe des ständigen Diakons wiederbelebt worden. So werden in manchen Gemeinden verheiratete Diakone (haupt- oder nebenamtlich) in der Seelsorge, für die Spendung einzelner Sakramente und Sakramentalien (Taufe, Trauung, Beerdigung) und vor allem für die Koordination des sozialen Engagements eingesetzt. Die Zuordnung dieser neuen Dienste und Ämter zum ursprünglich auf Gemeindeebene einzigen (nach wie vor mit dem Versprechen der Ehelosigkeit verbundenen) Amt des Priesters ist in Theologie und Praxis nicht abschließend geklärt.

Bedrängend für die Lebenspraxis der Gemeinden in Gegenwart und absehbarer Zukunft ist ebenfalls der enorme Rückgang der Kirchenbesucher und der jüngeren Gemeindemitglieder. Neben dem Priestermangel ist diese Verringerung der aktiven und passiven Mitglieder auf fast allen Ebenen des Gemeindealltags der Grund dafür, nach neuen Formen der Zusammenarbeit zwischen den Gemeinden zu suchen. So wurden in den vergangenen Jahren vielerorts Gemeindeverbünde (andernorts heißen sie Pfarrverbände o.ä.) gegründet, die (als sogen. »Seelsorgeeinheiten« oder »Seelsorgebereiche« bezeichnet) gemeinsam von einem Pfarrer geleitet werden. Die Formen der Zusammenarbeit (gemeinsame Gottesdienste; Katechese etc.) variieren je nach örtlichen Notwendigkeiten. Die sich hier herauskristallisierenden unterschiedlichen Modelle »kooperativer Pastoral« enthalten Gefahren (Zentralismus, bürokratische Formalisierung der Seelsorge), aber auch Chancen (»Gemeindeentwicklung« in Richtung von selbstbewußteren »mitsorgenden Gemeinden«).

Eine weitere Ebene der Koordination bilden die Dekanate, in denen zwischen zehn und zwanzig Gemeinden unter der Leitung eines Dechanten zu überregionaler Zusammenarbeit (gemeinsame Konferenzen, Fortbildungen etc.) verbunden sind. Sie sind sozusagen die Verbindungsstelle zur vom Bischof geleiteten Diözese, die vom Zweiten Vatikanischen Konzil mit dem Titel »Ortskirche« versehen wird. Dem Bischof stehen verschiedene Räte (etwa das Domkapitel, der Priesterrat oder auch von Laien gewählte Diözesanräte) sowie die vom Generalvikar geleitete kirchliche Verwaltung (häufig auch als »Ordinariat« bezeichnet) helfend zur Seite.

Typisch katholisch ist schließlich, daß der Begriff »Kirche« manchmal einen sehr weiten Sinn bekommt (etwa wenn das Zweite Vatikanische Konzil von der Familie als »Hauskirche« spricht) und zuweilen sehr exklusiv benutzt wird. So sieht die im Jahre 2000 von der Vatikanischen Glaubenskongregation herausgegebene Erklärung »Dominus Jesus« die Verbindung mit dem römischen Papst als Voraussetzung dafür an, sich im katholischen Sinne als »Kirche« verstehen zu können. Es bleibt dabei unumstritten, daß der biblische Begriff »ekklesia«, der im Deutschen sowohl mit »Kirche« als auch mit »Gemeinde« übersetzt werden kann, die Grundlage bildet, wenn es im ökumenischen Miteinander darum geht, als Gemeinschaft der Glaubenden von der Hoffnungsbotschaft Jesu Christi Zeugnis abzulegen.

Hermann Wieh

Gemeinsame Synode der Bistümer in der Bundesrepublik Deutschland. Offizielle Gesamtausgabe, Freiburg/Basel/Wien 1976.

Mit ihren Kirchen prägen sie das Ortsbild. Die Silhouette mancher Stadt wird erst durch ihre Kirchtürme unverwechselbar: die Gemeinden der beiden Konfessionen bilden in Deutschland ein zweifaches und nahezu lückenloses Netz.

Gemeinden sind in Deutschland eine historisch gewachsene Größe. Das Christentum hat sich in seiner Gestalt der staatlichen Gliederung angepaßt. Jedes Kirchenglied gehört durch seinen Wohnsitz automatisch zu einer und nur einer Gemeinde. Das »Parochialprinzip« bindet die Mitglieder mit dem zuständigen Pfarrer zusammen: Gemeindeglieder haben die Pflicht, sich an ihn (oder sie) zu wenden und umgekehrt das Recht, von diesen versorgt zu werden.

Diese Deckungsgleichheit ist nicht zwingend. In anderen gesellschaftlichen Ordnungen sind die Grenzen offener und die Zugehörigkeit zu einer Gemeinde beruht auf einer Entscheidung, nicht auf dem Wohnsitz. Es ist deshalb sinnvoll, nach den Grundelementen christlicher Gemeinden und Kirchen zu fragen.

Das Neue Testament kennt zwei Erscheinungsweisen von Kirche: die »Kirche« als die Gesamtheit des Gottesvolkes und die »Gemeinde« als ihre Verkörperung »vor Ort«. In der evangelischen Tradition liegt der Schwerpunkt auf der Gemeinde. Der Pol »Kirche« ist schwächer ausgeformt. Die Anlehnung an die Landesfürsten in der Reformation (das »landesherrliche Kirchenregiment«) führte zur Ausbildung von Landeskirchen. Die alleinige Bindung an die Heilige Schrift ohne die verbindliche Auslegung durch ein einheitliches Lehramt ließ eine evangelische »Konfessions-Familie« entstehen.

Die Unterschiede im Bekenntnisstand lutherischer, unierter und reformierter Landeskirchen sind ebenso wie die räumliche Gliederung nach außen hin kaum mehr verstehbar, bilden aber nach innen aufrechterhaltene Unterscheidungen zwischen den verschiedenen Erscheinungsformen des Protestantismus. Dies macht die »Evangelische Kirche in Deutschland« (EKD) zu einem Zusammenschluß, dessen theologische Qualität offen ist. Verschiedene Versuche der Nachkriegszeit, hier eine größere Klarheit und Einheitlichkeit zu gewinnen, haben bislang zu heftigen Kontroversen, aber noch nicht zu einer weitergehenden Einigung geführt.

»Kirche« ist vom Glauben her ein Geschehen, das immer wieder neu Gestalt findet. Sie ereignet sich nach Artikel V der Augsburgischen Konfession, wo das Evangelium verkündigt und die Sakramente gefeiert werden. Die örtliche sichtbare Gestalt ist demnach ein Platz, an dem das Wort Gottes regelmäßig und öffentlich verkündigt und die Sakramente gefeiert werden und an dem sich Menschen zu einer verbindlichen und verbindenden Gemeinschaft zusammenfügen lassen. In ihr findet die Gottesliebe und die Nächstenliebe eine konkrete Gestalt.

Diese »minimalistische« Definition von Gemeinde führt im evangelischen Raum auch innerhalb einer Landeskirche zu vielen Ausprägungen, die örtlichen Besonderheiten einen großen Spielraum einräumen. Dies macht evangelische Gemeinden flexibel und lebensnah, aber auch weniger eindeutig. Man könnte auch von »strukturgewordenem Individualismus« sprechen. Evangelische Gemeinden genießen in der Regel eine beachtliche Akzeptanz, ihre Bindungskraft ist aber nicht besonders stark ausgeprägt.

Die Leitung dieser Gemeinden wird in Partnerschaft zwischen den Pfarrerinnen und Pfarrern einer Gemeinde und dem gewählten Presbyterium/Kirchenvorstand wahrgenommen. Eine große Zahl von ehrenamtlich Mitarbeitenden stellen ihre Gaben und ihre Zeit in den Dienst der örtlichen Gemeinde.

Die vorhandenen Gemeinden sind in ihrer Struktur recht komplizierte Gebilde. Sie tragen in ihrer jetzigen Gestalt die ganze Kirchengeschichte von fünfhundert Jahren mit sich. Vor allem die letzten zweihundert Jahre haben ihre Spuren hinterlassen. Lange Zeit war die Gemeinde der Wirkungsbereich eines Pfarr-Herrn, der Gottesdienste hielt, die Amtshandlungen vollzog, die Kinder lehrte und sich durch fleißige Hausbesuche um das Wohlergehen seiner Schäfchen kümmerte, die im übrigen am vorbildlichen Leben der

Pfarrfamilie im Pfarrhaus ein lebendiges Beispiel für christliches Leben hatten. Heute bietet sich ein komplexes Bild aus

- dem historisch ältesten Bereich, nämlich dem Pfarramt mit den Grundfunktionen von Gottesdienst, Amtshandlungen, Unterricht und Seelsorge,
- dem Erbe des 19. und frühen 20. Jahrhunderts mit dem »Gemeindeleben« im Gemeindehaus, in dem sich die Zielgruppen treffen,
- den Initiativgruppen (wie z.B. Mutter-Kinder-Gruppen) als der Neuentwicklung der zweiten Hälfte des vergangenen Jahrhunderts
- und den eigenständigen Vereinen.

Unbezweifelbar: dies ist ein großer Reichtum. Viele Menschen haben in diesem »Biotop« Gemeinde ihren Platz gefunden, an dem sie sich wohlfühlen. Aber Überforderung und Überlastung sind nicht zu verkennen. Solche Gemeinden sind kräftezehrende Orte. Die Überforderung der Verantwortlichen ist die Rückseite der gewachsenen oder gewucherten Vielfalt. Aus finanziellen und personellen Gründen ist das Ende dieser Epoche der immer weiteren Differenzierung erreicht.

Die Mitglieder dieser Gemeinden verhalten sich höchst unterschiedlich. Die Größe des Wohnorts hat einen entscheidenden Einfluß. Den Kern bildet die freiwillige Mitarbeiterschaft, die zwischen 2 und 4% der Mitglieder umfaßt. Ein kleinerer Teil von etwa 20% nutzt die Angebote regelmäßig, kommt zum Sonntagsgottesdienst und nimmt am Gemeindeleben auch sonst teil. Etwa die Hälfte besucht die Festtagsgottesdienste und nutzt die Amtshandlungen wie Taufe, Konfirmation oder Beerdigung. Heimat ist für diese Mitglieder die evangelische Kirche und ihre Gemeinden schon noch irgendwie, aber fremd geworden sind sie sich beide auch. 15% stehen am Rande, sind nur noch mit wenigen Fäden an die Kirche gebunden oder bereits auf dem Weg zum Austritt.

Gemeinde ist demnach mehr, als man sieht. Aber ein Grund zur Beruhigung ist das nicht. Wie läßt sicht diese Vielfalt gestalten? Wie bekommen die Menschen das, was sie brauchen, oder wenigstens das, was sie suchen?

Welcher Weg führt in die Zukunft? Örtliche Gemeinden werden aus theologischen und praktischen Gründen das Rückgrat evangelischer Kirchen für die absehbare Zukunft bilden. Aber Konzentration und Profilierung ist nötig. Sie ist erreichbar, wenn

- Gemeinden ihre *Grundaufgaben* der Glaubensvermittlung und Lebensbegleitung verläßlich wahrnehmen,
- sie sich enger *zusammenschließen* in kooperativen Verbünden, die sich in Schwerpunktaufgaben teilen,
- sie *ergänzt* werden durch besondere Angebote der Region,
- sie sich *erneuern und bereichern* durch neue Gemeindebildungen mit einem klaren Profil
- und wenn sie durch eine leistungsfähige Region und übergemeindlich tätige Werke und Dienste unterstützt werden und sie sich davon unterstützen lassen.

Herbert Lindner

Herbert Lindner, Kirche am Ort – Ein Entwicklungsprogramm für Ortsgemeinden, Stuttgart 2000.

2.

Frauen in der Gemeinde

Wilhelm Maria Hubertus Leibl (1844-1900): *Drei Frauen in der Kirche*, 1881; Öl auf Leinwand, 113 x 77 cm; Kunsthalle, Hamburg.

Für sein Bild »Drei Frauen in der Kirche« ließ Leibl seine Modelle drei Sommer lang im bayrischen Berbling Modell sitzen, um das ganze Werk an Ort und Stelle in seiner Detailtreue arbeiten zu können.

Der glatte, ganz der Darstellung von Stofflichkeit und Plastizität untergeordnete Farbauftrag führt zu einer nahezu fotorealistischen Wiedergabe der Szene. Die drei unterschiedlichen Lebensaltern entstammenden Frauen erscheinen lebensnah in ihrer tiefen Frömmigkeit. Leibl ist es gelungen, die Versunkenheit im Gebet und die Ruhe der kirchlichen Andacht der drei Frauen zu vermitteln, zugleich aber auch eine Ahnung vom arbeitsreichen Leben der Bäuerinnen im Betrachter zu wecken, so daß das Bild trotz des Sujets nicht zum Idyll verflacht.

In der Zeit der rasant fortschreitenden Industrialisierung und damit Veränderung der Städte erscheint diese Darstellung ländlichen Lebens aber doch auch als eine Art Hinwendung zu den Werten des bäuerlichen Daseins. Zugleich ist das Bild Spiegel der Zeit in bezug auf das Leben der Frauen auf dem Land, das durch Arbeit geprägt und von der Orientierung an den kirchlichen Richtlinien bestimmt war. Den Frauen kam hierbei die Rolle der stillen Beterin zu.

Bleiben die Frauen mehr und mehr der Kirche fern? Im Bereich der katholischen Konfession wird offen von einem »Exodus der Frauen« gesprochen, der besonders am abnehmenden und veränderten ehrenamtlichen Engagement sichtbar wird, das immerhin in den Gemeinden traditionell relativ hoch war. Gerade die jüngeren Frauen sind es, die auf Distanz gehen. Das hat die Deutsche Bischofskonferenz vor einigen Jahren dazu veranlaßt, in einer Repräsentativbefragung von Katholikinnen ab 16 Jahren die Beziehungen zwischen Frauen und ihrer katholischen Kirche genauer untersuchen zu lassen. »Wir wollten noch Genaueres über die Veränderungen der Lebenssituation und Denkweise von Frauen erfahren. Vor allem ging es uns darum, inwieweit die Beziehungen zwischen Frauen und Kirche durch Konflikte und Verständnisschwierigkeiten belastet sind und wie die Frauen ihre Rolle in der Kirche genauer verstehen«, benennt der Vorsitzende der Deutschen Bischofskonferenz, Kardinal Lehmann, die Motivation für die Studie. »Wir wollten also nicht den Kopf in den Sand stecken, sondern nüchtern der Realität ins Auge sehen und uns ihr stellen.« Soviel scheint festzustehen: Mit dem Wandel der Lebensmodelle und Lebenssituationen von Frauen in den letzten Jahrzehnten haben sich auch ihre Bindung an Kirche und Gemeinden, zu denen sie als getaufte und gefirmte Christinnen gehören, verändert.

Die einzelnen Ergebnisse der Befragung lassen das veränderte Verhältnis von Frauen zu ihrer Kirche anschaulich zu Tage treten: Die Bindung der Katholikinnen an ihre Kirche hat innerhalb weniger Jahre seit Mitte der 80er Jahre deutlich abgenommen. Gerade noch 25% bezeichnen ihre Bindung an die Kirche als eng; 1982 waren es noch 40% gewesen. Der Anteil der Frauen ohne oder nur mit einer schwachen Kirchenbindung ist dagegen stark angestiegen. Damit ist der Kreis kirchengebundener Katholikinnen, die sich gemeindlich engagieren, zwar immer noch etwa doppelt so hoch wie der Anteil kirchengebundener Protestantinnen; insgesamt aber gleicht sich die Kirchenverbundenheit gerade der jüngeren Frauen in beiden Konfessionen dem niedrigen Niveau der gleichaltrigen Männer zunehmend an. Die jüngeren Frauen praktizieren wie ihre männlichen Altersgenossen eine kirchlich distanzierte Christlichkeit. Da der Trend zur Abnahme der Kirchenbindung inzwischen alle Frauengenerationen erfaßt, ist auch nicht mehr damit zu rechnen, daß Frauen sich mit zunehmendem Alter, etwa in der nachfamilialen Phase, wieder intensiver ihrer Gemeinde zuwenden werden. Die Lebenssituationen und Modelle der Frauen aller Generationen, besonders aber der jüngeren, haben sich gravierend verändert: bessere Schul- und Berufsausbildung, ein emanzipatorisch bestimmtes Selbstverständnis, partnerschaftliche Rollenbeziehungen zwischen den Geschlechtern, eine wachsende Berufsorientierung und die damit einhergehenden Konflikte zwischen Familie und Beruf, aber auch das hohe Engagement für die Familie, veränderte Einstellungen zu Ehe und zu Lebensinhalten und -zielen werden nach Meinung der Mehrheit der befragten Frauen von ihrer Kirche entweder nicht wahrgenommen oder aber nicht gebilligt. Fast die Hälfte der Katholikinnen, sogar zwei Drittel der 30- bis 45jährigen, halten der Kirche ein überholtes Frauenbild vor: eindimensional auf das Wohl und Wehe der Familie konzentriert, dem Manne untertan, aufopferungsvoll. Die von Frauen bekundete Diskrepanz zwischen Selbstverständnis und vermutetem Frauenbild der Kirche und die damit verbundene Entfremdung zeigt erhebliche Kommunikationsschwierigkeiten und -defizite zwischen männlicher Kirchenleitung und den Frauen in den Gemeinden.

Eine Sicht von Kirche, die diese aus der Perspektive männlicher Amtsträger als Gegenüber der Frauen versteht, macht ein spezifisches Problem katholischer Frauen deutlich: Es geht nicht nur um eine bessere Kommunikation zwischen dem kirchlichen Amt, das nach katholischem Kirchenrecht dem Mann vorbehalten ist, und den Frauen. Vielmehr gilt es, katholische Frauen an der Basis der Gemeinden in ihrem Bewußtsein zu stärken, daß sie Kirche sind und als Kirche das Frauenbild der katholischen Kirche zu definieren und zu füllen haben und daß ihnen zugehört werden muß, wenn sie von sich, ihrem Selbstverständnis, ihrem Glauben und ihrer Spiritualität sprechen. Als hoffnungsvolles Zeichen zeigt sich nämlich, daß die Frauen, die persönliche Erfahrungen mit der Kirche und der Gemeinde haben, vor allem die Engagierten unter ihnen, zwischen der Institution und dem persönlichen Nahbereich, besonders der Gemeinde, sehr wohl unterscheiden. Die Pfarrer vor Ort erhalten geradezu überwältigend gute Zeugnisse. Im Nahbereich wird die Kirche vorrangig zur Frauenkirche: aktiv sind in den katholischen Gemeinden (und kirchennahen Vereinen) in der Regel Frauen und Mädchen.

Aber auch die gemeindlich engagierten katholischen Frauen akzeptieren in ihrer Mehrheit die kirchlichen Normen zu den gerade sie als Frauen betreffenden Themen Ehe, Familie und Sexualität nicht mehr; darin unterscheiden sie sich kaum von den kirchlich-gemeindlich distanzierten Geschlechtsgenossinnen. In der schon erwähnten Studie *Frauen und Kirche* heißt es dazu: »Eine klare Position hat die katholische Kirche nach den Vorstellungen katholischer Frauen in erster Linie in Bezug auf Schwangerschaftsabbrüche, Empfängnisverhütung, Scheidung, das Zusammenleben Unverheirateter, Sexualität, Zölibat und die Rolle des Papstes. Alle anderen Stellungnahmen treten in der öffentlichen Aufmerksamkeit hinter diese kontrovers diskutierten Themen zurück.« Dem steht die Akzeptanz der Frauen diametral entgegen: Nur etwa jede Zehnte kann die kirchliche Position zur Empfängnisverhütung und die Haltung zur Sexualität nachvollziehen.

Gerade am Ausschluß vom kirchlichen Amt machen viele katholische Christinnen ihre Kritik an der Kirche und ihren Rückzug aus den Gemeinden fest. Zwei Drittel aller Katholikinnen, drei Viertel der jungen unter ihnen, zählen die katholische Kirche zu den Bereichen, in denen die Gleichberechtigung zu wünschen übrig läßt; nur etwa jede Zehnte hält die Chancengleichheit von Männern und Frauen in der katholischen Kirche für ausreichend gewahrt. So resümiert Renate Köcher vom Allensbach-Institut, die die schon mehrfach erwähnte Studie der Deutschen Bischofskonferenz durchgeführt hat: »In einer Zeit, in der selbstverständlich davon ausgegangen wird, daß die Gleichberechtigung der Frau in allen Lebensbereichen durchgesetzt werden muß, wird der Ausschluß von Frauen von bestimmten Ämtern und Aufgaben von vielen als Anachronismus und Provokation empfunden.« Gleichwohl zeigt sich die katholische Kirche noch immer in hohem Maße als »Frauenkirche«. Frauen tragen und gestalten wesentlich das gemeindliche Leben; Frauen jenseits der Lebensmitte bilden die Mehrheit der aktiv praktizierenden Gläubigen, vor allem die Mehrheit der Gottesdienstbesucher; die pastoralen Grunddimensionen der Verkündigung und Glaubensweitergabe sowie der Caritas werden vorrangig von Frauen wahrgenommen; auch die religiöse Kindererziehung ist in erster Linie »Frauensache«. Auch die Gestaltung der Gemeinderäume und das Klima einer Gemeinde werden in der Regel wesentlich von Frauen bestimmt. So verwundert nicht, daß die Diskussion um die Ämterfrage nicht verstummt. Gegenwärtig wird die Diskussion um den Diakonat der Frau intensiv geführt, während Papst Johannes Paul II. die um ein Priestertum der Frau für beendet erklärt hat.

Gleichwohl zeigen sich hoffnungsvolle Perspektiven für katholische Frauen in Gemeinden: Die Frauenverbände, besonders der größte unter ihnen, die Katholische Frauengemeinschaft Deutschlands (kfd) mit ca. 700.000 Mitgliedern, die in Gemeindegruppen organisiert sind, nehmen selbstbewußt die Interessen der Frauen in der Kirche wahr. Frauen bekleiden, auch ohne Amt, zunehmend Leitungspositionen in Theologie und Kirche, die sie zu Ansprechpartnerinnen und Bezugspersonen der Frauen in den Gemeinden machen. Neue Pastoralkonzepte »kooperativer Seelsorge« beteiligen theologisch gebildete Frauen – Pastoralreferentinnen und Gemeindereferentinnen – an Gemeindeleitung. Frauen leiten Wortgottesfeiern und bereiten Kinder und Jugendliche auf die Sakramente vor. Sie begleiten Menschen in Lebenskrisen, in Alter, Krankheit und Sterben und sind so als Seelsorgerinnen präsent.

Vor allem aber machen die Gemeinden selbst Mut: Immer häufiger finden sich Gemeinden, die sich in ihrer Pastoral wesentlich von den Lebens- und Glaubensfragen und den Themen von Frauen leiten lassen. Gemeinde als Experimentierfeld eines neuen geschwisterlichen Umgangs zwischen Frauen und Männern in der Kirche zu begreifen, wirkt sich im Alltag einer Gemeinde an vielen Stellen aus: bei der Gestaltung der Kindergartenzeiten, die Rücksicht auf berufstätige Mütter nimmt, bei der Vergabe von Gemeinderäumen an eine Gruppe Alleinerziehender, in der Auswahl der Lieder und Gebete im Gottesdienst, die eine inklusive, Frauen berücksichtigende Sprache verwenden, in der offenen Diskussion von Frauenthemen, in der Wahl von Frauen in die Leitungsgremien der Gemeinde, im Suchen nach frauengerechten Ausdrucksformen des Glaubens und einem Gottesbild, das auch weibliche Züge trägt. Es ist zu hoffen, daß auch in Zukunft genügend katholische Christinnen bereit und in der Lage sind, sich und ihren Glauben engagiert in Kirche und Gemeinde einzubringen. Die Zukunftsfähigkeit gerade auch der katholischen Kirche hängt wesentlich von ihnen ab.

Martina Blasberg-Kuhnke

Martina Blasberg-Kuhnke, Die Stellung der Frau in der Kirche, in: E. Biser u.a. (Hg.), Der Glaube der Christen. Ein ökumenisches Handbuch, München/Stuttgart 1999, 861-879; *Frauen und Kirche.* Eine Repräsentativbefragung von Katholikinnen im Auftrag des Sekretariats der Deutschen Bischofskonferenz, durchgeführt vom Institut für Demoskopie Allensbach, Bonn 1993.

159

1. Der Zugang der Frauen zum Pfarramt. Im 20. Jahrhundert erhielten Frauen in den evangelischen Gemeinden den gleichberechtigten Zugang zum Pfarramt. Martin Luther hat das Verständnis des Pfarramts nachhaltig neu bestimmt. An die Stelle des geweihten Priesters, der einem besonderen heiligen Stand zugehört, tritt die Integration des protestantischen Geistlichen in den gleichberechtigten Zusammenhang eines »Priestertums aller Gläubigen«: »Was aus der Taufe gekrochen ist, das darf sich rühmen, daß es schon zu Priester, Bischof und Papst geweiht sei, obwohl nicht einem jeglichen ziemt, solches Amt zu üben.« Der Zugang zum Amt ist gebunden an die Ordination, denn gerade weil im Grunde jeder Christ das Amt ausüben könnte, bedarf es der Berufung (vocatio) durch die Gemeinde und der öffentlichen Einsetzung in das Amt (Ordination).

Als Amt des Wortes (ministerium verbi) ist es auf die Predigt des Evangeliums, die Austeilung der Sakramente und den Katechismusunterricht bezogen. Damit sind erhöhte Anforderungen an die akademische Bildung des evangelischen Geistlichen gestellt. Zu dieser Vorbildung erhielten Frauen zu Beginn des 20. Jahrhunderts erstmals Zugang. 1908 öffneten sich die Universitäten und damit auch die evangelisch-theologischen Fakultäten für Frauen. Die akademisch ausgebildeten Frauen bekamen die Möglichkeit, als »Vikarinnen« in den kirchlichen Dienst zu treten. Sie erhielten keine Ordination, sondern eine Einsegnung. Ihr Dienst war beschränkt auf die Entlastung des eigentlichen Amtsträgers und auf Mädchen und Frauen betreffende Arbeitsbereiche. Bei Eheschließung mußten sie aus ihrem Dienst ausscheiden.

Während des 2. Weltkriegs übernahmen die Vikarinnen faktisch sämtliche Amtsaufgaben und versorgten Gemeindepfarrämter, die bislang den Männern vorbehalten waren. Dies geschah ohne rechtliche Regelung, bedingt durch die Krisensituation. Ein Ausschuß wurde 1940 eingesetzt, um die Frage nach dem Zugang von Frauen zum geistlichen Amt grundsätzlich theologisch zu bedenken. Dieser »Vikarinnenausschuß« kam zu einem widersprüchlichen Ergebnis. Vom protestantischen Amtsverständnis her, wie es durch Luther grundgelegt ist, spricht nichts gegen eine Ordination von Frauen. Diese werde allerdings in Frage gestellt durch das sogenannte Gebot der Unterordnung der Frau unter den Mann in einigen neutestamentlichen Textstellen (1. Korinther 11, 2ff.; 14, 34; Epheser 5, 21ff. und 1. Timotheus 2, 8ff.). Mit Hinweis auf das Unterordnungsgebot wurde den Frauen die Wahrnehmung des Pfarramts verwehrt. Ihr Dienst sollte ein gegenüber dem vollen Leitungs- und Hirtenamt eingeschränkter Dienst bleiben. 1956 beschrieb die VELKD in ihrem Dienstgesetz den Dienst der Vikarin als einen »Dienst eigener Art«. Ihr Dienst war programmatisch vom eigentlichen Pfarramt unterschieden, wenn auch die Formulierung »eigener Art« dem Beruf der Vikarin Selbständigkeit und Bedeutung beimessen sollte. »Auf diese Weise aber sollte das Vikarinnenamt nicht ausschließlich in Abgrenzung (Subtraktion) gegenüber dem herkömmlichen Pfarramt definiert werden, vielmehr sollte es im Rahmen einer Pluralität von Ämtern und Diensten verortet werden, welche alle zusammen das ministerium ecclesiasticum darstellen.« (Monika Schwinge, 504)

Erst in den 1960er Jahren änderte sich die Situation grundlegend. Den Frauen wurden nach und nach in allen Landeskirchen der gleichberechtigte Zugang zum Amt ermöglicht, die Einsegnung durch die Ordination ersetzt und die Zölibatsverpflichtung abgeschafft. Dieser Prozeß war 1978 weitgehend abgeschlossen. Eine Ausnahme stellt Schaumburg-Lippe dar. Dort wurde die Frauenordination erst 1992 eingeführt.

2. Zur gegenwärtigen Situation: Frauen und kirchliche Ämter. Ein Blick auf die Pfarrdienststatistik der EKD (Statistische Beilage Nr. 93/1 zum Amtsblatt der EKD, 3/2000) zeigt, daß am 31.12.1999 von insgesamt 16.109 Gemeindepfarrern und Gemeindepfarrerinnen 3.591 Frauen (22,29%) sind. Während sich unter den 51- bis 62-jährigen, also denjenigen, die in den 60er Jahren in den kirchlichen

Dienst eingetreten sind, als die rechtliche Gleichstellung noch nicht erreicht war, nur sehr wenige Frauen finden, steigt der Frauenanteil unter denen, die 40 Jahre und jünger sind, signifikant an. Ein verhältnismäßig hoher Anteil der Frauen ist teilzeitbeschäftigt. 43,7% der Gemeindepfarrerinnen und fast 40% der in anderen Arbeitsfeldern tätigen Theologinnen haben nur eingeschränkte Dienstverhältnisse. Das dürfte wie in anderen Berufen auch familiäre Gründe haben. Die Stellen- und Finanzsituation in den letzten Jahren hat aber auch dazu geführt, daß Pfarrerehepaare gemeinsam nicht mehr als eine volle Stelle versorgen dürfen und daß ganze Stellen häufig nur zur Hälfte, zu zwei Dritteln oder zu drei Viertel versorgt werden. Die Statistik weist weiter aus, daß Frauen sich seltener aus dienstlichen Gründen vom Gemeindepfarramt freistellen lassen als ihre männlichen Kollegen, die ihre Freistellung häufig für den Dienst in anderen Bereichen (Seelsorge, Unterricht u.ä.) oder auch für eine berufliche Weiterbildung nutzen. Unter den Funktionsstellen sind Frauen am häufigsten als Krankenhausseelsorgerinnen (32%) tätig.

Seit Mitte der 70er Jahre wird die Wahrnehmung des Pfarramts durch Frauen in der pastoraltheologischen Literatur thematisch. Über ihr Selbstverständnis als Pfarrerinnen, aber auch ihre inhaltliche Auseinandersetzung mit biblischen und kirchlichen Traditionen wird nachgedacht. Die Gesprächslage war bis in die 80er Jahre und zum Teil auch darüber hinaus bestimmt von einer in erster Linie biologisch verstandenen Geschlechterdifferenz (sex), die Mann und Frau je unterschiedliche natürliche Wesensbestimmungen zuschreibt. Seit Mitte der 90er Jahre wird jedoch zunehmend eine eher soziologisch orientierte Sichtweise vertreten, die Geschlecht (gender) als eine kulturell konstruierte Kategorie versteht (*doing* gender) und damit konzeptionelle Zuweisungen von Männlichkeit und Weiblichkeit als gesellschaftliche Rollenzumutungen abweist.

Die ausführliche Schilderung der Situation von Frauen im Pfarramt soll jedoch nicht den Blick auf die vielen Frauen verdecken, die in anderen haupt- und ehrenamtlichen Diensten in der Gemeinde arbeiten. Im Ehrenamt leisten Frauen 70-80% der kirchlichen Arbeit, vorwiegend im sozialdiakonischen Bereich, während sie bei den leitenden Ehrenämtern (Gemeindekirchenrat bzw. Presbyterium sowie Synoden) nach wie vor unterrepräsentiert sind. Um den Anteil von Frauen in Leitungsämtern zu steigern, wird seit Ende der 80er Jahre die kirchliche Gleichstellungsarbeit institutionalisiert. 1989 wird das Frauenreferat der EKD gegründet mit dem Ziel, »die Gemeinschaft von Frauen und Männern in der Evangelischen Kirche in Deutschland zu fördern«. Dies geschieht beispielsweise durch ein im Jahr 2000 vorgelegtes Mentoring-Konzept, das dazu beitragen soll, qualifizierten Frauen den Aufstieg in leitende Positionen in der Kirche zu erleichtern. Auch die einzelnen Landeskirchen richten Frauenreferate ein, die neben selbständig arbeitenden Frauenverbänden und -gruppen in der Evangelischen Frauenarbeit in Deutschland e.V. zusammengeschlossen sind. Das gemeinsame Ziel dieser ausgesprochen vielfältigen Gruppen ist, »die befreienden Traditionen der biblischen Botschaft als Frauen immer neu [zu] entdecken, im Gottesdienst [zu] feiern und im Alltag [zu] leben ... die Wertschätzung und die Verantwortung der Frauen für sich selbst [zu] stärken und ihre Bereitschaft, Aufgaben für die Gesellschaft zu übernehmen, wach[zu]halten und [zu] fördern« sowie als Dachverband »die gemeinsamen Anliegen von Frauen in Kirche, Gesellschaft und Politik [zu] vertreten«. Die Landesverbände der evangelischen Frauenhilfe sind mitgliederstarke Vereine ehrenamtlich arbeitender Frauen mit einer langen Tradition. So wurde der Landesverband der rheinischen Frauenhilfe 1900 gegründet für ein sozialdiakonisches Engagement (»weibliche Liebestätigkeit«). Ende der 70er Jahre ging von der Frauenhilfe ein wirksamer Boykottaufruf »Kauft keine Früchte aus Südafrika« aus. Die Frauenhilfe bietet auf übergemeindlicher Ebene ein breites Informations- und Weiterbildungsangebot für ehrenamtlich tätige Frauen. Der »Weltgebetstag« der Frauen ist seit 1949 die größte ökumenische Basisbewegung von Frauen, die unter dem Motto

»Informiertes Beten – betendes Handeln« am ersten Freitag im März eine Liturgie feiert, die jedes Jahr von Frauen eines anderen Landes verfaßt wird. Kirchliche Stellungnahmen der EKD zum Thema Frauen betrafen in den letzten Jahren »Gewalt gegen Frauen als Thema der Kirche« (2000: Denkschrift der EKD Nr. 145) sowie dem Thema »Genitalverstümmelung von Mädchen und Frauen« (1999: EKD-Texte Nr. 65).

3. Frauen und Religion. Seit Beginn der 90er Jahre wirken »feministische Impulse« zunehmend in den Gemeindegottesdienst hinein. Die Auseinandersetzung von Frauen mit traditionellen Gottesvorstellungen und dogmatischen Aussagen und das Experimentieren mit neuen Gottesdienstformen führten zu der wachsenden Sensibilisierung für eine frauengerechte Gottesdienstgestaltung. In die 1999 EKD-weit eingeführte Agende, das »Evangelische Gottesdienstbuch«, sind eine Fülle liturgischer Texte eingegangen, die sich darum bemühen, ein einseitig männliches Gottesbild auszuschließen und auch weibliche Gottesbilder und -vorstellungen zum Ausdruck bringen.

Darüber hinaus wird als ein maßgebliches Kriterium für die Gottesdienstgestaltung formuliert: »Die Sprache darf niemanden ausgrenzen; vielmehr soll in ihr die Gemeinschaft von Männern, Frauen, Jugendlichen und Kindern sowie von unterschiedlichen Gruppierungen in der Kirche ihren angemessenen Ausdruck finden.«

In sozialgeschichtlicher Perspektive tritt die Geschichte der Frauen und der Geschlechterbeziehung zunehmend in den Blick. So thematisierten die im Predigerseminar veranstalteten Wittenberger Sonntagsvorlesungen 1995 unter der Überschrift »Frauen mischen sich ein« das Verhältnis von Reformation und Frauenbild, die Aufwertung der Ehe durch Martin Luther und deren Konsequenzen für das Geschlechterverhältnis, die Bedeutung des Berufes der »Pfarrfrau« als Vorbild für andere weibliche Berufe am Beispiel prominenter protestantischer Frauen der Reformationszeit wie zum

Beispiel Katharina von Bora, Katharina Melanchthon u.a. Einzelne herausragende Frauengestalten – aber auch das Alltagsleben von Frauen zu unterschiedlichen Zeiten – sind nicht bloß Forschungsgegenstand einer kleinen Gruppe, sondern wecken das Interesse einer breiten Öffentlichkeit.

Im Rahmen praktisch-theologischer Biographieforschung gibt es seit wenigen Jahren einzelne qualitativ-empirische Studien, die der Frage nachgehen, welche Erfahrungen christlich sozialisierte Frauen im Laufe ihres Lebens mit Religion und Kirche machen, wie sie sich diese Einflüsse und Vorgaben individuell aneignen und eigene Formen gelebter Religion entwickeln.

Birgit Weyel

Monika Schwinge, Berufsbild »Pfarrerin«, in: Zeitschrift für Theologie und Kirche 98 (2001), 501-514; *Renate Jost/Ulrike Schweiger* (Hg.), Feministische Impulse für den Gottesdienst, Stuttgart u.a. 1996; *Regina Sommer*, Lebensgeschichte und gelebte Religion von Frauen, Stuttgart u.a. 1998.

3.

Kirchenraum

Gerard Houckgeest (um 1600-1661): *Inneres der Neuen Kirche in Delft*, Mitte 17. Jh.; Öl auf Leinwand, 56 x 38 cm.

Dem Bauwerk Kirche als Ort, an dem Gott verehrt, an dem Glaubenspraxis in kultischer Form ausgeübt wird, kam von jeher besondere Bedeutung zu. Als Architektur ist eine Kirche einerseits Baukörper und in dessen Materialität auf den Besucher und die Umgebung wirksam, andererseits für den am Gottesdienst im Innern des Gebäudes teilnehmenden Gläubigen vor allem als gestalteter Raum erfahrbar. In diesem Sinne ist die Gestaltung und Ausschmückung des Kirchenraumes von herausragender Bedeutung für das Erleben des Gottesdienstes und gibt zugleich Auskunft über das jeweilige religiöse Grundverständnis einer Zeit.

Die Darstellungen von Kircheninnenräumen sind strenggenommen Interieurbilder, doch ist der Übergang zum Architekturbild fließend, insbesondere wenn es wie in Gerard Houckgeests Werk um die sachliche, detailgetreue Wiedergabe des Architekturraumes geht, in dem die Personen eher wie Staffagefiguren wirken. Das Besondere an Houckgeests Bildern ist, daß er nicht mehr wie zunächst üblich eine möglichst vollständige Sicht des gesamten Raumes gibt, sondern bewußt nur einen Ausschnitt malt, so daß sich der Raum hinter den Bildgrenzen auszudehnen scheint. Indem der Künstler schräge Durch- und Einblicke in die einzelnen Kirchenschiffe zeigt, den Betrachter durch die kürzere Augendistanz in den Bildraum hineinführt und anstelle des Überblickes geradezu diesen verhindernd eine Säule oder einen Pfeiler ins Bildzentrum rückt, gelingt es ihm, die Wirkung des Kirchenraumes nachzuvollziehen.

Der Betrachter wie der Kirchenbesucher erfassen den Raum nur teilweise, indem sie ihn durchschreiten; an jeder Stelle ergeben sich neue Blickwinkel. Die Großartigkeit des aufstrebenden, hohen, hellen, lichterfüllten Raumes der Neuen Kirche in Delft wird so auch für den Bildbetrachter nachempfindbar.

Der Unterschied zwischen einem katholischen und einem protestantischen Kirchenraum fällt in der evangelisch-lutherischen Christus-Kirche in Rom geradezu in die Augen. Der nach dem Zweiten Weltkrieg im römischen Stil erbaute Raum greift das vielfach variierte Raumschema der Basilika auf und abstrahiert dort, wo es nach reformatorischem Verständnis angemessen erschien: Im Apsismosaik tritt allein Christus entgegen, umgeben von bloßem Rankenwerk, das in alten römischen Kirchen mit mancherlei menschlichen und tierischen Wesen bevölkert ist. Vermittelnde Gestalten von Aposteln und Heiligen fehlen gänzlich. Allein die Evangelistensymbole verweisen auf das Medium des Wortes. Selbstverständlich gibt es nur einen Altar. Nebenaltäre und Devotionsorte – in römischen Kirchen an der Tagesordnung – sucht man vergebens. Außer dem Altar treten Kanzel und Taufstein in Erscheinung. Die Orgel, in vielen katholischen Kirchen Roms in ruinösem Zustand oder durch ein elektronisches Gerät ersetzt, kann sich sehen und hören lassen.

Worin besteht nach dieser Wahrnehmung das Besondere katholischer Kirchenräume? Aus traditioneller Sicht ist dies schnell aufgezählt: der Tabernakel für die Aufbewahrung der Eucharistie samt »ewigem Licht«; Bilder von Maria und anderen Heiligen, oft versehen mit Kerzenständern und Opferstöcken; Kniebänke, Beichtstühle, Kreuzwegstationen, Weihwasserbecken, farbige Gewänder und Weihrauchduft. Aber ist das alles? Lassen sich die Eigenheiten des katholischen Kirchenraums so herausdestillieren, daß er dergestalt zur Identitätsmarke wird? Sicher: der katholische Kirchenraum ist in der Regel bunter und stärker »möbliert«, Anbetungsfrömmigkeit und Augenlust finden reiche Betätigungsfelder. Aber läßt sich das generell so sagen? Tatsächlich gleichen sich katholische und evangelische Kirchenräume zusehends an, in Präsentationen von Kunstzeitschriften sind sie oft kaum zu unterscheiden. Leider ist auch ein klassisches Unterscheidungskriterium weitgehend fortgefallen: katholische Kirchen sind nicht mehr ständig geöffnet, um privatem Gebet, stiller Andacht und Opfergesten Raum zu geben. Demgegenüber wird auf evangelischer Seite der Kirchenraum als Ort der Identitätssuche und -findung zunehmend wiederentdeckt.

»Was ist eine Kirche?« Diese Frage beantwortete der katholische Philosoph Josef Pieper schlicht mit der These: »Eine christliche Kirche ist wesentlich ein sakraler Raum.« (J. Pieper, Was ist eine Kirche? Vor-Überlegungen zu einem umstrittenen Thema, Freiburg 1988) Ein Kirchenraum unterscheidet sich demnach vom »profanen« Raum, er ist ausgesondert. Worin liegt aber das Besondere? Was zeichnet darüber hinaus den katholischen Kirchenraum aus gegenüber dem protestantischen – und umgekehrt? Es stellt sich die Frage, was Sakralität letztlich ausmacht: die betonte Andersartigkeit gegenüber der Alltagswelt, die Bestückung mit »sakralen« Requisiten unterschiedlicher Art, farbige Verglasung oder der Duft von Kerzen und Weihrauch? Viele dieser Elemente finden sich auch im »normalen« Leben, nachdem sie in der Kirche in den vergangenen Jahrzehnten oft vernachlässigt wurden – in Einkaufspassagen, Kinopalästen, Sportstätten oder Bankfilialen. Ist dies eine Folge der Versachlichung der Kirchenräume in der Zeit seit dem Zweiten Weltkrieg, vor allem seit den siebziger Jahren? Hat der Auszug vieler aus der Kirche möglicherweise eine Ursache in der Vernachlässigung der sinnlichen Dimension?

Innerkirchlich hat sich das Blatt längst gewendet. Auch im Kirchenbau zeichnet sich eine Renaissance der Sinnlichkeit ab, die nun katholische wie evangelische Kreise gleichermaßen erfaßt: Bilder schmücken einstmals leere Flächen, Kerzen und Blumen sollen für eine »wohnliche« Atmosphäre sorgen. Solche sekundären Elemente können jedoch die Sakralität nicht schaffen, sondern ihr höchstens als Zeichen dienen. Die Materialität als solche, aber auch die künstlerische Dimension an sich machen noch keinen Kirchenraum. Was also ist ein sakraler Raum?

Theologisch verantwortet kann von einem sakralen Raum nur im Sinne eines Begegnungsraumes die Rede sein, wobei Begegnung im biblischen Sinne eine dreifache Dimension hat, analog dem Liebesgebot: Gottes-, Nächsten- und Selbstbegegnung (vgl. Matthäus 22, 34-40). Ein Kirchenraum ist demnach umso sakraler, je mehr er Begegnung in dem beschriebenen dreifachen Sinn zuläßt. Dies freilich erfordert einen vielschichtigen Raum, der nicht auf eine Dimension (z.B. auf die Katechese) enggeführt werden darf. Auch das Ästhetisch-Künstlerische ist eingebunden in einen größeren Kontext. Daraus ergibt sich folgendes: der Kirchenraum ist kein Selbstzweck, darf aber auch nicht anderen Zwecken untergeordnet werden. Er ist zweckfreier oder Freiheits-Raum, der Sinnfindung durch Begegnung unterstützt. Erfahrungen in den östlichen Bundesländern zeigen, daß auch religiös nicht sozialisierte Menschen solche Räume aufsuchen und schätzen.

Nach katholischem Verständnis gibt es jedoch Instanzen, die zur Christusbegegnung verhelfen: die sakramentale Vermittlung der Heilsgnade durch die Kirche der Gegenwart, die Präsenz der Heiligen in Bildern und Reliquien als Zeichen der die Zeiten überdauernden Gemeinschaft und Hinweis auf die kommende Vollendung. Ohne Zweifel besteht hier die Gefahr, daß das Sekundäre das Primäre überlagert. Daher hat es in der langen Geschichte der Kirche immer schon Gegenbewegungen gegeben, nicht erst in der Reformation. Auf allzu bilderfreudige Zeiten reagierten bilderarme Bewegungen; die Spiritualität neuer Ordensgemeinschaften ergänzte und korrigierte die offizielle Linie. Vieles davon hat Auswirkungen auf die Kirchenräume gehabt, so daß es unmöglich ist, von *dem* katholischen Kirchenraum zu sprechen. Die altkirchliche Kaiserbasilika, der mittelalterliche Dom, die Bettelordenskirche, das Oratorium einer geistlichen Bruderschaft, die Dorfpfarrkirche, die Wegkapelle: all das ist katholischer Kirchenraum in unterschiedlichen Zeitkontexten und Sinnzusammenhängen. Die Gleichzeitigkeit des Ungleichzeitigen prägt Liturgie und Raum gleichermaßen. So sieht der Kirchenraum einer lateinamerikanischen Basisgemeinde anders aus als der einer Gruppe, die weiterhin die Messe im tridentinischen Ritus feiert. Der Kirchenraum einer modernen Großstadtgemeinde

in Deutschland unterschiedet sich in vielem von dem einer vergleichbaren Gemeinde in Italien oder in Polen. In vielen Räumen
ist die Geschichte der Kirche und der konkreten Gemeinde oder
Gemeinschaft ablesbar mit all ihren Spannungen und Brüchen.
Dies macht gerade den Reiz der Kirchenräume aus, die mehr sind
als eine Visitenkarte, die vielmehr Ausdruck der Identität einer
Gemeinde durch die Zeiten hindurch darstellen. Dies macht Veränderungen so schwierig.

Gravierende Veränderungen des katholischen Kirchenraums
sind durch das Zweite Vatikanische Konzil (1962-1965) und die
von ihm angestoßene Liturgiereform bewirkt worden. Das Konzil
hat zwar keine konkreten Aussagen zur Raumgestalt gemacht, doch
sind einige Aussagen von grundlegender Bedeutung. Vor allem der
folgende Paragraph aus der Liturgiekonstitution *Sacrosanctum Concilium* (SC 48) verdient in diesem Zusammenhang Beachtung: »So
richtet die Kirche ihre ganze Sorge darauf, daß die Christen diesem
Geheimnis des Glaubens nicht wie Außenstehende und stumme
Zuschauer beiwohnen; sie sollen vielmehr durch die Riten und
Gebete dieses Mysterium wohl verstehen lernen und so die heilige
Handlung bewußt, fromm und tätig mit feiern, sich durch das
Wort Gottes formen lassen, am Tisch des Herrenleibes Stärkung
finden. Sie sollen Gott danksagen und die unbefleckte Opfergabe
darbringen nicht nur durch die Hände des Priesters, sondern auch
gemeinsam mit ihm und dadurch sich selber darbringen lernen. So
sollen sie durch Christus, den Mittler, von Tag zu Tag zu immer
vollerer Einheit mit Gott und untereinander gelangen, damit
schließlich Gott alles in allem sei.«

Die Folgen der Liturgiereform für den katholischen Kirchenraum waren erheblich, wenngleich vieles durch die Liturgische
Bewegung der ersten Jahrhunderthälfte vorbereitet und in den
Bauten der 50er und frühen 60er Jahre teilweise schon vorwegge-
nommen wurde. Die wichtigsten Neuerungen sollen stichwortartig
genannt werden:

1. Konzentration auf einen einzigen, freistehenden Altar unter Verzicht auf Seiten- oder Nebenaltäre (möglich geworden durch die Einführung der Konzelebration).
2. Trennung von Altar und Aufbewahrungsort der Eucharistie (Tabernakel), der nun in einer eigenen Kapelle aufgestellt werden kann.
3. Einführung eines festen Ortes der Wortverkündigung (Ambo) im Altarbereich, wodurch die Kanzel im Kirchenschiff funktionslos wird.
4. Einführung eines festen Priestersitzes für die Gottesdienstleitung.
5. Änderung des Kommunionritus (Kommunionprozession), wodurch die Kommunionbänke überflüssig werden, deren ursprüngliche Funktion als Abschrankung des Chorbereichs ebenfalls nicht mehr notwendig erscheint.
6. Funktionsänderung des Taufsteins aufgrund der Bestimmung, das Wasser außerhalb der Osterzeit in jeder Feier zu weihen; Verlagerung des Taufortes vom Eingangsbereich ins Angesicht der Gemeinde.
7. Änderung der Bußpraxis, Einführung von Beichtzimmern und Reduzierung der Beichtstühle.

Der Gemeinschaftsgedanke, ausgelöst durch das Konzil, hat das schon vorher *ad experimentum* erprobte Konzept der Zelebration *versus populum* (zum Volk hin gewendet) zur allgemeinen Norm werden lassen, obwohl die Dokumente dies niemals vorgeschrieben haben. In jüngster Zeit verdichten sich die Stimmen derer, die eine kritische Revision des Bestehenden anmahnen. So hat Kardinal Ratzinger auf eine weithin vergessene Dimension des Kirchenraums aufmerksam gemacht: »Der Altar ist gleichsam der Ort des aufgerissenen Himmels; er schließt den Kirchenraum nicht ab, sondern auf – in die ewige Liturgie hinein.« Ratzinger will der Dimension der Anbetung neue Geltung verschaffen: »Letztlich ist das Leben des Menschen selbst, der recht lebende Mensch die wahre Anbetung

Gottes, aber das Leben wird zu wirklichem Leben nur, wenn es
seine Form aus dem Blick auf Gott hin empfängt. Der Kult ist
dazu da, diesen Blick zu vermitteln und so Leben zu geben, das
Ehre wird für Gott.«

Jeder Kirchenraum kennt also eine Ausrichtung – wie parallel
dazu auch die Synagoge. Daher sind die meisten Kirchenräume
nach Osten hin ausgerichtet, zur aufgehenden Sonne hin, die als
Symbol des wiederkehrenden Christus gedeutet wird. Der »Osten«
als Zielpunkt Gott-menschlicher Begegnung kann aber auch in die
Mitte einer chorartig geordneten Versammlung mit den Kristallisa-
tionspunkten Wort (Ambo) und Sakrament (Altar) gelegt werden,
wobei der Freiraum inmitten der Gemeinde die Unverfügbarkeit
der göttlichen Gegenwart symbolisiert.

In einer 1999 erschienenen Schrift »In der Mitte der Versammlung« wird dieses Konzept begründet: »Wesen des christlichen Gottesdienstes ist die Verherrlichung Gottes durch Jesus Christus im
Heiligen Geist – ein Nachvollziehen der Bewegung, die Gott selber
ist. So, wie Gott zu uns Menschen gesprochen hat und spricht,
sprechen wir mit ihm. Die feiernde Gemeinde ist niemals Selbstzweck, der um sich selbst kreist, sondern ist verwiesen auf den ganz
Anderen, auf Gott. Daher ist auch nicht einfach Christus die Mitte
des Gottesdienstes, erst recht [sind es] nicht die eucharistischen
Gaben, die ihn vergegenwärtigen, sondern die wechselseitige Begegnung von Gott und Menschen durch Christus im Heiligen
Geist. Mitte des Gottesdienstes ist also die heilige Handlung, der
gnadenhafte Wesensaustausch zwischen Gott und Mensch. Dies
geschieht ... in unterschiedlichen Vollzügen. Die Gemeinde bildet
den Raum, Gottes heiligen Tempel, in dem der Geist wohnt (1.
Korinther 3, 16), die Versammlung, in der Christus gegenwärtig
wird (Matthäus 18, 20), um den priesterlichen Dienst der Vermittlung zu leisten. Gegenwärtig ist Christus auf verschiedene Weise: in
der versammelten Gemeinde und ihrem geweihten Vorsteher, in
den Gestalten des Wortes und der eucharistischen Gaben (SC 7). Es
geht um die Frage, wie eine solche Konzeption im Raum sichtbar

gemacht werden kann. Die Gottesdienstgemeinde, die konkreten Menschen, bilden den ›Raum‹. So schaffen sie sich selbst nach Möglichkeit das ihnen angemessene ›Gehäuse‹. Gemeindebildung und Kirchenbau bedingen einander«.

Das Bild des katholischen Kirchenraums ist im Laufe des 20. Jahrhunderts differenzierter geworden, da man sich weder auf einen kirchlichen Stil (im Sinne des Historismus des 19. Jhs.), noch auf institutionelle Absicherung (im Sinne detaillierter präskriptiver Regeln) beziehen kann. Die Suche vieler – auch religiös ungebundener – Menschen nach sakralen Räumen, die der »universalen Erlösungserwartung« (Papst Johannes Paul II.) Stimme geben, nimmt die Christen aller Konfessionen jedoch in die Pflicht, solche Räume bereitzuhalten und bereitzustellen, die von der Gegenwart des Anderen in der heutigen Welt zeugen.

Albert Gerhards

Josef Ratzinger, Der Geist der Liturgie, Freiburg 2000; *Albert Gerhards* (Hg.), In der Mitte der Versammlung, Trier 1999; *Klemens Richter*, Kirchenräume und Kirchenträume. Die Bedeutung des Kirchenraumes für eine lebendige Gemeinde, Freiburg 1998.

In den sogenannten Wolfenbütteler Empfehlungen des Deutschen Evangelischen Kirchbautages zum evangelischen Kirchenraum von 1991 heißt es: »Der gottesdienstliche Raum ist ein gestalteter Raum, der deutlich zu erkennen gibt, was in ihm geschieht. Er soll so beschaffen sein, daß in ihm durch Lesung, Predigt, Gebet, Musik und bildende Kunst das Wort Gottes verkündigt und gehört werden kann und die Sakramente gefeiert werden können. Durch seine gegenwärtige Gestaltung und Ausstattung soll die Begegnung der Gemeinde mit dem lebendigen Gott zum Ausdruck kommen. Auch die Gestaltungsformen, die frühere Generationen hierfür gefunden haben, sind unverzichtbar. Sie zeigen, daß Kirche eine Weggemeinschaft und die Gegenwart nur eine Station ist. Der Raum soll die Gemeinde möglichst zu verschiedenen Gottesdienstformen anregen.«

Zunächst richteten sich die Kirchen der Reformation im 16. Jahrhundert in den überkommenen Kirchenräumen des Spätmittelalters ein und benutzten sie weiter. Nur wenige Anpassungen an die Erfordernisse des evangelischen Gottesdienstes waren notwendig. Meist wurde nur noch einer der Altäre benutzt. Im Laufe der Zeit erhielten die Räume festes Gestühl, und zugleich wurden hölzerne Emporen eingezogen, um die Gemeinde sitzend zur Predigt zu versammeln.

Während die reformierten Gemeinden in Südwestdeutschland und in der Schweiz die überkommenen Kirchenräume radikal von ihrer spätmittelalterlichen Ausstattung befreiten und sich auf die Kanzel und einen hölzernen Abendmahlstisch beschränkten, konnte das Luthertum im Umgang mit den überkommenen Kirchenräumen seine bewahrende Kraft entfalten: Seiten- und Nebenaltäre mit ihren Retabeln, Figuren der Maria und der Heiligen, Bilder, Kelche und Sakramentshäuser blieben erhalten und wurden nicht abgebrochen.

So verfügen zahlreiche historische evangelische Kirchenbauten bis heute über einen großen Ausstattungsreichtum.

Die Notwendigkeit zum Neubau evangelischer Kirchengebäude entstand – von Ausnahmen abgesehen – erst nach dem Ende des Dreißigjährigen Krieges. Das ausgehende 17. und das 18. Jahrhundert entwickelten eigenständige evangelische Raumlösungen, die dem Kirchenbesucher von allen Plätzen des Raumes gute Sicht- und Hörbarkeit des gottesdienstlichen Geschehens an Kanzel und Altar boten, den Gesetzen der Symmetrie folgten und ausreichendes Licht für den Gebrauch des Gesangbuches im Gottesdienst vermittelten.

Der Kanzelaltar mit der Übereinanderordnung von Altar, Kanzel und häufig auch Orgel in einer Achse wurde Ausdruck für die Überzeugung, daß Christus in Predigtwort und Sakrament gleichberechtigt gegenwärtig ist. Wesentliches Ausstattungsstück aber wurde die Gemeinde selbst. Evangelische Kirchenräume dieser Zeit sind ohne anwesende Gemeinde architektonisch unvollständig. Das Gestühl erhielt raumbildende Funktion und repräsentierte zugleich die gottesdienstliche Gemeinde.

Im 19. Jahrhunderts wurden auch im evangelischen Kirchenbau historische Stilformen eingesetzt. Neugotische und neuromanische Kirchenbauten sollten der kirchendistanzierten Industriearbeiterschaft in den rapide wachsenden Städten kirchliche Heimat bieten. Sie griffen dazu auf scheinbar zeitlose Raumlösungen zurück, stellten Altar und Kanzel wieder getrennt auf und gaben dem Chorraum mit dem Altar als Ort des Gebetes, des Abendmahls und des Segens neues Gewicht.

Die Gemeindebewegung im Übergang vom 19. zum 20. Jahrhundert setzte schließlich Akzente, die bis in den gegenwärtigen evangelischen Kirchenbau fortwirken. Zunächst kam es in ihrem Gefolge zum Verzicht auf die historischen Baustile. Zeitgenössische Architekturformen mit Materialien wie Stahlbeton und Glas bestimmten fortan das evangelische Kirchengebäude. In ganz unterschiedlichen Raumlösungen wurde die Gemeinde immer wieder neu eng um das Zentrum des gottesdienstlichen Geschehens in der Nähe des Predigers bzw. Liturgen gruppiert und bewußt auf jegliche Monumentalität des Kirchenraumes verzichtet. Die schlichte Gemeindekirche, deren überschaubare Kirchenräume von familiärer Atmosphäre geprägt und häufig mit anschließenden Gemeinderäumen zu einer Einheit verbunden sind, wurde neues Leitbild. Gegenwärtige evangelische Kirchenbauten sind Räume, die unterschiedlichste Gottesdienstformen ermöglichen und nicht mehr ausschließlich auf den sonntäglichen Hauptgottesdienst ausgerichtet sind. Ihre Ausstattungsstücke Altar, Kanzelpult, Taufstein und Gestühl sind bei gleichzeitiger gestalterischer Eindeutigkeit ihrer Bestimmung weitgehend mobil konzipiert. Die Altäre stellen Abendmahlstische dar, die dem Liturgen bzw. der Liturgin eine der Gemeinde zugewandte Stellung ermöglichen, die schon Martin Luther vorgeschwebt hatte. Christus wird so in der Mitte der gottesdienstlichen Versammlung als anwesend gedacht.

So nähern sich zeitgenössische evangelische und katholische Kirchenräume zunehmend an, wenn auch Unterschiede bleiben: Evangelische Kirchenräume kennen in der Regel keinen Priestersitz, sondern Liturgin oder Liturg nehmen bewußt in der Gemeinde und nicht ihr gegenüber Platz. Der evangelische Kirchenraum kennt auch keine Aufbewahrung der Abendmahlselemente im Tabernakel, keine Reliquien in den Altären und keine Weihwasserbecken im Eingangsbereich der Kirchen. Bis heute bestimmen Liedanstecktafeln evangelische Kirchenräume, während katholische sich meist durch Liedprojektoren auszeichnen. Und im evangelischen Raum wird noch konsequent die Kanzel benutzt, die im katholischen Gottesdienstraum durch die Liturgiereform des Zweiten Vatikanischen Konzils funktionslos geworden ist. Annäherungen vollziehen sich aber auch in der Praxis der Opferkerzen, die im Gefolge des Bedürfnisses nach individuellen Zonen der Meditation und des Gebetes in den evangelischen Kirchenraum einzieht. Gebetswände werden eingerichtet und Bücher für Gebetsanliegen aufgelegt. Zunehmend sind evangelische Kirchenräume auch außerhalb der Gottesdienstzeiten für die persönliche Andacht geöffnet.

Die protestantische Freiheit im Umgang mit dem Kirchenraum macht sich im Anspruch bemerkbar, grundsätzlich an jedem Ort, selbst zur Not, wie Martin Luther einmal polemisch meinte, in einem Schweinestall, Gottesdienst halten zu können. Sie kommt in den sogenannten Rummelsberger Richtlinien des Deutschen Evangelischen Kirchbautages von 1951 zum Ausdruck, in denen es heißt: »Evangelischer Gottesdienst kann grundsätzlich überall gehalten werden, in jedem Raum und auch im Freien. Aber schon aus praktischen Gründen ist für eine an einen Ort gebundene Gemeinde ein Kirchengebäude notwendig. Dieses Gebäude muß so ausgestattet sein, daß in ihm das Wort Gottes verkündigt und die Sakramente gereicht werden können. Der gottesdienstliche Bau und Raum soll sich um seines Zweckes willen klar unterscheiden von Bauten und Räumen, die profanen Aufgaben dienen. Aber zugleich wächst er über jede rationale Zweckbestimmung hinaus, da er mit seiner Gestalt gleichnishaft Zeugnis von dem geben soll, was sich in und unter der gottesdienstlich versammelten Gemeinde begibt: nämlich die Begegnung mit dem gnadenhaft in Wort und Sakrament gegenwärtigen heiligen Gott.«

Konsequenten Ausdruck findet diese Haltung in der sich ab 1965 im Bereich der deutschen evangelischen Kirchen abzeichnenden Tendenz, keine isolierten Kirchenbauten, sondern nur noch Gemeindezentren mit einer Mehrfachnutzung des gottesdienstlichen Raumes auch als Gemeindesaal zu errichten. Dahinter steht eine funktionales Verständnis des Kirchenraumes, das heilige Räume nur im Gebrauch kennt. Außerhalb des Gottesdienstes werden diese Räume wieder zu normalen Alltagsräumen.

Doch die meisten der als Mehrzweckräume konzipierten Gemeindezentren hatten im Laufe der Jahre entweder eine Erweiterung um einen eigenen Kirchenbau oder zumindest eine Sakralisierung des überwiegend gottesdienstlich genutzten Raumes durch künstlerische Ausstattung zur Folge. Denn die Gemeinden hatten ein Gespür dafür entwickelt, daß die Nutzung von Räumen und Gegenständen für den Gottesdienst diese verändert. Bereits 1937 hatte der evangelische Theologe Hans Asmussen diese Erfahrung in seiner Gottesdienstlehre beschrieben: »Der Bau eines kirchlichen Gebäudes wächst aus den Erfordernissen des gottesdienstlichen Geschehens und ist insofern Aufgabe der kirchlichen Gestaltung. Das Geschehen, das sich in diesem Hause abspielt, gestaltet das Haus. Es ist töricht, davor die Augen schließen zu wollen ... Es ist freilich richtig, daß christliche Gottesdienste in jedem nur denkbaren Raum möglich sind. Aber ebenso steht fest, daß jedweder Raum, der für gottesdienstliche Zwecke benutzt wird, sehr bald die Spuren dieser Benutzung an sich trägt. Er verändert sich und gewinnt eine Gestalt, die anzeigt, daß in ihm christliche Gottesdienste gehalten werden.«

Ein Kirchenraum trägt die Spuren der gottesdienstlichen Benutzung und ist deshalb nach evangelischem Verständnis nicht ein geheiligter, besonderer Raum an sich, sondern ein Raum, der Spuren trägt. Es sind Spuren der Benutzung durch eine gottesdienstliche Gemeinde, aber auch Spuren der Inbesitznahme durch Christus, der in den Gottesdiensten gegenwärtig wird. Und je intensiver und dichter diese Spuren des Gottesdienstes, des Gebetes und der Christusgegenwart in einem Kirchenraum sind, umso machtvoller wird dieser Raum. Er ist wie mit Kraft aufgeladen. Heiliger Raum bezeichnet nach evangelischem Verständnis dann einen Raum, der der kontinuierlichen Gottesbegegnung der Gemeinde dient und von diesem Geschehen durchdrungen ist. So stark durchdrungen, daß selbst der touristische Besucher außerhalb der Gottesdienste etwas in diesem Raum spüren und aufnehmen kann. Heiliger Raum meint damit, zu Christus gehörig, für ihn vorbehalten und für ihn ausgesondert zu sein, als Ort der Gemeinschaft der Heiligen, zu der alle Getauften gehören. Ein Kirchenraum erzählt seine Gottesdienst- und Gebetsgeschichte. Für den, der die Christus-Spuren zu lesen vermag, wird Christus im Raum wieder gegenwärtig. Ein heiliger Raum ist ein Raum, mit dem ehrfürchtig umzugehen ist, weil in ihm Spuren aufbewahrt sind, mit deren Hilfe der auferstandene Herr der Kirche gegenwärtig werden will.

Dieser Eigenwert des evangelischen Kirchenraumes über die konkrete gottesdienstliche Nutzung hinaus für die persönliche Glaubensgestaltung wird derzeit in der Kirchenpädagogik-Bewegung neu entdeckt und geschätzt. Evangelische Kirchenräume stellen dabei für Schulklassen und touristische Besucher spirituelle Potentiale dar, deren gezielte Erschließung durch kirchliche Mitarbeiterinnen und Mitarbeiter vor allem in den neuen Bundesländern augenblicklich einen weitaus größeren Personenkreis als die in ihnen gefeierten Gottesdienste erreicht.

Klaus Raschzok

Klaus Raschzok, Der Feier Raum geben. Zu den Wechselbeziehungen von Raum und Gottesdienst, in: Thomas Klie (Hg.), Der Religion Raum geben. Kirchenpädagogik und religiöses Lernen, Münster 1998, 112-135; *Klaus Raschzok/Reiner Sörries* (Hg.), Geschichte des protestantischen Kirchenbaus, Erlangen 1994.

4.
Eucharistie / Abendmahl

Michelangelo Merisi da Caravaggio (1573-1610): *Christus in Emmaus* (Ausschnitt), um 1600; Öl auf Leinwand, 141 x 196 cm; Tate Gallery, London.

Für die Historienmalerei bot die Bibel neben den antiken Erzählungen eine Fülle bildwürdiger Stoffe, aus der die Maler der Barockzeit bewußt spannungsvolle Motive wählten. So stellt Caravaggio den Höhepunkt der Emmaus-Geschichte dar: den Moment des Brotsegnens und -brechens, in welchem die Jünger in dem Fremden ihren auferstandenen Herrn Jesus erkennen.

Diesen Augenblick inszeniert Caravaggio zu einem wahrhaft dramatischen Moment, indem er sein Bild gänzlich nach dem Prinzip der Spannung bzw. des Kontrastes gestaltet. Sein Hauptmittel ist dabei die Lichtführung. Die Christusfigur steht im wahrsten Sinne des Wortes im Rampenlicht, das gleißend weiße Tischtuch vor ihr und der schwarze Schlagschatten hinter ihr steigern die Ausleuchtung der Figur noch, deren Ausdruck durch die ruhige Gebärdensprache und stille Konzentration inhaltlich wiederum gegensätzlich wirkt.

Kontrastierend zu dieser Ruhe sind die beiden Jünger gestaltet: die Rückenfigur des Kleopas ist gezeigt im Moment, da er aus dem Stuhl aufspringt, der andere Jünger durchmißt mit seinen Armen den Bildraum und streckt eine Hand förmlich zum Betrachter hin aus. Das Geschehen wird so zu etwas zugleich Außergewöhnlichem wie Geheimnisvollem.

Die Praxis der »eucharistischen Mahlfeier« oder des »Herrenmahles«, die bis in die allererste Anfangszeit des Christentums zurückgeht, ist von der tradierten Glaubensüberzeugung getragen: Jesus hat »die Eucharistie« beim Letzten Abendmahl eingesetzt mit den Worten : »Nehmet und esset / trinket: Das ist mein Leib. / Das ist mein Blut des Bundes.« Im katholischen Verständnis ist das »allerheiligste Sakrament« (auch »Altarsakrament« genannt) die zentrale Feier des Gottesdienstes und damit auch, wie das Zweite Vatikanische Konzil sagt, »Quelle und Höhepunkt des ganzen christlichen Lebens« (Kirchenkonstitution, 11). Denn in der Eucharistie ist, mit einem Wort des Thomas v. Aquin, »das ganze Mysterium unseres Heils zusammengefaßt«. Das will sagen: Alles, was Gott für uns und zu unserem Heil getan hat, aufgipfelnd in Tod und Auferstehung Jesu Christi, wird in der Feier der Eucharistie unter heiligen Zeichen vergegenwärtigt und der feiernden Gemeinde und dem einzelnen in ihr durch die Wirksamkeit des Hl. Geistes zugeeignet.

Was Katholiken mit der Eucharistie (bzw. der Eucharistiefeier) näherhin verbinden, läßt sich unter vier Gesichtspunkten weiter entfalten: 1. unter dem Aspekt der Gegenwart Jesu Christi und seines Heilswerkes, 2. unter dem des eucharistischen Opfers, 3. dem der Eucharistie als Sakrament der Kirche und 4. im Blick auf die Sakramentsverehrung.

1. Vergegenwärtigung Jesu Christi und seines Heilswerkes. »Leib«, »Blut«, »Bund« bestimmen den Gehalt des Herrenmahles. »Leib« und »Blut« sind aber nicht (wie oft mißverstanden) anatomische Teile, sondern meinen die ganze leibhaftige, lebendige Person Jesu, der sich für uns in den Tod dahingegeben hat. Dieser Tod ist Stiftung des »Neuen Bundes«. Die Abendmahlsgabe ist deshalb: Jesus selbst in seiner Todeshingabe für uns und damit Zueignung der Wirklichkeit des im Tode Jesu begründeten Neuen Bundes. Person und Werk Jesu sind hier nicht zu trennen.

Mit den Worten: »Tut dies zu meinem Gedächtnis« hat Jesus seiner Kirche die Feier des Herrenmahles aufgetragen. »Gedächtnis« meint hier nicht ein bloßes Sich-Erinnern, sondern die reale Vergegenwärtigung des »Erinnerten« (Gedächtnis durch vergegenwärtigendes Tun; Real- oder Tat-Gedächtnis), damit Gott das, was er ein-für allemal in Christus für uns getan hat, an der feiernden Gemeinde und darüber hinaus an der ganzen Kirche und für die ganze Welt wirksam werden lasse. Diese Vergegenwärtigung des ein- für allemal geschehenen, unüberbietbaren Heilswerkes (des Kreuzesopfers) ist deshalb keine Erneuerung, keine bloße Wiederholung!

Die Vergegenwärtigung geschieht unter den »verhüllenden sakramentalen Zeichen« von Brot und Wein. (Sakramente sind wirklichkeitsgefüllte Zeichen). Die Grundgestalt der sakramentalen Vergegenwärtigung Jesu und seines Heilswerkes ist darum das Mahl. Im Essen und Trinken der Mahlgaben gibt der Herr realen Anteil an sich selbst und seiner Erlösungstat in Leben, Kreuz und Auferstehung/ Erhöhung. Zur Vollgestalt des Mahles, zur stiftungsgemäßen Vollkommenheit des sakramentalen Zeichens gehört deshalb die Doppelgestalt von Brot und Wein. Wenn in der katholischen Kirche (ursprünglich aus praktischen Gründen) die Kommunion zumeist nur unter der Gestalt des Brotes gereicht wird, so liegt darin gewiß ein Defizit an sakramentaler Zeichenhaftigkeit, das in weit größerem Maße als bisher behoben werden sollte; andererseits ist aber auch zwischen den Konfessionen nicht strittig, daß selbst unter nur einer Gestalt Christus in seiner ganzen Wirklichkeit empfangen wird.

Die Art und Weise der Vergegenwärtigung geschieht nach katholischem Verständnis durch Wesens- oder Substanzverwandlung von Brot und Wein in Christi Leib und Blut (»Transsubstantiation«). Diese Lehre ist auf dem Konzil von Trient (1551) als Glaubenslehre definiert worden. Was aber »Substanz« im Sinne des Dogmas bedeutet, kann nicht aus einem vorausgesetzten philosophischen Substanzbegriff abgeleitet werden, sondern muß aus den wörtlich verstandenen Herrenworten erklärt werden: daß das, was Jesus unter den wahrnehmbaren Gestalten von Brot und Wein als Speise dar-reicht, in Wahrheit, d.h. seiner tiefsten Wirklichkeit nach, sein Leib und sein Blut ist, also er selbst, der sich für uns in den Tod dahingab und jetzt als der auferweckte Gekreuzigte in der Herrlichkeit des Vaters lebt. Diese Wandlung geschieht durch das schöpferische, wirksame Wort Jesu Christi. Sie hat in unserer Erfahrungswelt keine Entsprechung und kann nur im Glauben »erfaßt« werden. Deshalb spricht das Konzil von einer »einzigartigen und wunderbaren Verwandlung«. Es gehört zum ausdrücklichen Inhalt des Dogmas, daß die ganze Erfahrungswirklichkeit von Brot und Wein unverändert bestehen bleibt. So wird deutlich, daß das Dogma von der Wesensverwandlung keine rationalistische Auflösung des Mysteriums (des göttlichen Geheimnisses) ist, sondern dem Schutz des Glaubens an die wirkliche Gegenwart (die Realpräsenz) Jesu Christi in der Eucharistie dient. Weder eine bestimmte Philosophie noch auch der Begriff der »Transsubstantiation« sind mitdefiniert.

2. Eucharistisches Opfer. Die Eucharistie ist Opfer als die sakramentale Vergegenwärtigung (Re-Präsentation) des einmaligen, unüberbietbaren, vollgültigen Kreuzesopfers Jesu Christi. Als solche Vergegenwärtigung des Kreuzesopfers in seiner ganzen Heilswirklichkeit und Heilswirksamkeit ist sie auch Sühnopfer, nämlich Jesu Christi. Sie ist die Wirklichkeit des Kreuzesopfers in der Gestalt des sakramentalen Tat-Gedächtnisses. Diese uns von Gott (Christus) geschenkte heilschaffende Gegenwart des Kreuzesopfers (und darin eingeschlossen des ganzen göttlichen Heilshandelns) können wir nur danksagend empfangen. Von daher hat die Eucharistie auch ihren Namen: Danksagung. Sie ist deshalb Lob- und Dankopfer.

Aber auch noch in einem anderen Sinne glauben Katholiken vom »eucharistischen Opfer« sprechen zu dürfen: Jesus läßt in der Eucharistie seine Lebenshingabe bis in den Tod, sein Opfer am Kreuz, deshalb gegenwärtig werden, um uns mit einzubeziehen, mit hineinzunehmen in seine Lebensbewegung der totalen Hingabe an den Vater. Indem wir uns darin mit einbeziehen lassen, werden wir selbst mit und in Jesus zu einer Opfergabe an den Vater. In diesem Sinne ist die Eucharistie auch unser Opfer, Opfer der Kirche, indem wir uns durch, mit und in Jesus Christus dem Vater hingeben (opfern). So können wir sagen: Das danksagende Empfangen des Opfers Christi, unser Erfülltwerden mit ihm und unsere Bereitschaft, uns in die Lebenshingabe Jesu einbeziehen zu lassen – das ist die christliche Weise des Opferns (J. Ratzinger).

Die Feier der Eucharistie ist so zugleich und in eins damit in einem auch Verkündigung der Großtaten Gottes in Jesus Christus: »Denn sooft ihr dieses Brot esset und den Kelch trinket, verkündet ihr den Tod des Herrn, bis er wiederkommt« (1. Korinther 11, 26). Die Feier der Eucharistie ist Realvollzug der Verkündigung. Deshalb gehören Wort und Sakrament zusammen.

3. Eucharistie – Sakrament der Kirche. Eucharistie ist Vergegenwärtigung der Bundesstiftung am Kreuz, Zuwendung der Bundeswirklichkeit. Zum Neuen Bund gehört das Volk des Neuen Bundes, das hier in der Eucharistiefeier seinem Ursprung nahe ist und hier den Grund seiner Einheit findet. Die Einheit des Volkes Gottes, der Kirche, ist aber keine statische Größe, sondern sie bedarf der je neuen Realisierung, die gerade in der Eucharistiefeier geschieht. Denn ihr tiefster Sinn ist die Sammlung der Vielen in die Einheit des Volkes Gottes, das im Vollzug der Eucharistiefeier seine konkrete Gestalt gewinnt als der »Leib Christi«, der die Kirche ist: »Das Brot, das wir brechen, ist Gemeinschaft (Teilhabe) am Leibe Christi. So sind wir, die Vielen, ein Leib, denn wir haben teil an dem einen Brot.« (1. Korinther 10, 17) Kirche ist das Volk, die Gemeinschaft derer, die vom Sakrament des Leibes Christi leben und im Essen seines (sakramentalen) Leibes selbst zum (kirchlichen) Leib Christi werden. So ist die Eucharistie das Sakrament der Kirche – und die Realpräsenz Christi im Sakrament nicht Selbstzweck oder letzter Zweck, sondern selbst wieder Mittel zur Auferbauung der Kirche und zur Verwirklichung ihrer Einheit. Man müßte von einer »dynamischen« Realpräsenz sprechen.

Von hier her erwächst ein starker ökumenischer Impuls zu kirchlicher Gemeinschaft an dem einen eucharistischen Tisch. Denn in der Eucharistie, im Abendmahl, kommt die Bundes-, die Kirchenstiftung Jesu, die er eingeschrieben hat in die Gestalt des Mahles, ganz konkret auf uns zu – und damit die Verpflichtung zur Einheit und Gemeinschaft derer, die das Gedächtnis des Todes und der Auferstehung Jesu feiern und von dem einen Brot essen, das sie zum Leibe Christi machen will.

4. Verehrung des Sakraments außerhalb der Eucharistiefeier. Die Gegenwart des Herrn ist nach katholischem Verständnis solange gegeben, als die sakramentalen Gestalten von Brot und Wein vorhanden sind. Daraus hat sich schon früh der Brauch entwickelt, die eucharistischen Gaben zum Zwecke der »Krankenkommunion« aufzubewahren. Das war der ursprüngliche Sinn der Aufbewahrung des Sakraments. Später haben sich aus dem Glauben an die bleibende Gegenwart des Herrn andere eucharistische Andachts- und Verehrungsformen entwickelt, z.B. die eucharistische Anbetung entweder vor dem »Tabernakel« oder angesichts des »ausgesetzten Allerheiligsten« oder auch bei der Fronleichnamsprozession u.ä. Diese typisch katholischen Frömmigkeitsformen sind legitim und solange theologisch unanfechtbar, solange sie den Bezug auf den Mahlcharakter der Eucharistiefeier und auf den stiftungsgemäßen »Gebrauch« des Sakraments zum leibhaften Empfang (»damit es empfangen wird«, sagt das Konzil von Trient) nicht verdunkeln.

5. Zusammenfassung. Unter dem Aspekt »Eucharistie und Kirche« lassen sich unsere Überlegungen zum katholischen Eucharistieverständnis so zusammenfassen: Die Eucharistie ist nicht nur ein Geschehen in der Kirche, sondern das Geschehen (das Ereignis) der Kirche selbst. Denn die Kirche verwirklicht ihr Wesen als »Volk Gottes, das vom Leibe Christi her lebt«, dort am intensivsten, wo der in Jesu Kreuzesopfer gestiftete Neue Bund vergegenwärtigt und zugeeignet wird, wo die Vielen im Hören auf Christi Wort und im

Essen des einen Brotes und im Trinken des einen Kelches zum einen Leib Christi versammelt werden. Die Feier der Eucharistie in der glaubenden Gemeinde ist deshalb das dichteste Ereignis von Kirche, deren tiefstes Wesen darin besteht, mit Christus ein Leib zu sein (»einer in Christus«, Galater 3, 28). Eucharistiefeier ist Kirche im Vollzug.

Hans Jorissen

Gemeinsame römisch-katholische/evangelisch-lutherische Kommission, Das Herrenmahl, Paderborn/Frankfurt 1978; *Lothar Lies*, Eucharistie in ökumenischer Verantwortung, Graz/Wien/Köln 1996.

Die Feier des Abendmahls ist – dogmatisch gesehen – ein unverzichtbarer Grundvollzug evangelischer Kirche. Wenn man dies auf das Leben der einzelnen evangelischen Kirchenmitglieder übertragen will, stößt man schnell auf ein großes Problem. Die Mehrzahl von ihnen bleibt nach der Konfirmation der Mahlfeier fern, nicht wenige ihr ganzes Leben lang. Wie ist es dazu gekommen? Was entgeht ihnen?

Die Reformatoren wollten das Evangelium allen Menschen verständlich machen. Als vorzügliches Mittel galt ihnen dazu die bibelbezogene Predigt. Dadurch veränderte sich der bisher auf die geheimnisvolle Feier des Altarsakraments konzentrierte Gottesdienst grundlegend. Die Predigt trat in den Mittelpunkt. Dazu wollten die Reformatoren einen unwürdigen Genuß des Abendmahls verhindern. Beides führte zu einem von den Reformatoren keineswegs gewollten Zurücktreten des Abendmahls. Der »normale« evangelische Gemeindegottesdienst am Sonntagmorgen wurde ein Predigtgottesdienst. Allerdings hatte die seltene Feier des Abendmahls an besonderen Feiertagen nicht nur negative Konsequenzen. Es entwickelte sich eine ernste Abendmahlsfrömmigkeit. Evangelische bereiteten sich – innerlich und äußerlich – sorgfältig auf ihren Gang an den Altar vor. Doch schwindet solche Praxis. Übrig bleibt das Problem: Viele Evangelische bleiben dem Abendmahl über Jahrzehnte fern.

In dieser Situation ist es für reformatorische Kirchen wichtig, sich der biblischen Begründung zu vergewissern. Grundlegend ist hierfür die Überlieferung vom letzten Abendessen (oder in früherem Deutsch: Abendmahl) Jesu mit seinen Jüngern. Hier wird deutlich: Brot und Wein repräsentieren die Selbsthingabe Jesu; zugleich sind sie – im Vorgriff auf das himmlische Freudenmahl am Ende aller Zeit – Ausdruck des neuen Bundes, den Gott mit den Menschen schließt. Die im einzelnen sehr komplizierten, nur auf dem Hintergrund alttestamentlicher Zeugnisse und antiker Denkvorstellungen verständlichen Bedeutungen des Abendmahls haben eine bis heute bestehende Grundlage: In Brot und Wein gibt Jesus Anteil an sich selbst. Die, die im Gedächtnis an sein Geschick Brot und Wein miteinander teilen, sind die Teilhaber Jesu Christi. Sie stehen in Jesu Nachfolge. Von daher hängt das Abendmahl auch eng mit der Taufe zusammen. Denn die Taufe ist der auf das ganze Leben ausstrahlende Akt, in dem der Mensch – wie Paulus im 6. Kapitel des Römerbriefes anschaulich und zugleich allgemein schreibt – Christus gleichgestaltet wird. Die Forderung Martin Luthers, täglich in die Taufe »zurückzukriechen«, wird also am besten durch den Gang zum Abendmahl verwirklicht. Es ist – bildlich gesprochen – die Vesperpause auf dem Taufweg, eine Stärkung für den nicht immer leichten Weg der Nachfolge.

Diese kurze biblische Rückbesinnung hat für die Feierpraxis des Abendmahls erhebliche Konsequenzen. Grundlegend ist: Die Zusammenführung der Menschen mit Christus kommt zum Ausdruck. Die in den Einsetzungsworten vorgetragene Erinnerung an das letzte Mahl Jesu ist hierzu unverzichtbar. Hilfreich ist bei der Einladung zum Abendmahl eine Tauferinnerung: Im Abendmahl erfahren wir im Essen und Trinken jedes Mal aufs neue, was uns in der Taufe ein für alle Mal geschenkt wurde. Dazu haben sich im Laufe der Liturgiegeschichte manche Formen herausgebildet, um den Zusammenhang mit Christus deutlich hervortreten zu lassen: das Feiern des Abendmahls an einem richtigen Tisch, vielleicht verbunden mit einem Sättigungsmahl (etwa an Gründonnerstag); das Spenden von Dankesgaben, um das Gebot Christi der Nächstenliebe zu erfüllen. Neuere, auf den Kirchentagen erprobte Versuche, die Feierpraxis zu reformieren, betonen die durch das Abendmahl gegebene neue Gemeinschaft. Hieran ist richtig: der im Abendmahl vermittelte Anteil an Jesus Christus verbindet die gemeinsam Essenden und Trinkenden. Allerdings ist dies erst eine abgeleitete Folge. Grundlegend ist die Gemeinschaft mit Jesus Christus.

Ein solches den Zusammenhang mit Jesus Christus betonendes Verständnis des Abendmahls hat Konsequenzen für die ökume-

nische Frage nach dem gemeinsamen Abendmahl. Nach evangelischem Verständnis sind gegenüber dem Anliegen, Menschen in
Kontakt zu Jesus Christus und seinem Evangelium zu führen, alle
anderen Fragen zweitrangig. So stellten 1973 die meisten evangelischen Kirchen Europas ihre Lehrunterschiede zurück und öffneten sich in der Leuenberger Konkordie der Abendmahlsgemein-
schaft. Ein entsprechender Schritt erscheint heute ebenfalls für
andere christlichen Kirchen möglich. Deshalb laden Evangelische
auch Christen anderer Konfessionen zum Abendmahl ein. Andere
Kirchen, die sich umgekehrt zu solch einer Einladung nicht ent-
schließen können bzw. ihren Mitgliedern verbieten, der evangelischen Einladung zu folgen, sind kritisch zu fragen: Verdrängen
hier nicht menschliche Vorschriften und Differenzen, also Zweit-
rangiges, das von Christus gemachte Angebot?

Daß diese Anfrage keinesfalls Ausdruck einer Beliebigkeit ist,
zeigt der Zusammenhang des Abendmahls mit der Taufe. Hier
haben sich manche evangelischen Gemeinden und Pfarrer(innen)
selbstkritisch zu fragen, ob sie nicht zu nachlässig waren. Einladun-
gen zum Abendmahl auch für Ungetaufte sind nicht nur ökumenisch problematisch; hier droht die Gemeinschaft zwischen den
Menschen, also die Folge, an die Stelle der durch Christus eröff-
neten Gemeinschaft, also die Grundlage, zu treten. Hier wird Rast
gemacht, ohne auf dem (Tauf-) Weg zu sein; es wird eine »Teilhaber-
schaft« gefeiert, ohne in die »Firma« je eingetreten zu sein. Das
heißt aber auch: Das in vielen evangelischen Gemeinden immer
noch übliche Festhalten an der Konfirmation als Voraussetzung für
den Empfang des Abendmahls bedarf der Reform. Denn auch
Kinder brauchen auf ihrem Taufweg eine Stärkung.

Christian Grethlein

Michael Meyer-Blanck, Inszenierung des Evangeliums, Göttingen
1997, 95-116.

5.

Predigt und Liturgie

Adolph Friedrich Erdmann von Menzel (1815-1905): *Kanzelpredigt in der Pfarrkirche zu Innsbruck*, 1881; Gouache auf Papier, 42 x 27 cm; Slg. Hugo Fischer, Bühl.

Adolph von Menzel gilt als einer der wichtigsten Vertreter der deutschen Malerei des Realismus. Sein erklärtes Ziel war es, ein wahrheitsgetreues Abbild der Wirklichkeit zu schaffen. Daß dies nicht einhergehen muß mit einer altmeisterlichen Malweise, das zeigen Menzels Bilder sehr eindrucksvoll. In einer freien, häufig malerisch aufgelösten Gestaltungsweise gelingt es dem Künstler, Situationen und Stimmungen ganz unterschiedlicher Art wiederzugeben. Indem Menzel sowohl das Hofleben als auch Fabrikszenen und Interieurbilder arbeitete, stellt sein Gesamtwerk das breite Spektrum alltäglichen Lebens seiner Zeit vor.

Die Darstellung der Predigt in der Pfarrkirche von Innsbruck vermittelt anschaulich die Atmosphäre während des Gottesdienstes. Durch den niedrigen Betrachterstandpunkt, die Rückenfiguren auf der rechten Bildseite und die zwischen den Figurengruppen sich öffnende Gasse wird der Betrachter in den Kirchenraum hineingeführt und sozusagen selbst zum Gottesdienstteilnehmer. Die sitzenden und stehenden Menschen scheinen nicht besonders in die Predigt vertieft, vielmehr wirkt der hoch oben auf der Kanzel gestikulierende Pastor seltsam seiner Gemeinde entrückt, eher Teil der prachtvollen Ausstattung der Kirche denn der Gläubigen. Zugleich aber verschmelzen Raum und Personen durch ähnliche Tonwerte und gleichmäßig verteilte Lichtreflexe zu einer optischen Einheit.

In lange rot-weiße Kleider eingehüllte Jungen und Mädchen, mitten in dieser Schar schreitet ein Mann mit weitem farbigem Gewand, ein anderer mit weißem Kleid und Schal (diagonal über Schulter und Hüfte) daneben, drei der Jungen halten silbernes Geschirr in Händen, gehen damit um den Tisch in der Mitte des Raumes und erfüllen den Raum mit Schwaden duftenden Räucherwerks: Szenario eines katholischen Gottesdienstes, was sonst. Nicht jeden Sonntag und nicht mehr überall kann man diesem Bild begegnen, und doch verkörpert es ein vergangenes und immer noch aktuelles Ideal.

Die feierliche Form der Heiligen Messe am Sonntag (das früher so genannte »Amt«) – oder an hohen Festtagen (das »Hochamt«) – bildet ein ausgesprochen sinnenfälliges Ereignis würdevoller Handlungen, Farben, Zeichen und Düfte, ein heiliges Schauspiel, mit allem, was dazugehört: Vortragekreuz, Fahnen und Leuchter, Ministranten, Priester im Meßgewand, Diakon mit Albe und Stola, Weihrauch, Blumen, Kerzen, Glocken, Schellen, Orgelklänge. Daneben gab und gibt es allerdings auch die häufig sehr viel schlichtere Form der »Werktagsmesse«.

»Liturgie« ist im Verständnis vieler Katholiken und Katholikinnen die Feier der Heiligen Messe. Früher wurde »die Messe« hauptsächlich mit dem unmittelbaren Geschehen am Altar (»Hochgebet« und »Wandlung«) identifiziert, bei dem allein der Priester handelt. Doch seit der Liturgiereform des 2. Vatikanischen Konzils hat sich weitgehend ein neues Verständnis durchgesetzt. Die Heilige Messe ist eine Feier der ganzen Gemeinde. Als »Volk Gottes unterwegs« sind die Gläubigen zu tätiger Teilnahme berechtigt und verpflichtet. Die dergestalt erneuerte Messe hat zwei gleichberechtigte Hauptteile, den »Wortgottesdienst« mit Schriftlesungen und Predigt und die »Eucharistiefeier« im engeren Sinn mit dem eucharistischen Mahl.

Die landläufige Identifikation von Liturgie und Messe wird seitens der Kirche insofern verstärkt, als die Eucharistiefeier »Quelle und Höhepunkt« (2. Vatikanisches Konzil) liturgischen Feierns darstellt. Dies führt zu zwei aktuellen Problemen:

– Die traditionelle Vielfalt katholischer Gottesdienste (Andachten, Prozessionen etc.) droht verloren zu gehen und neue Feierformen haben es aufgrund des gegenwärtigen Monopols der Messe schwer, sich zu etablieren.
– Die Katholiken, die – soweit sie zu den Kirchgängerinnen und Kirchgängern gehören – seit langem an das tägliche Angebot und das sonntägliche Mehrfachangebot der Heiligen Messe (einschließlich der sogenannten »Vorabendmesse« am Samstag) gewöhnt sind, werden derzeit von der Amtskirche in dieser Hinsicht geradezu wieder entwöhnt, denn Priester als einzige legitime Vorsteher dieser Feier werden zahlenmäßig knapp; an die Stelle der sonntäglichen und werktäglichen Eucharistie tritt daher zunehmend und vor allem in ländlichen Gebieten der »Wortgottesdienst am Sonntag« oder auch am Werktag (eine Zeitlang »priesterloser Gottesdienst« genannt). Während diese Liturgieform ohne Kommunionfeier dem evangelischen Predigtgottesdienst ähnelt und insofern als ökumenischer Fortschritt gewertet werden könnte, stellt der »Wortgottesdienst mit Kommunionfeier« (also mit bloßer Austeilung des Brotes aus einer früheren Eucharistiefeier) – die weit üblichere Form – ein ökumenisches Problem und in gewisser Weise sogar einen ökumenischen Rückschritt dar. In der katholischen Kirche weiß man selbst nicht, wohin diese Entwicklung eines Ersatzgottesdienstes führen wird.

Typisch katholisch sind aber nicht nur die symbolträchtige Feiergestalt und die tendenzielle Monopolstellung der Eucharistiefeier, sondern auch bestimmte Aspekte des inhaltlichen Verständnisses der Eucharistie: Die katholisch-theologischen Besonderheiten werden mit den klassischen Begriffen »Wesensverwandlung« (Transsubstantiation) und »Meßopfer« benannt. Der in der katholischen

Kirche mit dem ersten Begriff bezeichnete Glaube an die wirkliche und bleibende Gegenwart Jesu Christi in den »heiligen Gestalten« hat zur Folge, daß das eucharistische Brot (die »Hostie«) – anders als in den evangelischen Kirchen – nach der Eucharistiefeier im »Tabernakel« (was soviel wie heiliges Zelt oder Sakramentshaus bedeutet) aufbewahrt und verehrt wird. Der oft mißverstandene Begriff des »Meßopfers« meint nicht zuletzt die erinnernde Vergegenwärtigung der Selbsthingabe Jesu Christi am Kreuz und die Hineinnahme der feiernden Gemeinde in diese Selbsthingabe.

Das 2. Vatikanische Konzil hat freilich die Gegenwart Jesu Christi in der Liturgie nicht auf die Eucharistiefeier eingegrenzt, sondern spricht ausdrücklich auch von der Gegenwart des Herrn in der gottesdienstlichen Wortverkündigung und im Gebet und Gesang der Gemeinde. Die Predigt ist daher fester Bestandteil der Messe sowie der Wortgottesdienste am Sonntag, teilweise auch der Feier der anderen Sakramente. Seit dem Konzil wird sie – entweder in der Form der »Homilie« (Schriftpredigt) oder der »Mystagogie« (thematische Predigt) – als integrierender Teil der Liturgie betrachtet und ist in der Regel bei vielen Feiern vorgeschrieben. Sichtbarster Unterschied zur evangelischen Predigt ist die Dauer: Sonntags höchstens 10-12 Minuten, bei Taufe oder Beerdigung eher noch kürzer.

Im Vordergrund der Predigten im katholischen Raum steht heute, ähnlich wie bei den Protestanten, die Bemühung um kraftvolle Kommunikation des Glaubens. Predigt will eine dialogische Vermittlung zwischen dem Wort Gottes bzw. dem Evangelium Jesu Christi und der Situation der Hörer erreichen. Durch die Art der Verkündigung soll versucht werden, die Texte der Heiligen Schrift und ihre Wirkungsgeschichte in der kirchlichen Tradition mit den Fragen und Problemen der Menschen von heute zu konfrontieren; die aktuelle Relevanz der »biblischen Botschaft« wird dabei oftmals anhand von Bildern und anschaulichen Beispielen aufgezeigt. Eine Predigt erscheint um so kommunikativer, je mehr es ihr gelingt, die konkrete Lebenssituation der Menschen in der Gemeinde einzubeziehen und mit Hilfe des Evangeliums zu beschreiben, zu deuten und zu klären. Dabei kommt es auch darauf an, daß der Prediger selbst sich als Zeuge ins Spiel bringt und einerseits als Fragender und Suchender auftritt, andererseits von seinem persönlichen Glauben und Glaubensweg »überzeugend« Zeugnis gibt. All dies gilt auch für die vielfältigen Anlässe zu »Kasualpredigten«, aber auch für Predigten in Rundfunk und Fernsehen. Leider sind die traditionellen »Fastenpredigten«, aber auch die Heiligen-Predigten an den Festen großer Heiligengestalten (z.B. an »Peter und Paul« oder an bestimmten Marienfesten) teilweise in Vergessenheit geraten und verdienten im Interesse der Orientierung an den Vorbildern des Glaubens eine Wiederentdeckung.

Einige für die Zukunft der Predigt wichtige Fragen aus katholischer Sicht sind: Wie sehr gelingt es der *Glaubens*predigt, Welt zu eröffnen und zu erschließen, ihre Hörer/-innen bei der Hand zu nehmen und – wenn auch immer unter dem kritischen Anspruch des Evangeliums – in die (immer unbekannter werdende) *religiöse* Welt zu führen? Wie kann Predigt, statt einfach fertige Antworten zu geben, »verführen« zum Eintritt in das tiefe Geheimnis des Lebens und der Welt als einer Wirklichkeit mit verborgenen »Schätzen«? Eine in diesem Sinn »welteröffnende« Predigt führt in den Zauber biblischer und religiöser Sprache und löst deren Poesie nicht auf. Sie weckt die Sehnsucht nach dem Göttlichen und gibt ihr Nahrung. Sie sensibilisiert das Gespür für das Wunder des Daseins und regt zum Staunen an.

Christiane Bundschuh-Schramm

Harald Schützeichel, Die Feier des Gottesdienstes. Eine Einführung, Düsseldorf 1996; *Klaus Müller*, Homiletik. Ein Handbuch für kritische Zeiten, Regensburg 1994.

Wir haben keine Liturgie.« So beschreiben manche Gemeinden am Niederrhein ihre Gottesdienstpraxis. Sie wollen damit ausdrücken, daß in ihren Gottesdiensten die Predigt im Mittelpunkt steht, liturgische nicht-liedhafte Gesänge wie Kyrie und Gloria fehlen und ein möglichst knapper Rahmen das Eigentliche, die Predigt, umgibt.

Ein Blick in das Neue Testament lehrt, daß alle Begriffe, die wir heute dem Gottesdienst als liturgischer Feier zuordnen, also auch der Begriff Liturgie, viel weiter zu fassen sind: Liturgie ist Gottesdienst im Alltag der Welt, Bewährung des Glaubens in den alltäglichen Beziehungen. Später versteht man unter Liturgie die Feier des öffentlichen Gottesdienstes *einschließlich* der Predigt.

Wo Gemeinde im Namen Gottes, des Vaters und des Sohnes und des Heiligen Geistes zusammenkommt, feiert sie ihre Liturgie. In diesem Sinn werden Liturgie und Gottesdienst zu austauschbaren Begriffen, wobei Liturgie den rituellen Vollzug betont. Die versammelte Gemeinde vergegenwärtigt in Liedern, Gebeten, Predigt und Sakramenten die Gottesgeschichte von Anfang an: Schöpfung, Noahbund, Abrahamsegen, den Weg Israels, die Geschichte Jesu Christi, die Ökumene der christlichen Generationen.

Die versammelte Gemeinde feiert ihre Zukunftshoffnung: In der Taufe werden Menschen unlöslich über den Tod hinaus mit Christus verbunden; im Abendmahl feiert die Gemeinde schon heute das Fest des kommenden Reiches Gottes. In Gottesdiensten an den Übergängen des Lebens wird den Menschen der bewahrende, stärkende und ermutigende Segen Gottes zugesprochen. Darum heißt es in Gottesdienstbüchern und Kirchenordnungen: Liturgie/Gottesdienst ist Mitte der Gemeinde, weil in ihm die Begegnung mit Gott geschieht und Kraftquellen für das christliche Leben im Alltag sich erschließen.

Die Predigt hat in den Kirchen der Reformation eine besondere Hochschätzung erfahren. Sie ist eine Rede, die die biblische Überlieferung für die Hörer/-innen erklärend entfaltet und aktualisiert, um den Glauben zu stärken und Orientierung in den komplexen Lebenszusammenhängen zu fördern. Ihre besondere Würde liegt darin, daß das Wort der Predigt im Auftrage Christi und an seiner Stelle die Botschaft von der freien Gnade Gottes ausrichtet an alles Volk (Theologische Erklärung von Barmen, 1934). Ihre konkrete Gestaltung kann sehr unterschiedlich sein: als monologische Rede (die in der Vorbereitung von Dialogen lebt), als Dialogpredigt, als Zusammenfassung eines Predigtvorgesprächs, als Gespräch im Vollzug. Meist liegt der Predigt ein biblischer Text zugrunde; es können aber auch Texte aus der christlichen Tradition wie Lieder ausgelegt, biblisch-theologische Themen vertieft oder Bilder meditiert werden. Aber grundsätzlich gilt: Predigt ist Teil der Liturgie.

Gemeindeglieder nehmen in unterschiedlicher Weise am Gottesdienst teil. Eine kleine Minderheit feiert regelmäßig den Sonntagsgottesdienst, das wöchentliche Osterfest. Andere orientieren ihre Teilnahme am Monatszyklus (z.B. Familiengottesdienst am letzten Sonntag im Monat), wieder andere am Lebenszyklus (z.B. Gottesdienst zum Schulanfang, Trauung, Beerdigung). Wenn der Gottesdienst Mitte der Gemeinde und Kraftquelle des christlichen Lebens ist, dann bezieht sich diese Aussage auf die Gesamtheit aller Gottesdienste und nicht nur auf den Sonntagsgottesdienst. Die früher häufig gebrauchte Bezeichnung »Hauptgottesdienst« ist falsch. In der gottesdienstlichen Begegnung mit Gott gibt es keine Haupt- oder Nebenereignisse; darum sind alle Gottesdienste gleichwertig. Die vielgestaltige liturgische Landschaft ist ein Schatz, den es wahrzunehmen und zu pflegen gilt.

In den vergangenen Jahren haben sich sieben Leitlinien zum Verstehen und Gestalten des Gottesdienstes herausgebildet (vgl. *Evangelisches Gottesdienstbuch*):

1. Der Gottesdienst wird unter der Verantwortung und Beteiligung der ganzen Gemeinde gefeiert. Dabei können Einzelne mit besonderen Diensten beauftragt werden: Küster/-innen,

Kirchenmusiker/-innen, Lektoren/-innen, Pfarrer/-innen. Die Pfarrerzentriertheit evangelischer Gottesdienste ist ein zu überwindender Mißstand.

2. Der Gottesdienst folgt einer erkennbaren, stabilen Grundstruktur, die vielfältige Gestaltungsmöglichkeiten offen hält. Der Gottesdienst in seinen unterschiedlichsten Gestaltungen folgt einem gleichbleibenden Raster. Die Gemeinde sammelt sich in einem Vorbereitungs- und Gebetsteil, feiert die Anwesenheit Gottes im Reden und Hören der biblischen Botschaft und – gelegentlich – im Abendmahl und kehrt mit dem Segen zurück in den Alltag. In diesem Rahmen kann sich eine lebendige Gottesdienstgestaltung der jeweiligen Situation (Kirchenjahr, Erwachsenen- oder Kindergemeinde, Bezug zur Biographie und Lebenssituation) entsprechend vollziehen.

3. Bewährte Texte aus der Tradition und neue Texte der Gegenwart erhalten den gleichen Stellenwert. Geprägte Texte aus der Tradition vermitteln geistliche Erfahrungen und Weisheit, für die heute noch keine eigene Sprache gefunden ist. Heutige Sprachgestaltung, Bilder und Texte erschließen die heutige Lebenswelt in ihren unterschiedlichen Situationen.

4. Der evangelische Gottesdienst steht in einem lebendigen Zusammenhang mit den Gottesdiensten der anderen Kirchen in der Ökumene. Evangelischer Gottesdienst ist immer auf die ganze Kirche Jesu Christi bezogen; er ist prinzipiell ökumenischer Gottesdienst. Darum sind getaufte Mitchristen aller Konfessionen eingeladen, Liturgie in Wort und Sakrament mitzufeiern.

5. Die Sprache darf niemanden ausgrenzen; vielmehr soll in ihr die Gemeinschaft von Männern, Frauen, Jugendlichen und Kindern sowie von unterschiedlichen Gruppierungen in der Kirche ihren angemessenen Ausdruck finden.

6. Liturgisches Handeln und Verhalten bezieht den ganzen Menschen ein; es äußert sich auch leibhaft und sinnlich. Die Hochschätzung der Predigt in der evangelischen Tradition darf nicht

dazu führen, daß die Kommunikation mit anderen Sinnen als dem Ohr vernachlässigt wird. Die Einladung zum Abendmahl erinnert: »*Schmecket* und *sehet*, wie freundlich der Herr ist.«

7. Die Christenheit ist bleibend mit Israel als dem erstberufenen Gottesvolk verbunden. Der Gottesdienst ist ein wichtiger Ort, an dem der Berufung Israels gedacht und die bleibende Verbundenheit mit Israel zur Sprache gebracht werden soll. Im Psalm stimmt die christliche Gemeinde in das Lob und in die Klage Israels ein; im Hören auf das Wort der Bibel vergegenwärtigt sie Texte des Alten Testaments (der hebräischen Bibel).

Wahlspruch aller, die für den Gottesdienst Verantwortung tragen, ist der ermutigende Satz des Benedikt von Nursia: »Dem Gottesdienst ist nichts vorzuziehen«.

Klaus Danzeglocke

Evangelisches Gottesdienstbuch. Agende für die Evangelische Kirche der Union und für die Vereinigte Evangelisch-Lutherische Kirche Deutschlands, Berlin 2000; *Christian Albrecht/Martin Weeber* (Hg.), Klassiker der protestantischen Predigtlehre, Tübingen 2002.

6.
Katholikentag und Kirchentag

Wassily Kandinsky (1866-1944): *Die Ludwigskirche in München* (Ausschnitt), 1908; Öl auf Karton, 67,3 x 96 cm; Sammlung Carmen Thyssen-Bornemisza als Leihgabe im Museo Thyssen-Bornemisza, Madrid. © VG Bild-Kunst, Bonn 2002.

Kandinskys Bilder zu Beginn des 20. Jahrhunderts zeigen den Einfluß der neo-impressionistischen Tradition wie auch der Fauves. Die fleckhaft aufgetragene Farbe, ihre Lösung vom Gegenständlichen und die koloristische Gesamtauffassung verdeutlichen, daß Kandinskys Hauptinteresse der Farbe als gestalterischem Mittel gilt, die ihm wichtiger ist als die naturgetreue Wiedergabe des Geschehens.

So ist zwar auf seinem 1908 entstandenen Bild der Münchener Ludwigskirche deren unterer Teil der Straßenfassade mit einer großen Menschenmenge davor auszumachen, doch bleibt das Motiv gegenüber der Wirkung der Farbe auf den Betrachter nebensächlich.

Mittels der sich zum Teil zu Flächen zusammenschließenden Farbtupfen und der leuchtend intensiven reinen Farben entsteht ein kontrastreiches, bunt wirkendes Bild. Der unter dem mittleren Bogen dargestellte Schrein mit den Fahnen darüber wird zum gestalterischen Bildzentrum durch das strahlende Gelb, dessen Leuchtkraft durch die bunten Farbtupfen darum herum noch gesteigert wird.

Das Bild vermittelt so durch die Farbgestaltung Fröhlichkeit und Lebendigkeit der Glaubensgemeinschaft, die sich vor dem Kirchengebäude versammelt – ein Eindruck, der auch die Kirchentage prägt.

Der »Deutsche Katholikentag« ist ein in der katholischen Weltkirche einzigartiges Phänomen: Er ist ein spezifischer Ausdruck des in Deutschland existierenden vielfältigen Laienapostolats und kirchlichen Laienengagements.

1. Anfänge im 19. Jahrhundert. Die als antimodernistisch geltenden Katholiken bedienten sich modernster Mittel, um ihre Anliegen in der sich entwickelnden Demokratie organisiert zu vertreten.« Diese Aussage des Historikers Heinz Hürten charakterisiert die Anfänge der Deutschen Katholikentage von 1848 bis zum Ende des 19. Jahrhunderts. Die Katholiken bildeten Vereine und Assoziationen. Sie ergriffen 1848 entschlossen die Chance, die Freiheit ihrer Kirche und die gesellschaftliche Gleichberechtigung für die Katholiken zu erringen. Sie waren in der Debatte um eine freiheitliche Reichverfassung präsent und ebneten den Weg der katholischen Kirche zu einer grundsätzlichen Zustimmung zur Demokratie. Es entstanden kraftvolle Organisationen, die sich der sozialen Frage im Zuge der Industrialisierung stellten. Dabei spielten die »Deutschen Katholikentage« eine wichtige Rolle. Der Name dieser Veranstaltungen hat sich im Laufe der Zeit verändert: Die 1848 erstmals zusammengetretene »Generalversammlung des *Katholischen Vereins Deutschlands*« wurde 1858 zu einem Dachverband »*der katholischen Vereine Deutschlands*« umgewandelt, aus dem später die »Generalversammlung *der deutschen Katholiken*« hervorging. Erst 1948 hat sich die Bezeichnung »Deutscher Katholikentag« offiziell durchgesetzt.

2. Wiederbeginn nach dem Zweiten Weltkrieg. Nach einer Unterbrechung während der nationalsozialistischen Herrschaft (1932 in Essen war der letzte Katholikentag vor 1945 und 1948 in Mainz der erste Katholikentag nach 1945) wurden die Katholikentage nach dem Zweiten Weltkrieg vor allem Orte der Begegnung und des Zusammenhalts zwischen Katholiken aus West- und Ostdeutschland. In den 60er bis zum Beginn der 70er Jahre dienten die Katholikentage insbesondere der Annahme und der Übertragung der Ergebnisse des Zweiten Vatikanischen Konzils auf die westdeutsche Ortskirche und hatten entscheidenden Einfluß auf das Bewußtsein und die Organisation der katholischen Laienarbeit. Freiburg 1978 brachte dann bzgl. Zahlen und Altersstruktur der Teilnehmenden eine völlig überraschende Wende: Zehntausende nahmen von jetzt an wieder teil, über die Hälfte davon waren unter 30 Jahre alt. Die innerkirchliche Pluralisierung zu gesellschaftspolitischen Positionen spiegelte sich in der Vielfalt der Veranstaltungsformen und Mitwirkenden. Sie ging einher mit der Nachfrage der Teilnehmenden nach Oasen der Spiritualität. Die 90er Jahre standen sehr stark unter dem Einfluß der politischen Einigung Deutschlands und Europas. Die mit dem Karlsruher Katholikentag 1992 untrennbar verbundene Gründung der Aktion RENOVABIS wurde zum beredten Beleg der Solidarität mit den Menschen in Ost-, Südost- und Mitteleuropa.

3. Katholikentag als Ereignis. Katholikentage sind Orte der Begegnung, der Gemeinschaft, des Gebetes, der Feier von Gottesdiensten. Sie bringen in hohem Maße die Kirche, ihr Leben und ihre Gemeinschaft in ein breites öffentliches Bewußtsein. »Auf den Katholikentagen lernen die deutschen Katholiken sich kennen«, diese Aussage des langjährigen Präsidenten des Zentralkomitees der deutschen Katholiken, Hans Maier, weist auf eine wichtige Dimension heutiger Katholikentage hin: Katholikentage werden für die Teilnehmenden zum Ort der erlebten und erlebbaren Kirche. Besonders junge Christen, in ihren Ortsgemeinden nicht selten nur noch wenige, erleben die Gemeinschaft und ihre ansteckende Kraft gerade bei Katholikentagen. Das erklärt einen Großteil der Anziehungskraft der Katholikentage auf die Jugend. Über die innerkirchliche Begegnung hinaus sind Katholikentage längst zu Orten des ökumenischen und interreligiösen Dialogs sowie des Gesprächs mit Glaubenfernen geworden. Durch diesen Dialog werden Katholikentage zu Seismographen für Entwicklungen in Kirche und Welt.

4. Trägerstruktur. Träger der Katholikentage ist das »Zentralkomitee der deutschen Katholiken«. Vorbereitung und Durchführung der Katholikentage gehört zu den statutenmäßigen Aufgaben des ZdK als dem repräsentativsten Gremium zur Koordination des organisierten Laienengagements in der katholischen Kirche Deutschlands.

Um jedem Katholikentag nach Möglichkeit sein unverwechselbares Gesicht zu geben, werden die Katholikentage jeweils zusammen mit einem gastgebenden Bistum veranstaltet Dies kann nur gelingen, wenn die Ideen und Anregungen aus dem Bistum aufgenommen und der Katholikentag im Bistum verankert wird. Zur konkreten Vorbereitung und Durchführung eines Katholikentags wird jeweils ein als Organisationsträger fungierender eingetragener Verein gegründet.

Außer den Evangelischen Kirchentagen gibt es keine regelmäßig stattfindende kirchliche Veranstaltung in Deutschland, die über mehrere Tage hinweg einen so hohen Aufmerksamkeitsgrad in der Öffentlichkeit erreicht wie die Deutschen Katholikentage. Katholikentage tragen mit dazu bei, Kirche in der Öffentlichkeit und bei den Verantwortlichen in Staat und Gesellschaft präsent zu machen.

5. Typisch katholisch. Das Christentum ist eine Religion, für die Geschichte konstitutiv ist, die die Freiheit des Menschen anspricht, die Nachfolge provoziert und die sich allein darin in voller Wahrheit erschließt. Situiert in einer freiheitlichen Demokratie, eröffnet sich den Christen und den Kirchen in Deutschland die Möglichkeit, sich zu organisieren und ihren Gestaltungswillen in der Gesellschaft öffentlich zu vertreten.

Typisch an Deutschen Katholikentagen ist, daß sie vom Zentralkomitee der deutschen Katholiken als einem genuinen Laiengremium getragen werden. Das ZdK setzt sich aus Menschen zusammen, die sich zu ihrem Christsein bekennen und die ihrerseits in sehr unterschiedlichen Lebens- und Tätigkeitsfeldern stehen. Das ZdK versteht sich als politisches Forum des Dialogs und der Erarbeitung politischer Positionen zu den grundsätzlichen Sachfragen unserer Zeit. Katholikentage sind Kristallisationspunkte der Arbeit des ZdK. Als Umschlagplatz von Ideen und Katalysator von Aktionen entfalten Katholikentage Wirksamkeit im kirchlichen und politischen Kontext. Und sie stärken die Position der Laien innerhalb der Kirche.

Der kommende »Ökumenische Kirchentag 2003« in Berlin, ein Novum in der Geschichte sowohl der Katholikentage als auch des Evangelischen Kirchentags, bietet gerade auf Grund des unterschiedlichen Selbstverständnisses der beiden Träger eine spannende Herausforderung. Schon jetzt läßt sich sagen: Diese Herausforderung lohnt die Mühe, weil die Chance, auf diesem Weg ein gemeinsames Sprechen der Christen unter Wahrung der konfessionellen Eigenständigkeit öffentlich zu ermöglichen, entschlossen genutzt werden muß. Weniger die konkreten, vielleicht mehr oder weniger sensationell anmutenden Ergebnisse sind das Ziel, vielmehr ist das Ereignis eines gemeinsamen Ökumenischen Kirchentages im Land der Reformation schon Ergebnis und Erlebnis genug.

Rolf Schumacher

Thomas Großmann, Zwischen Kirche und Gesellschaft, Mainz 1991; *Ulrich von Hehl/Friedrich Kronenberg*, Zeitzeichen. 150 Jahre Katholikentage 1848-1998, Paderborn 1999.

1. Kleiner Abriß seiner Geschichte. Bisher hat es drei Institutionen mit dem Namen »Deutscher Evangelischer Kirchentag« gegeben. Der Kirchentag von 1848-1872 entstand als Reaktion auf die Revolution von 1848. Johann Hinrich Wichern (1808-1881) hielt dort 1848 seine berühmte Rede zur Gründung der Inneren Mission. Der Kirchentag von 1919 bzw. 1922-1930 war eine kirchenamtliche Zusammenkunft nach der Trennung von Kirche und Staat 1918 und diente der offiziellen Repräsentation des »Deutschen Evangelischen Kirchenbundes«. Er wurde von zunehmendem Nationalismus geprägt. Am bekanntesten ist aber der Kirchentag nach 1945.

2. Der Kirchentag nach dem 2. Weltkrieg. Der Kirchentag der Gegenwart wurde am 31.7.1949 in Hannover vom späteren Bundespräsidenten Gustav Heinemann (1899-1976) als »Einrichtung in Permanenz« proklamiert. Sein Gründer und erster Präsident war der aus Pommern stammende Gutsbesitzer und Jurist Reinold von Thadden-Trieglaff (1891-1976), der auch in der Ökumenischen Bewegung sehr aktiv war. Er verband mit dem Kirchentag, dem er in Fulda sein ständiges Büro gab, folgende Ziele: Der Kirchentag will die Laien als Schnittstelle zwischen Kirche und Welt und damit als Träger von Mission stärken und zurüsten. Er stellt ein Begegnungsforum für den gesamten deutschen Protestantismus dar und will die weltweite Ökumene erfahrbar machen. Er will das Erbe der »Bekennenden Kirche« für die nachkriegsdeutsche demokratisch-pluralistische Gesellschaft weiterführen. Er versteht sich schließlich als ein Instrument von Kirchenreform.

Von 1949-1961 wird der Kirchentag von der deutsch-deutschen Frage geprägt und stellt sich der Welt, der er Hoffnung und Antwort zu geben versucht, mehr oder weniger geschlossen gegenüber. Seine Berliner Losung: »Wir sind doch Brüder« (1951) drückt das Zusammengehörigkeitsgefühl jener Zeit aus, deren Höhepunkt 1954 die Schlußversammlung in Leipzig mit 650.000 Teilnehmenden war. Nach dem Mauerbau 1961 verliert er seine gesamtdeutsche Klammerfunktion. Unübersehbar mit der Dortmunder Losung »Mit Konflikten leben« (1963) steht nun die pluralistische Gesellschaft der BRD mit ihren Schwierigkeiten im Mittelpunkt. Die Kirchenreform kommt auf die Tagesordnung. Der Veranstaltungsstil des Kirchentages wandelt sich: Weniger Vorträge – mehr Diskussion. So wird er zu einem Forum des Protestantismus, der nicht mehr der Welt gegenübersteht, sondern an ihren Problemen teilhat. Seit 1973, seinem zahlenmäßigen Tiefpunkt, wo es in Düsseldorf nur noch 7.500 Dauerteilnehmende gab, hat sich der Kirchentag stark gewandelt, insbesondere durch seine neu eingerichteten Partizipationsmöglichkeiten mit dem »Markt der Möglichkeiten« und anderen kommunikativen Veranstaltungen, in denen Teilnehmende ihr Leben und ihren Glauben darstellen und mitteilen können. Seit Hamburg 1981 wird der Kirchentag zu einem wichtigen Multiplikationsfaktor für die Friedensbewegung in der BRD sowie für den ökumenischen konziliaren Prozeß.

In der DDR entwickeln sich nach 1961 regionale Kirchentage auf verschiedenen Ebenen, die stärker Kongreßcharakter haben. Höhepunkt waren hier die 7 Kirchentage zum 500. Geburtstag Martin Luthers 1983.

Die gesamtdeutsche Funktion des Kirchentags spielt nach der Wiedervereinigung 1990 wieder eine Rolle, auch wenn sie nicht so spektakulär wahrgenommen wird wie in den 50er Jahren. Die Kirchentage in den 90er Jahren sind geprägt durch unüberschaubare Pluralität, die sich vielfach dem Vorwurf der Beliebigkeit ausgesetzt sieht. Dieser Vorwurf ist jedoch nur aus einer Position heraus erhebbar, die versucht, den Überblick zu behalten, und sich dementsprechend nicht auf den Fluß des Geschehens vor Ort einlassen kann. Die kulturelle Dimension tritt in den 90er Jahren immer deutlicher in Erscheinung.

3. Der Kirchentag als Erlebnis. Seit den 80er Jahren liegt seine Teilnehmendenzahl bei ca. 100.000, so daß er für viele Teilnehmenden zur erlebten und erlebbaren Kirche wird. Wer sich zuhause als Kirche in einer Minderheitensituation erfährt, erlebt auf dem Kirchentag, daß er bzw. sie in der Mehrheit ist. Es ist insbesondere dem Ökumenischen Kirchentag 2003 zu wünschen, daß das Erlebnis für die notwendigen theologischen und organisatorischen Reibereien im Vorfeld entschädigt. Denn nur durch Erlebnisse kann Ökumene verantwortbare Gestalt gewinnen.

4. Strukturen. Als eingetragener Verein ist der Kirchentag unabhängig von der Kirche. Seit 1959 findet er in der BRD alle 2 Jahre 5 Tage im Juni in wechselnden Messestädten statt. Seine drei Standbeine: die biblisch-theologische Arbeit, die gesellschaftlich-politische Verantwortung und das gottesdienstlich-seelsorgerliche Erleben spiegeln sich in der Grobstruktur der Veranstaltungstage wider. Während die Bibelarbeiten bis heute konkurrenzlos die Tage eröffnen, werden die gesellschaftlichen Probleme durch Vorträge und Diskussionsveranstaltungen bis in den frühen Abend hinein erörtert. Die Abende sind kulturellen und liturgischen Veranstaltungen vorbehalten.

Von Beginn an wurde der Kirchentag als »Laienbewegung« beschrieben, der von der klerikal-parochialen Gestalt von Kirche unterschieden ist und auf Freiwilligkeit basiert. Seine Einladung ergeht an »Unbekannt«, wie sein Gründer immer wieder betonte. Von Anfang an war er als Massenversammlung ebenso geplant wie umstritten. Aber nur als Massenereignis stellt er ein Medienereignis dar und bildet so eine wesentliche öffentliche Erscheinungsform von Kirche im Protestantismus. Kirchentag gibt es in dieser Form nur in der für die BRD typischen Volkskirche, weil er das in ihr ungenutzte Potential von Freiwilligen zur Geltung bringt. In den 60er Jahren wird der Kirchentag auch »Forum des Protestantismus« und »evangelische Zeitansage« genannt, was seine protestantische Freiheit zur Geltung bringt und das Kontroversprinzip als Problemlösungsverfahren fördert. Seine Kennzeichnung als evangelische Wallfahrt schließlich bringt seine Erlebnisqualität für die

Teilnehmenden zur Geltung. Die Stärke des Kirchentags besteht darin, daß er durch das Erleben Fakten schafft, die die theologische Lehre allenfalls nach-denken läßt.

5. Typisch evangelisch. Im Sinne Schleiermachers ist der Kirchentag eher darstellendes Handeln, weniger wirksames Handeln, auch wenn viele von ihm wirksames Handeln erwarten. Ohne diese Erwartung wäre der Kirchentag auch nicht mehr lebendig. Was Kirchentag ist, läßt sich trotz vieler Versuche nicht genau beschreiben. Diese Ungenauigkeit aber gibt den vielen Teilnehmenden die Chance, mitzumachen, mitzumischen und sich darzustellen. Keiner weiß, was Kirchentag ist, aber alle machen mit. Für den Kirchentag würde es an sein evangelisches Selbstverständnis rühren, wenn diese Freiheit des darstellenden Mitmachens beschnitten würde. Die Entwicklung seiner Strukturen zu immer mehr Mitbestimmungs- und Partizipationsformen ist von daher konsequent, auch wenn sie das Kirchentagsgeschehen für Außenstehende unübersichtlicher und für Insider langwieriger macht. Dies gilt für die Wahl des Kirchentagsplakates ebenso wie für die Autonomie von Forumsleitungen. An dieser Pluralität führt kein Weg vorbei. Sie ist typisch evangelisch und gewinnt im Kirchentag öffentlichkeitswirksam und immer wieder neu enttäuschend und begeisternd Gestalt.

Harald Schroeter-Wittke

Harald Schroeter, Kirchentag als vor-läufige Kirche. Der Kirchentag als eine besondere Gestalt des Christseins zwischen Kirche und Welt, Stuttgart u.a. 1993; *Rüdiger Runge/Margot Käßmann* (Hg.), Kirche in Bewegung. 50 Jahre Deutscher Evangelischer Kirchentag, Gütersloh 1999.

C.
Lehre

1.

Kirche und Amt

Melozzo da Forli (1438-1494): *Papst Sixtus IV. mit vier Neffen und dem knienden Bibliothekar Platina*, um 1480-81; Fresko auf Leinwand übertragen, 370 x 315 cm; Pinacoteca Vaticana, Rom.

Als päpstlicher Maler (»pictor papalis«) führte Melozzo da Forli im Auftrag von Sixtus IV. Fresken für die Vatikanische Bibliothek aus, von denen das Papstbildnis erhalten ist.

In strenger Profildarstellung, wie für die Frührenaissance typisch, ist Sixtus IV. auf einem thronartigen Sessel sitzend dargestellt. Vor ihm kniet, in ein in schwere Falten fallendes Gewand gekleidet, sein Bibliothekar Platina und weist mit der Rechten nach unten auf eine Inschrift, die Sixtus' Stiftungen verherrlicht. In zweiter Reihe sind vier Neffen des Papstes dargestellt. Alle Figuren wirken seltsam isoliert voneinander, die Szene erscheint fast unwirklich kühl, wozu die strenge, rein perspektivisch konstruierte Architektur der marmornen Halle noch beiträgt. Die fein gearbeiteten Porträts der abgebildeten Personen hingegen wirken im Gegensatz dazu lebensnah und natürlich.

Über dem Eingang zur Lateinischen Bibliothek angebracht, die Sixtus für die Öffentlichkeit zugänglich gemacht hatte, übernahm dieses monumentale Fresko die Funktion eines Repräsentationsporträts: der Papst als Herrscher und großzügiger Mäzen.

TEMPLA DOMVM EXPOSITIS VICOS FORA MOENIA PONTES
VIRGINEAM TRIVII QVOD REPARARIS AQVAM
PRISCA LICET NAVTIS STATVAS DARE COMMODA PORTVS
ET VATICANVM CINGERE SIXTE IVGVM
PLVS TAMEN VRBS DEBET NAM QVAE SQVALORE LATEBAT
CERNITVR IN CELEBRI BIBLIOTHECA LOCO

Daß es in der Kirche ein besonderes geistliches Amt gibt und geben muß, um durch Wort und Sakrament der Sammlung, dem Aufbau und der Leitung der Gemeinde zu dienen, darüber besteht eine weitgehende ökumenische Übereinstimmung.

Unterschiede ergeben sich in der Frage nach der näheren Begründung des Amtes (Stiftung Jesu Christi – oder bloß soziologische Begründung um der äußeren Ordnung willen). Unterschiede gibt es aber vor allem auch in der Frage nach der Bedeutung des Bischofsamtes und der apostolischen Sukzession (Nachfolge). Hier bestehen auch im katholischen Raum noch offene Fragen.

Natürlich lassen sich gemeinsame Grundüberzeugungen herausstellen, die sich im ökumenischen Dialog auf Weltebene zumindest auf einen großen Konsens stützen können und die für ein katholisches Verständnis unaufgebbar sind (1). An das herkömmliche katholische Verständnis vom Bischofsamt und von apostolischer Sukzession (2) sind einige Anfragen zu richten (3), nicht zuletzt im Hinblick auf eine mögliche katholische Anerkennung der reformatorischen Ämter (4).

1. Gemeinsame Grundüberzeugungen – wesentliche Merkmale des Amtes
Wichtige ökumenische Dialoge auf Weltebene (bes. mit dem Lutherischen Weltbund und dem Reformierten Weltbund) haben zu folgenden Übereinstimmungen geführt:

- Auf der Grundlage des gemeinsamen Priestertums aller Gläubigen und innerhalb der als ganzer apostolischen Kirche wird ein besonderes geistliches Amt anerkannt, das Christus selbst seiner Kirche eingestiftet hat und nicht bloß aus Gründen der äußeren Ordnung durch die Gemeinde entstanden ist.
- Dieses Amt gründet in der Berufung und Sendung der Apostel. Das Amt der Apostel selbst ist einmalig und unmitteilbar. Aber die Sendung der Apostel geht in der Kirche weiter.

- Die Hauptaufgabe des Amtes besteht darin, im Leben der Kirche den Vorrang des göttlichen Handelns und der göttlichen Autorität zu repräsentieren und durch Wort und Sakrament der Sammlung, dem Aufbau und der Leitung der Gemeinde (der Kirche) zu dienen. In dieser Funktion steht der Amtsträger *in* der Gemeinde – der Gemeinde *gegenüber*.
- Weitgehende Übereinstimmung besteht auch über das Grundverständnis von Ordination (Amtsübertragung). Sie ist die primär von Christus selbst gewirkte, durch Handauflegung und Gebet von ordinierten Amtsträgern vollzogene unwiederholbare Einfügung in den Dienst an Wort und Sakrament. Nach katholischem Verständnis ist die Ordination (Priester-/Bischofsweihe) ein Sakrament. Wo die dargelegte Umschreibung der Ordination bejaht wird, besteht kein sachlicher Unterschied zur katholischen Auffassung, auch wenn, wie in den Kirchen der Reformation, die Ordination nicht Sakrament genannt wird.
- Die apostolische Amtsnachfolge ist grundlegend in den umfassenden Zusammenhang der Nachfolge der gesamten Kirche im apostolischen Glauben eingebettet. Innerhalb dieser Glaubensnachfolge bzw. Glaubenstradition – und nur in diesem Zusammenhang – hat die apostolische Amtsnachfolge ihren Ort und eine wesentliche und unaufgebbare Bedeutung als notwendiger Dienst an der treuen Weitergabe des apostolischen Glaubens und damit für die Rückbindung der Kirche an ihren apostolischen Ursprung.
- Als wichtige Übereinstimmung ist noch die Einordnung des Amtes in die Kirche als Gemeinschaft eigenberechtigter Ortskirchen hervorzuheben. Dieser Einheit mit Christus und der Glaubenden bzw. der Gemeinden (Ortskirchen) untereinander hat das Amt zu dienen, und zwar auf allen Ebenen, auf denen Kirche sich verwirklicht: örtlich – regional – universal.

2. Das herkömmliche katholische Verständnis des Bischofsamtes und der apostolischen Sukzession. Der Bischof steht nach katholischer Auffassung in der unmittelbaren Nachfolge der Apostel, oder exakter: Das Bischofskollegium steht in der Nachfolge des Apostelkollegiums. Die Einfügung ins Bischofsamt geschieht durch Handauflegung und Gebet durch andere Bischöfe, die selbst in der apostolischen Sukzession stehen. Apostolische Sukzession meint hier die ununterbrochene, auf die Apostel zurückreichende Amtsnachfolge. Ein mechanistisches Verständnis im Sinne einer lückenlosen Kette physischer Handauflegungen oder einer »Pipeline«-Verbindung ist hier jedoch radikal auszuschließen. Der Einzelbischof steht durch sein Eingebundensein in die Gemeinschaft des Bischofskollegiums, das als ganzes in der Nachfolge des Apostelkollegiums steht, in der apostolischen Sukzession. Diese steht, wie schon gesagt, ganz im Dienst des Evangeliums bzw. im Dienst der apostolischen Glaubenstradition. Es ist also sinnvoll, zwischen apostolischer Sukzession und apostolischer Tradition zu unterscheiden.

Der Bischof besitzt die »Fülle des Weihesakramentes«. Das Weihesakrament selbst ist dreifach gestuft: Diakon – Presbyter (Priester) – Bischof. Der Bischof hat die höchste Stufe des Weihesakramentes inne, er besitzt das Amt in seiner Vollgestalt. Damit sind Vollmachten gegeben, die der »einfache Presbyter (Priester)« nicht besitzt. Für unseren Zusammenhang ist insbesondere die Weihevollmacht wichtig. Nur der von einem Bischof in apostolischer Sukzession geweihte Priester ist ein »gültiger« Amtsträger. Nur ein so geweihter Priester kann gültig der Eucharistiefeier vorstehen und beispielsweise das Bußsakrament verwalten. Die »Gültigkeit« des Amtes hängt also in diesem katholischen Verständnis am Bischofsamt. Es ist so wesentlich für das Kirche-Sein der Kirche, daß es ohne gültiges Bischofsamt keine »gültige« Eucharistie und kein volles Kirche-Sein gibt. (Vgl. die Erklärung der Glaubenskongregation »Dominus Jesus« aus dem Jahre 2000).

3. Fragen zum Verhältnis von Bischofsamt und Priesteramt. An das traditionelle katholische Amtsverständnis sind durchaus Fragen zu stellen, und diese betreffen das Verhältnis des Bischofsamtes zum

Priesteramt. Es läßt sich nicht bestreiten, daß sich die Ausdifferenzierung des ursprünglich *einen* apostolischen Amtes geschichtlich entfaltet hat. Das Neue Testament läßt noch keinen Unterschied zwischen Bischof und Presbyter erkennen. Der Monepiskopat (d. h. die Leitung der Ortskirche durch einen einzigen Bischof) und die juristische Unterscheidung von Bischof und Presbyter setzen sich allgemein erst Ende des 2. Jahrhunderts/Anfang des 3. Jahrhunderts bzw. in dessen Verlauf durch. Von großer Bedeutung ist die Tatsache, daß es in der alten Kirche, im frühen Mittelalter, sogar bis ins 15. Jahrhundert hinein Priesterweihen durch »einfache Priester« gegeben hat, teilweise sogar mit ausdrücklicher päpstlicher Erlaubnis. Aufgrund dieser historischen Tatsachen wollte das Zweite Vatikanische Konzil keine Entscheidung über einen sakramentalen Unterschied zwischen Episkopat und Presbyterat treffen. Auch wo das Konzil dem Bischof die »Fülle des Weihesakramentes« zuspricht (Kirchenkonstitution, 26, 1), will es nach Ausweis der Konzilsakten damit keinen dogmatisch relevanten Unterschied aussagen. Offensichtlich geht das Konzil von dem *einen* Amt aus.

Die Ergebnisse sorgfältiger Untersuchungen zu diesem Themenkomplex lassen sich in die These zusammenfassen: Das *eine* Amt wird mit allen seinen Vollmachten ganz und ungeteilt bereits in der Presbyterordination (Priesterweihe) mitgeteilt, wenn auch die Ausübung bestimmter Vollmachten noch rechtlich gebunden und in diesem Sinne dem Bischof vorbehalten ist. Der Unterschied zwischen Bischofsamt und Presbyter-/Priesteramt ist demnach nicht dogmatischer Art, sondern liegt im Bereich des Jurisdiktionellen, des kirchlichen Rechts (was keineswegs unbedeutend ist!).

4. Folgerungen für die Anerkennung der reformatorischen Ämter. Diese Verhältnisbestimmung ist von höchster ökumenischer Bedeutung. Zwar haben die meisten Reformationskirchen die »bischöfliche Sukzession« verloren, sie haben aber das Wesentliche der apostolischen Amtsnachfolge in der Weise der presbyteralen Ordination und Sukzession bewahrt. (Presbyterale Ordination meint: Ordination durch nicht-bischöfliche Amtsträger, durch Presbyter.) Sie steht genauso wie die »bischöfliche« im Dienst des Evangeliums und der apostolischen Glaubenstradition. Darin ist die notwendige Funktion des Amtes als Dienst am Wort und Sakrament anerkannt und damit als wesentliches Element der Kirche. So ergibt sich aus dieser Verhältnisbestimmung eine noch längst nicht ausgeschöpfte Möglichkeit der katholischen Anerkennung der reformatorischen Ämter, die die getrennten Kirchen, sofern sie die oben genannten Grundüberzeugungen teilen, in Pflicht nimmt, das theologisch Mögliche um der von Christus gewollten Einheit willen auch zu tun.

Mit der Anerkennung der Ämter wäre das größte Hindernis, das einer Vertiefung der Gottesdienst- und Kirchengemeinschaft und der wechselseitigen Gewährung eucharistischer Gastfreundschaft noch im Wege steht, beseitigt.

Zugleich wäre mit der Ämteranerkennung aber auch ein Weg gebahnt zur durchaus wünschenswerten Wiedergewinnung der »bischöflichen Sukzession«, für die einige Dialogdokumente plädieren (z.B. das Lima-Dokument über das Amt, 1982, u. a.). Es wäre dies ein Zeichen für die geschichtliche Kontinuität der apostolischen Kirche und ihrer Identität im apostolischen Glauben.

5. Eine abschließende Bemerkung. Das Neue Testament – Richtschnur für Glauben und Leben der Kirche – kennt keine »Ämter« im profanen Sinne, sondern nur »Dienste«. Es gibt nach dem NT keine Herrschaft, auch keine »Heilige Herrschaft« (Hierarchie) in der Kirche, sondern nur Dienst (Diakonie; Ministerium). »Bei euch soll es nicht so sein, wie im Bereich der Herrschenden und Mächtigen«, mahnt Jesus seine Apostel. »Ich bin unter euch, wie einer, der dient« (Lukas 22, 25ff.). Wer in der Kirche ein Amt hat, muß in das Dienen Jesu eintreten. Wesentliches Charakteristikum des kirchlichen Amtes (nicht nur eine ethische Forderung) ist die Bereitschaft des Amtsträgers zu dieser Christusnachfolge im Dienen. Zum Wesen des kirchlichen Amtes gehört darum der gelebte Christusdienst. Das gilt über die Grenzen der Konfessionen hinweg. In diese Sukzession des Dienens ist auch die jeweilige Lebensform (zölibatär oder verheiratet) einzuordnen, die keinen Selbstwert in sich hat und keinen Mehrwert gegenüber einer anderen, sondern Verwirklichungsweise des Nachfolgedienstes sein muß und darin ihr Maß findet.

Hans Jorissen

Hans Jorissen, Erwägungen zur Struktur des geistlichen Amtes und zur apostolischen Sukzession in ökumenischer Perspektive, in: Concilium (D) 32 (1996), 442-448; *Anno Quadt*, Evangelische Ämter: gültig – Eucharistiegemeinschaft: möglich, Mainz 2001.

Der Hintergrund für die Entwicklung eines evangelischen Amtsverständnisses ist, wie sollte es anders sein, die Reaktion der Reformatoren (besonders Luther, Melanchthon und Calvin) auf die Amtsführung und das Amtsverständnis der spätmittelalterlichen Kirche. Diese Reaktion bestand im wesentlichen darin, daß sehr eindrücklich und mit einschneidenden praktischen Konsequenzen die Frage nach der Funktion des Amtes in der Christenheit gestellt wurde.

Es wurde also nicht danach gefragt, was ein Priester, ein Pfarrer, ein Prediger *ist*, sondern was er *tut*. Aufgabe statt Eigenschaft, so könnte man diesen Wandel hin zu einem Funktionsverständnis des Priestertums verstehen. Niederschlag findet diese Auffassung im Grundtext des evangelischen Amtsverständnisses, wie es in der *Confessio Augustana* in den Artikeln 5 und 14 festgelegt wird: Gott hat das Predigtamt eingesetzt, und zwar als Mittel zur Verkündigung der Rechtfertigungsbotschaft.

Wichtig ist in diesem Zusammenhang, daß dieses »Predigtamt« auf einer vergleichbaren Stufe steht mit der Ehe, die von Gott eingesetzt wurde, um den Fortbestand der Menschheit zu gewährleisten, oder etwa der Obrigkeit, die von Gott eingesetzt wurde, um die Welt in Ordnung zu halten. Ferner, daß ausdrücklich von einem »Predigtamt« und nicht von einem »Priestertum« die Rede ist. Dieses Predigtamt, das sowohl die Predigt als solche, die theologische Lehre und die ordnungsgemäße Darreichung der Sakramente (Taufe und Abendmahl) bedeutet, ist an eine ordnungsgemäße Berufung verbunden, sofern es öffentlich ausgeübt werden soll.

In der ökumenischen Debatte um das Amtsverständnis wird von manchen vor allem lutherischen Theologen darauf hingewiesen, daß dieses Ordinationsverständnis dem römisch-katholischen Weiheverständnis insofern nahekommt, als das dadurch (und nur dadurch) die Vollmacht zur Verkündigung und zur Sakramentsverwaltung übertragen wird. Das würde aber gerade dem Anliegen der Reformation und der *Confessio Augustana* widersprechen. Typisch

evangelisch ist an diesem Amts- und Ordinationsverständnis nämlich nur, daß es eine Ordnung geben muß, nach der diese Einführung oder Beauftragung vollzogen wird. Ob das Amt auf Lebens-
zeit, zeitlich begrenzt, im Hinblick auf eine Funktion oder eine
Gemeinde übertragen wird, das bleibt bewußt offen.

Entsprechend groß ist das Spektrum von Berufungen und Ordinationen in den evangelischen Kirchen. Von großer Wichtigkeit ist
es übrigens auch, daß die *Confessio Augustana* hier nur von öffentli-
chem Lehren und Predigen spricht. Denn zum evangelischen Amtsverständnis gehört auch, daß jede Christin, jeder Christ die Verpflichtung hat, also quasi das Amt, die Evangeliumsbotschaft im
nichtöffentlichen Raum zu verkünden. Das spielte in der Reformationszeit eine erhebliche Rolle, denn der »Hausvater« und die »Haus-
mutter«, die Luther sogar als Bischof und Bischöfin ansprechen
konnte, hatten bei ihren Lesepredigten oder katechetischen Unter-
weisungen nicht selten eine Hausgemeinde, die zahlenmäßig größer
sein konnte als manche heutige Gottesdienstgemeinde.

Was für das evangelische (öffentliche) Amt typisch ist, läßt sich
vielleicht mit vier Begriffen erklären: Konzentration auf die Predigt, Einbindung in die Gemeinde, bürgerliche Existenz, ökumenische Selbstverständlichkeit.

Das wohl typischste Kennzeichen des evangelischen Amtes ist
die Predigt. Natürlich spielen auch Taufe, Abendmahl und Amtshandlungen im evangelischen Gottesdienst und Gemeindeleben
eine sehr große Rolle. Diese Rolle ist sogar in den letzten zwanzig
bis dreißig Jahren erheblich gewachsen. Abendmahlsfeiern sind
häufiger geworden, sie sind wohl auch etwas feierlicher geworden in
der evangelischen Kirche – ein Umstand, der sicherlich der Begegnung mit anderen christlichen Traditionen zu verdanken ist.

Dennoch: Evangelische Kirchgänger könnten am Sonntagmorgen sicherlich leichter auf das Abendmahl verzichten als auf die
sonntägliche Predigt. Als guter Pfarrer oder gute Pfarrerin gilt, wer
gut predigt, weniger, wer ein guter Zelebrant ist. Entsprechend wird
in der theologischen Ausbildung auf die Predigtausbildung sicher-

lich mehr Wert gelegt als auf die liturgische Ausbildung, so sehr diese einen Aufschwung erlebt. Für das Ethos des Pfarrers oder der Pfarrerin spielt das eine nicht unerhebliche Rolle. Die würdige und ansprechende Durchführung des Abendmahls ist eher eine handwerkliche Aufgabe, eine gute Predigt ist eine anspruchsvolle intellektuelle Aufgabe. Von evangelischen Amtsträgern wird erwartet, daß sie Meister des Wortes und weniger Meister der Zeremonie sind. Und das gilt wohl unabhängig von der theologischen Position der Gemeinde, sei sie nun liberal oder fromm oder progressiv.

Das evangelische Amt ist weiterhin ein Amt, das stets auf die Gemeinde bezogen ist, ja das von der Gemeinde erst seinen Sinn und seine Berechtigung erfährt. Ein höheres Amt als das Pfarramt hat die Gemeinde und das heißt die Kirche nicht zu vergeben. Natürlich haben Pfarrer und Pfarrerinnen Vorgesetzte. Aber Superintendenten, Prälaten, Pröbste, Bischöfe sind immer nur Disziplinarvorgesetzte, ihnen ist keinerlei theologische Qualität zu eigen, die der Pfarrer oder die Pfarrerin nicht hätten.

Hier kommt nun auch zum Tragen, was seit Luther das allgemeine Priestertum der Getauften genannt wird. Dabei handelt es sich nicht darum, daß jeder, der will oder kann, sich das Amt anmaßen kann. Sondern es bedeutet, daß die Gemeinde, die verantwortlichen Christinnen und Christen der Kirche, ihr Priesteramt an einen oder eine delegieren, diese Delegierung unter Umständen aber auch wieder rückgängig machen können. Es ist ein Grundsatz evangelischen Amtsverständnisses, daß in einer evangelischen Gemeinde niemand als Pfarrer oder Pfarrerin tätig sein kann, den die Gemeinde nicht gewollt hat. Ein Grundsatz freilich, der die Prinzipien der alten Kirche wiederaufnahm, nach der ein Bischof von der Gemeindeversammlung gewählt wird. Freilich ist dieser hoher Anspruch auch in der evangelischen Kirche erst in der Neuzeit wirklich zum Tragen gekommen.

Zum äußeren Erscheinungsbild des evangelischen Amtes gehört, daß die Amtsträger meistens jedenfalls nicht allein sind. Pfarrer und Pfarrerinnen führen im Normalfall eine bürgerliche Existenz.

Sie sind wie orthodoxe Priester und jüdische Rabbiner verheiratet, haben eine Familie und sind in das familiär-gesellschaftliche Leben der Gemeinde integriert. Traditionellerweise haben sie hier sogar eine Vorbildcharakter. Zum Pfarrer gehört das Pfarrhaus, das offen zu sein hat und eine immer mögliche Anlaufstelle für die Gemeinde und Hilfesuchende sein soll.

Daß sich dies in den letzten Jahrzehnten erheblich gewandelt hat, liegt weniger daran, daß die Amtsträger sich aus vermeintlich egoistischen Motiven in Sprechstunden und andere geordnete Zeiten zurückgezogen haben, oder ihr Familienleben ganz anonymisieren. Es liegt auch daran, daß Gemeindemitglieder und außerkirchliche Menschen den Respekt vor Pfarrer und Pfarrhaus verloren haben. War der Gang zum Pfarrhaus bei früheren Generationen noch der Gang zur Kirche schlechthin (und damit zu einer Form von Obrigkeit!), so dient er nun der Inanspruchnahme von selbstverständlichen Dienstleistungen, die rund um die Uhr zur Verfügung zu stehen haben. Immerhin ist dies positiv als Zeichen dafür zu werten, daß soziale Kompetenz immer noch als typisch für den evangelischen Pfarrer, die evangelische Pfarrerin angesehen wird.

Theologische Einwände gegen die Frauenordination, die natürlich theologisch fundiert und nicht unbegründet vorgetragen wurden, blieben weitgehend retardierende Momente, die die Frauenordination nicht verhindert haben (vgl. dazu den Artikel »Frauen in der Gemeinde« in diesem Band). Daß dies so war, bestätigt die oben gemachte Feststellung, daß das evangelische Amt funktionsgebunden ist und das Wesen des Amtsträgers keine Rolle spielt. Es war daher folgerichtig, daß das Geschlecht bei der Ordination und Amtsübertragung ebenso wenig eine Rolle spielen darf wie Rasse oder soziale Herkunft. Dadurch wurde das Christentum evangelischer Prägung zusammen mit dem Judentum die einzige Weltreligion, in der Frauen und Männer in der Amtsfrage gleichberechtigt sind. Bestätigt wird dies dadurch, daß von Ausnahmen abgesehen Frauen als Amtsträgerinnen und auch als Dienstvorgesetzte längst akzeptiert sind.

Es gehört sicherlich auch zur Charakteristik des evangelischen Amtes, daß es für sich selber selbstverständlich ist. Das bedeutet, daß sowohl die Gemeinde wie die Amtsträger sich in einer Reihe mit ihren Kollegen aus anderen Konfessionen und Religionen sehen. Für den Pfarrer und die Pfarrerin sind der katholische Priester, der orthodoxe Priester, der Imam oder der Rabbiner Kollegen. Die Amtsinhaber anderer Religionen und Konfessionen haben also für sie bei aller Unterschiedlichkeit ihre Berechtigung, sie sind Ansprechpartner, mit denen auf gleicher Ebene gesprochen und im Falle der innerchristlichen Ökumene auch gebetet und Gottesdienst gefeiert wird. Freilich erwarten evangelische Amtsträger und ihre Gemeinden, daß diese Akzeptanz erwidert wird, was bekanntlich trotz Ökumene leider nicht der Fall ist und bei ökumenischen Begegnungen auch häufiger zu Irritationen führt.

Jörg Haustein

Reinhard Frieling, Amt. Laie – Pfarrer – Priester – Bischof – Papst (Ökumenische Studienhefte 13 = Bensheimer Hefte 99), Göttingen 2002; *Reinhard Frieling*, Katholisch und Evangelisch. Informationen über den Glauben, Göttingen [8]1999.

2.

Wort und Sakrament

Rogier van der Weyden (1399/1400-1464): *Taufe Christi* vom *Johannes-Altar*, um 1454; Eichenholz, 77 x 48 cm; Staatliche Museen Preußischer Kulturbesitz, Gemäldegalerie, Berlin.

Die Tafel van der Weydens beeindruckt durch den extremen Realismus der Darstellung, der aber vom Maler selbst geradezu artistisch als Schein entlarvt wird, und die gleichzeitige Verbindung realistischer und fiktiver Elemente.

Das als Architekturelement bis ins Detail illusionistisch gearbeitete gotische Portalgewände, dessen Szenen das Geschehen in den biblischen Kontext einordnen, gibt Einblick nicht – wie zu erwarten – in einen Kircheninnenraum, sondern öffnet sich – gänzlich unwirklich – zu einer weiten Landschaft. Die Taufhandlung wird von Johannes, dem ein Engel assistiert, unter dem Spitzbogen vollzogen, bis an dessen Schwelle das Ufer des Jordan reicht. Die Christusfigur bildet die Mittelachse der Tafel, die durch die Hand des Täufers, die Geist-Taube und die Darstellung Gottvaters in einer Feuerwolke fortgeführt wird. Der Schriftzug enthält den lateinischen Text aus Matth. 17, 5: »Dies ist mein geliebter Sohn, an dem ich Wohlgefallen habe, den sollt ihr hören.«

In der Verbindung dieser zeichenhaften Elemente mit dem Realismus der Darstellung von Landschaft, Figuren und Architektur wird in zweifacher Weise die inhaltliche Aussage gestalterisch anschaulich: das Hineinwirken der Handlung bis in die Gegenwart und das Zeichenhafte des Taufsakramentes, das die direkte Verbindung des göttlichen Wirkens mit den Menschen darstellt.

Bis in das 20. Jahrhundert hinein hat man die »Kirche des Wortes« und die »Kirche des Sakramentes« zu unterscheiden und gegeneinander auszuspielen versucht. In der katholischen Theologie aber ist unbestritten, daß der *Inbegriff des wirksamen Wortes das Sakrament* ist und daß es *kein Sakrament ohne das Wort* gibt. Die Frage aber, ob das Sakrament mehr ist als das Wort, ob das Sakrament zum Wort hinzukommt oder gar hinzukommen muß, kann nur beantwortet werden, wenn man zuvor geklärt hat, was unter »Wort« und was unter »Sakrament« zu verstehen ist.

Es mag typisch katholisch sein, wenn heute zur genaueren Bestimmung des Verhältnisses von Wort und Sakrament die liturgische Feier in den Vordergrund rückt. Dabei spielen Zeit und Raum eine wichtige Rolle. So hat schon Thomas v. Aquin († 1274) darauf aufmerksam gemacht, daß die Sakramente eine dreifache Zeitstruktur haben: sie gedenken des Vergangenen, schauen auf das noch Kommende voraus und »vergegenwärtigen« beides, Vergangenheit und Zukunft, im Jetzt der liturgischen Feier. Zur Zeitachse kommt die des Raumes hinzu. Die Liturgie findet an einem bestimmten Ort statt, dessen Koordinaten durch Abgrenzung (umbauter Raum) und zugleich Entgrenzung (Himmel und Erde) bestimmt werden. Auch nach der kopernikanischen Wende und im Zeitalter der Raumflüge breiten die Liturgen noch betend die Hände aus, als wollten sie »von oben« empfangen, richten den Blick »nach oben«, als sei der Himmel eine Dimension räumlicher Höhe. Dadurch entsteht ein liturgisches Koordinatensystem mit einer Waagerechten (Vergangenheit, Gegenwart, Zukunft) und einer Senkrechten (Himmel-Erde). In dieser Raum-Zeit ist also das Verhältnis von Wort und Sakrament näher zu bestimmen. Dies soll nun auf die einzelnen Sakramente hin bedacht werden.

1. Wort und Sakrament am Beispiel der Eucharistiefeier. Katholischer Tradition zufolge ist die Feier der Eucharistie (»Messe«) das Zentrum aller sakramentalen Feiern, so daß man hier das Verhältnis von Wort und Sakrament am besten ablesen kann. Einmal abgesehen davon, daß seit der Liturgiereform des Zweiten Vatikanischen Konzils der zentrale Gottesdienst der Kirche aus Wortgottesdienst und (sakramentaler) Eucharistie besteht, die zeitlich und inhaltlich etwa gleichgewichtig zu gestalten sind, sind in das große Dankgebet (griechisch = eucharistia) die »Einsetzungstexte« eingefügt, in denen schon seit dem 5. Jahrhundert das Grundmuster für das wirksame Wort gesehen wird.

Daß dieses nur als liturgisches Wort im Koordinatensystem der Feier seine Wirksamkeit entfaltet, deutet nach katholischem Verständnis auch darauf hin, daß die »Sprachgewalt« der Liturgie nicht zuerst auf der individuellen Fähigkeit des Liturgen beruht. Der Liturg der Eucharistiefeier – im katholischen Bereich bisher nur ein ordinierter Mann – ist Sprecher Jesu Christi und Sprecher der universalen Kirche. In diese Sprecherrolle muß er bestellt werden, wobei der Vorgang der Bestellung, die in jedem Fall die Taufe voraussetzt, selbst sakramentalen Charakter hat (Ordination der Presbyter und Bischöfe). Da es in der sakramentalen Ordination – im Unterschied zu Taufe und Eucharistie – kein zitierbares Einsetzungswort gibt, wird dieses Sakrament mit Gebet und Handauflegung gespendet. Hier ist also das Wort das Ordinationsgebet, das nichts anderes als eine große »Epiklese«, d. h. eine fürbittende Herabrufung des Heiligen Geistes auf die Kandidaten, darstellt. Wird aber, wenn die Ordination einen so wichtigen Stellenwert erhält, damit das wirksame Wort in der eucharistischen Feier in seiner Wirksamkeit nicht letztlich von der Ordination und somit von der kirchlichen Verfügung abhängig gemacht? Diese Frage wäre zu bejahen, würde nicht der Wortcharakter dieses Sakramentes in der demütigen Bitte bestehen, wodurch die Ordination zu einem Sakrament der Epiklese wird, die den Amtsträger über alles Verwaltungsmäßige hinaus auch zum liturgischen Vorsteher der Eucharistie bestellt.

Die ostkirchliche Praxis und Theologie der Epiklese hat der katholischen Theologie (und der Ökumene) bewußter gemacht, daß

die »Wandlungsworte« der Eucharistie nicht aus Eigenmacht gesprochen werden, sondern ihre Wirkkraft durch die Herabrufung
des Heiligen Geistes vor und/oder nach den Einsetzungstexten
entfalten. Daß kein Sakrament in der Verfügungsgewalt der Kirche
steht, hat sogar der oft mißverstandene Ausdruck *opus operatum* (das
vollzogene Werk) deutlich gemacht. Jedes Sakrament beruht nämlich auf der gnadenhaften Vorgabe der Heilsgeschichte, in welcher
der Gott Israels sich seinem Volk zugewendet und durch Jesus
Christus diese Zuwendung auf alle Völker hin geöffnet hat – ohne
unser Zutun. Es geht also in den Sakramenten gerade nicht um
einen kirchlichen Mechanismus, sondern um die Feier des uns zugesprochenen Erlösungswerkes.

2. Wort und Sakrament am Beispiel von Taufe (und Firmung). Die
philosophische Sprechakttheorie des 20. Jahrhundert hat sich der
Frage gestellt, ob man mit Worten auch etwas *tun* kann (J. L. Austin). Dabei verwies man gerne auf das Sakrament der Taufe. Indem
gesagt wird: »Ich taufe dich ... «, wird mit den Worten etwas *getan*,
d. h. es *geschieht* die Hineinnahme in den dreifaltigen Gott, der
Täufling *wird* Kind Gottes und Mitglied der Glaubensgemeinschaft. Was gesagt wird, gilt, und weil es gilt, ist die Taufe so wirksam, daß sie nicht wiederholt werden kann. Die spätmittelalterliche
Theologie hat im Konzil von Florenz (1439) sogar gelehrt, im Notfall könne jeder Mensch, Mann oder Frau, Gläubiger oder Ungläu-
biger, taufen, sofern er/sie nur tut, was der Intention der Kirche
entspricht. Die Wirksamkeit des Wortes ist hier also nicht einmal
an die eigene Taufe gebunden, wohl aber bleibt es immer noch an
die Gemeinschaft der Glaubenden zurückgebunden, in deren Intention das Sakrament auch in der Notsituation vollzogen werden
muß. Betrachtet man jedoch den Abstand dieser »Minimalbedingun-
gen« zur Hochform der frühkirchlichen Tauffeier in der Osternacht, dann sollte das Verhältnis von Wort und Sakrament in der
Taufe nicht an dieser Minimalfigur abgelesen werden, sondern an
der liturgischen Hochform, in der den Täuflingen ihr Schritt in die

Glaubensgemeinschaft möglichst wirksam und zugleich möglichst eindrücklich vor Augen geführt wurde. Die Firmung war in den ersten Jahrhunderten mit der Taufe eng verbunden. Seit ihrer Verselbständigung zu einem eigenen Sakrament besteht das Wort, das mit der Geste der Salbung und Handauflegung verbunden ist, in einer Bitte um den Heiligen Geist, womit das Wort erneut epikletischen Charakter erhält.

3. »Große« und »kleine« Sakramente. Die drei ersten Sakramente (Taufe, Firmung und Eucharistie) waren die »Initiationssakramente« (Anfangs- oder Einführungssakramente). Im Blick auf die Siebenzahl der Sakramente, die in der katholischen Kirche seit dem Mittelalter festgehalten wird, gilt: Je mehr in der sakramentalen Feier das Wort in der möglichst getreuen sprachlichen Fassung bis hinein in die Ichform der eucharistischen Einsetzungsworte gesprochen werden, umso wirksamer erscheint das Wort.

Nicht von ungefähr hat man zwischen den »großen Sakramenten« (Taufe und Eucharistie) und den »kleinen Sakramenten« unterschieden, wobei das Bußsakrament etwa noch für Martin Luther, zumal in der Frühzeit seiner Theologie, als Inbegriff des der Einzelperson zugesprochenen wirksamen Verheißungswortes galt, so daß er geneigt war, die Buße zu den drei großen Sakramenten zu zählen.

4. Geht das Sakrament über das Wort hinaus? Daß also das Wort wesentlich zum Sakrament gehört, ist heute in der Ökumene der Christenheit nicht mehr kontrovers. Wie aber steht es umgekehrt mit dem Sakrament? Ist es nicht eine bloße Beigabe, die nicht wesentlich über das Wort hinausgeht? Sind die Sakramente ein trauriger Rest einer längst untergegangenen (griechischen) Welt, die auf Sichtbarkeit und auf Heilsrealismus, vielleicht sogar Heilsmaterialismus ausgerichtet war? Stehen sie somit nicht im Widerspruch zur hebräisch-biblischen Welt, die auf das Hören des Wortes abgestellt war? Auf den ersten Blick könnte es so scheinen. Doch hat z.B.

Thomas v. Aquin auf dem Höhepunkt der mittelalterlichen Eucharistiefrömmigkeit, die auf das Zeigen und Schauen des Auferstandenen in Brotgestalt ausgerichtet war, darauf bestanden, daß die Augen nicht wirklich zu sehen vermögen und der Auferstandene weder berührt noch beim Essen geschmeckt werden könne. Vielmehr sei der Glaube allein, der vom Hören kommt, der einzige Zugang zu diesem Sakrament. (Vgl. Hymnus *Adoro te devote* zum Fronleichnamsfest). Es geht dabei um einen Glauben, der sich dem Verstehen nicht versagt, einen Glauben, der die Erkenntnis auf das Wesen der Dinge ausrichtet. Wer also die Einsetzungsworte in der Feier der Eucharistie glaubend hört, vermag zu verstehen, daß die eucharistische Speise keine gewöhnliche ist. Die katholische Theologie spricht von der »Wandlung« von Brot und Wein in den Leib und in das Blut Jesu Christi und hält dies für eine gültige Auslegung der Einsetzungstexte.

5. Der »Gabecharakter« des Wortes. Was aber ist der Unterschied, die Worte zu hören und dann die Hand auszustrecken, um die heilige Speise zu empfangen? Sagt nicht Augustinus: »Glaube, und du hast (schon) empfangen«? Worin ist also das Mehr des Sakramentes zu sehen? Hier muß ein zusätzlicher Aspekt zur Geltung gebracht werden, der zeigt, daß das glaubende Verstehen auch eine leibhaftige Dimension hat. Die Einsetzungstexte in ihrer verschiedenartigen Überlieferung des Neuen Testaments zeigen: Was da gesagt wird, ist als Wort des Auferstandenen zu hören, der nicht nur *etwas* sagt, sondern *sich selbst* sagt, d.h. sich *gibt*. Sein Wort ist eine Gabe an uns. Daß das Wort nicht nur informiert oder deutet, was da geschieht, sondern ein Gebe-Wort ist, rührt an das Fundament der Sprache. Natürlich gehört zu jedem gesprochenen Satz auch, daß er *etwas* mitteilt. Daß der Sprechende jeweils auch *sich* mitteilt, bleibt eher verdeckt, ist aber das Fundament des Sprechaktes. Er ist vom Wohlwollen des Sprechenden gegenüber dem Hörenden getragen. Je mehr dies zum Ausdruck kommt, umso deutlicher erweist sich der Sprechakt als *Gebe*akt. Es reicht von der Geste des freundlichen

Grußes bis zur ausgestreckten Hand, die gibt, was vom eigenen Mund abgespart wurde (vgl. E. Lévinas). Das zentrale Sakrament der Eucharistie bringt jene Dimension des Wortes zum Vorschein, die näherhin Ausdruck des leibhaftigen Gebens Jesu Christi ist. »Das ist mein Leib«: ich selbst, für euch gegeben. Dann aber gehören Wort und Sakrament engstens zusammen: Indem Jesu Wort zitierend vergegenwärtigt wird, spricht er die Gemeinde an, indem er sich ihr gibt. Das Wort wird zur Gabe, und die Gabe ist Jesus selbst, der die Seinen liebt bis in den Tod. Wer also die Hand ausstreckt, um zu empfangen, zu essen und zu trinken, wird hören und verstehen, *wer* da gegeben wird.

Die katholische Theologie spricht davon, daß sich kraft des Wortes eine Wesensverwandlung an Brot und Wein vollzieht. Zugleich versucht sie im Glauben zu verstehen, daß das Wesen dessen, was hier gegeben wird, nicht auf physikalisch-chemischer Veränderung von Brot und Wein beruht, sondern in deren göttlicher und somit wirksamer Zusage der Selbsthingabe Jesu. Wer dies glaubend zu verstehen versucht, wird allerdings die Erfahrung machen, daß auch unser eigenes Wesen der Verwandlung bedarf, um das Wort als Gabe annehmen zu können.

Die Bezeichnung des zentralen Sakramentes mit dem griechischen Wort »eucharistia« (Danksagung/Lobpreis) verweist darauf, daß im Zentrum der eucharistischen Feier die »Tischrede« als Ausdruck des Dankes und des Lobpreises steht. Er ist nicht Sprache der Eigenmacht, sondern immer schon Antwort auf die Gabe, die wir empfangen. Nach katholischem Verständnis folgt daraus auch, daß wir – vor Gott und den Menschen – selbst Gabe werden, wenn wir uns auf den eucharistischen Wandlungsprozeß einlassen.

Daß Wort und Sakrament so eng zusammen gehören, zeigt sich also an keinem Sakrament so deutlich wie an der Eucharistie. Dies ist einer der Gründe, warum sie in der Geschichte der Christenheit bei allem Streit um einzelne Fragen und um die Auslegung der wirklichen Gegenwart und des Opfercharakters immer als das zentrale Sakrament angesehen wurde. Aber auch in den übrigen Sakramenten zeigt sich der *Gabe*charakter des Wortes. So werden die Täuflinge mit göttlichem Leben beschenkt und in der frühkirchlichen Osternachtsfeier in die Gemeinde eingeführt, um dort zum ersten Mal die Gabe der Eucharistie zu empfangen. Beim Bußsakrament fehlen die greifbaren Elemente wie Wasser, Öl oder Brot und Wein. Am deren Stelle treten die Grundvollzüge der Büßenden: Reue, Bekenntnis und Genugtuung. Beinahe möchte man sagen, der büßende Mensch wird selbst zum Bestandteil des Sakramentes, und nur so vermag er das Wort des Priester: »Ich spreche dich los von deinen Sünden« als befreiendes Wort und als Gabe der Lossprechung zu vernehmen. Nach allgemeiner katholischer Überzeugung gilt auch, daß das Wesen des Ehesakramentes im Treueversprechen der Brautleute besteht. Erneut wird Sprache zur Gabe. Denn ein Versprechen auf Zukunft hin ohne Wenn und Aber stellt einen der intensivsten Sprechakte dar, in dem das Wort zum Ausdruck der Gabe wird und sich über die Trauungsgestiken bis hinein in die Intimität der ehelichen Lebensgemeinschaft verleiblicht. Daß der Mut dazu nicht menschliche Leistung darstellt, sondern selbst schon Ausdruck beschenkten Menschseins ist, macht vielleicht auch verständlich, warum die Feier der Trauung möglichst mit der Feier der Eucharistie verbunden werden soll.

Wort *und* Sakrament? Abschließend möchte ich sagen: Wort *als* Sakrament und Sakrament *als* Wort: die Erfahrung des Glaubens, grundlos beschenkt zu sein und daraus leben und sterben zu können. Die Krankensalbung, deren Wort das Gebet der Gemeinde für den Kranken darstellt, ist ein weiterer Inbegriff des Sakramentes als Bitte um Gesundheit und Heil des ganzen Menschen. Dies lenkt noch einmal darauf zurück, daß nach katholischem Verständnis jedes Sakrament als Geschenk des Himmels zu betrachten ist, um das wir bitten und wofür wir danken, wenn es uns zuteil geworden ist, um erneut darum bitten zu können. Denn wer bittet, ist schon empfangend (vgl. Matthäus 7, 8).

Josef Wohlmuth

C. Lehre

J. L. Austin, Zur Theorie der Sprechakte, Stuttgart 1972 (u.ö.); *L. Boff*, Kleine Sakramentenlehre, Düsseldorf 1976 (u.ö.); *A. Ganoczy*, Einführung in die katholische Sakramententheologie, Darmstadt 1979; *U. Kühn*, Sakramente, Gütersloh ^{2}1990; *E. Lévinas*, Jenseits des Seins oder anders als Sein geschieht, Freiburg/München 1992; *Th. Söding* (Hg.), Eucharistie. Positionen katholischer Theologie, Regensburg 2002; *J. Wohlmuth*, Jesu Weg – unser Weg, Würzburg 1992.

Es darf als ein eigentümlich protestantischer, ja als ein typisch evangelischer Einfall verstanden werden, das Nachdenken über das Sakrament gerade unter diese Überschrift zu stellen. Denn »Wort *und* Sakrament« meint doch wohl: eine Abfolge, ein Gefälle, ein Erstes und ein Zugeordnetes, eine innere Ordnung zwischen zweien. Weil das Wort verkündigt, gehört und geglaubt wird – so ließe sich dieser Vorsprung des einen vor dem anderen zusammenfassen –, darum werden auch Taufe und Abendmahl gefeiert. Das Sakrament ist folglich Bestätigung, Unterstreichung und Bekräftigung dessen, wovon im Wort die Rede ist. In diesen Zeichen der Gnade Gottes kann man »mit Sinnen fassen und begreifen« (Martin Luther), schmecken und sehen, wie freundlich der Herr ist. Gerade darum aber stehen die Sakramente nicht für sich selbst. Sie fügen dem gegebenen Wort nichts neues hinzu. Aber sie sind, gleichsam als bekräftigende Gute-Siegel, die äußerste Spitze des Wortes Gottes, seine sinnliche Gestalt.

Das Mit- und Nacheinander von Wort und Sakrament setzt allerdings voraus, daß es sich beim Wort nicht um leere, nur so dahingesagte Redewendungen, nicht um bloßes Gerede handelt. Wortschwall gibt es gewiß genug, nicht nur als Hintergrundslärm der Mediengesellschaft, sondern auch als permanente Geräuschkulisse in den Kirchen. Im Wortnebel gibt es nur selten etwas Bedeutsames zu hören, weil eigentlich kein Wort einen Unterschied macht. Das Sakrament ist ein Merkposten gegen solchen Wortüberfluß. Denn es bezieht sich auf ein Wort, auf das wir nicht von selbst kommen, das uns notorisch fehlt, das sich aber doch – wann und wo es Gott gefällt – überraschend bemerkbar macht. Es spricht aus, was sonst ungesagt bleibt. Es spricht an, und es kommt gerade zur rechten Zeit. Von einem solchen Wort kann man sagen, daß es nicht leer ist, sondern Wirklichkeit setzt oder verändert. Wer es hört, dem geht ein Licht auf. Wer es versteht, dem werden Unzulänglichkeiten und Grenzen des eigenen Lebens erkennbar, aber auch zuvor Erlebtes wird anders erschlossen. Neues findet Raum.

Solche Erfahrungen sind im Blick, wenn Paulus das christliche Wort ein Wort der Versöhnung nennt (2. Korinther 5, 19): Es macht sich vernehmbar, indem es uns in die Kraft der Versöhnung einbezieht. Es läßt die nicht unverändert, bei denen es sich Gehör verschafft. Der Gehalt dieses Wortes entspricht also seinem Effekt. Darin gründet die Beziehung von Wort und Sakrament. Denn daß es sich um dieses Ineinander von Wort und Wirklichkeit handelt, wird im Sakrament ausdrücklich und gleichsam zur Darstellung gebracht. Das Sakrament tritt hinzu, um sichtbar und erfahrbar zu machen, daß Gottes Wort ergänzungs*un*bedürftig ist.

Wort und Sakrament – das besagt deshalb für das Sakrament, daß es seinen Sinn und seine Pointe allein im Wort hat und haben kann. Das sakramentale Handeln ist keine von sich aus kräftige Zeremonie, kein Akt einer das Heil verwaltenden und nach eigenem Urteil austeilenden Anstalt und erst recht kein Werk, dessen Wirkmacht darauf beruhen müßte, daß es ordentlich vollzogen wird. Nichts ähnelt in der sakramentalen Feier der christlichen Gemeinde einem heiligen Besitz oder einer geheimnisvollen Sphäre, die Menschen in ihren Bann ziehen wollte. Daß es darum nicht geht, merkt man an den Elementen und an dem Gebrauch, den wir von ihnen machen.

Zu den beiden Sakramenten – es gibt nur zwei, findet doch das Zeichen der Lossprechung seinen prägnanten Ort in der Abendmahlsfeier – gehört das Wasser als das natürliche Element des Lebens schlechthin und gehören Brot und Wein als die elementaren Gestalten einer Natur, die der Mensch kultiviert hat. So selbstverständlich es ist, daß das Wasser zur Reinigung dient, und so offensichtlich es ist, daß die Austeilung von Brot und Wein die festliche Tischgemeinschaft von bloßer Nahrungsaufnahme isolierter einzelner unterscheidet, so unspektakulär ist auch die sakramentale Handlung insgesamt. Wasser bleibt Wasser, Brot bleibt Brot, und Wein bleibt Wein – und dennoch kommt in diesen Elementen die Gegenwart Gottes zum Zuge. Sie kommt zum Zuge kraft des Wortes, das gesprochen wird und das sich der Glaube gesagt sein lassen darf, etwa: »Nimm hin und trink. Dies ist das Blut unseres Herrn Jesus Christus, für dich vergossen zur Vergebung aller deiner Sünden«. Oder: »Ich taufe Dich im Namen des Vaters und des Sohnes und des Heiligen Geistes«. Erst recht stehen die Einsetzungsworte für diese Zusammengehörigkeit von Sakrament und Wort. Nur wo das letztere hinzutritt, wird aus dem Element ein Sakrament (Augustinus).

Freilich: Das Werden des Sakramentes gründet in einem bestimmten Gebrauch, den der Glaube von den Elementen Wasser, Brot und Wein macht. Das wird schon daran deutlich, daß nicht die allgemeinen, religionsgeschichtlich weit verbreiteten Reinigungs- und Opfervorstellungen hier die Hintergrundserfüllung und Deckung schaffen, die jeder Ritus braucht. Vielmehr machen beide Gestalten des Sakramentes spezifische Erinnerungen an die Geschichte Jesu namhaft. Um seinen Tod geht es hier wie dort; verweist doch das Eintauchen in das Wasser der Taufe darauf, daß die Glaubenden mit Christus sterben und mit ihm zu neuem Leben auferstehen (vgl. Röm. 6), und erinnert doch der Verbrauch von Brot und Wein an das gewaltsame Ende des Christus. Zugleich verklammern beide Sakramente die gottesdienstliche Gemeindefeier mit dem historisch erkennbaren Leben Jesu. Die Anfänge Jesu in der von Johannes ausgehenden Taufbewegung, seine Tischgemeinschaft mit den religiös Geächteten und schließlich das letzte Fest vor seiner Passion verankern Taufe und Abendmahl in der Lebenspraxis Jesu. Auch diese Verankerung kommt in den Einsetzungsworten zum Ausdruck.

Daß alles auf das Wort und den Gebrauch ankommt, ist die protestantische Grundüberzeugung. Allerdings haben sich die reformatorischen Kirchen in der Auslegung dieser Grundüberzeugung alsbald zerstritten und für Jahrhunderte getrennt - in Lutheraner und Reformierte, zu denen später aus politischen Gründen auch Unierte hinzukamen -, bevor sie mit der 1973 verabschiedeten Leuenberger Konkordie zu einem Neuanfang fanden. Unbeschadet ihrer unterschiedlichen Bekenntnisse vollziehen die evangelischen

Kirchen seitdem in wechselseitiger Anerkennung wirkliche Kirchengemeinschaft, die sich sachgemäß in der gemeinsamen Feier des Abendmahls manifestiert. Der Protestantismus hat also eine eigene Geschichte mit dem Streit um das Fest, bei dem gegenseitige Aussperrung dominierte, obwohl doch zu ihm alle gemeinsam geladen sind. Diese protestantischen Erfahrungen mit Trennung und Einheit bestimmen auch die Erwartungen mit, die die evangelischen Kirchen heute an die Ökumene haben. Was also war zwischen Lutheranern und Reformierten strittig? Und was ergibt sich aus der geleisteten Verständigungsarbeit für den ökumenischen Dialog?

Die Beziehung des Sakramentes auf das Wort wurde protestantisch um des Glaubens willen betont, ist es doch allein der Glaube, in dem und durch den wir in die Wirklichkeit der rechtfertigenden Gnade eintreten. Doch die Rolle des Glaubens konnte unterschiedlich ausgelegt werden. Gerät sie unter den Dualismus von Sichtbarem und Unsichtbarem, von Leib und Geist, von Äußerem und Innerem, so wirkt sich das auf den Sakramentsbegriff aus. Denn das äußere Zeichen kann als äußeres dann nicht selbst Anteil an der eigentlichen, der inneren, Wirklichkeit haben. Die Gegenwart Christi im Abendmahl erscheint folglich als Sache einer Erinnerung, mit der sich das glaubende Subjekt auf das wesentliche besinnt, wann immer er mit anderen Glaubenden gemeinsam das Mahl feiert. Das Sakrament ist so nicht der Ort gegenwärtiger Erfahrung, sondern nur der Anlaß für eine Erinnerung an das, worum der Glaube weiß und wozu er sich bekennt. Luther sah in dieser Deutung einen deplazierten Minimalismus am Werk, der der Gegenwart Christi nicht gerecht wird. Zwar kommt alles auf den Glauben an, aber der Glaube konstituiert nicht das Sakrament, sondern er empfängt es. *Zuwenig* hat man also gesagt, wenn man die Beziehung von Wort und Sakrament, aber auch von Zeichen und Sache, einseitig zugunsten subjektiver Bedeutungssetzung auflöst.

Zuviel indes sahen die Reformatoren – darin bestand unter ihnen Einigkeit – in der katholischen Praxis in Anspruch genommen.

Die Reformation protestierte gegen die Verabsolutierung des sakramentalen Vollzugs gegenüber Wort und Glaube. Sollte das Brot auch diesseits des Gebrauchs substanzhaft verwandelte, heilige Wirklichkeit sein, so paßte diese Vorstellung zwar gut zum Selbstbewußtsein einer sakramentalen Heilsanstalt, aber nun einmal nur schlecht zur Unbedingtheit Gottes und zum Vorrang des Glaubens.

Obwohl Lutheraner und Reformierte sich hierin einig waren, haben sie ihre Trennung nicht dadurch überwunden, daß sie ihre Differenz zu Rom beschworen. Sie haben sich vielmehr entschlossen, ihre gegenwärtige Auslegung der Botschaft von der Rechtfertigung des gottlosen Menschen nicht auf die theoretischen Voraussetzungen der Lehraussagen des sechzehnten Jahrhunderts zu fixieren. Genau aus diesem Grund sehen sie den Streit um das Sakrament heute auf die grundlegende Frage nach einem Zeichenbegriff zusteuern, der die unterschiedlichen Einsichten und Interessen der Katholiken, der Lutheraner und der Reformierten integrieren könnte. Ohne gemeinsame Arbeit an einem neuen Zeichenbegriff wird die ökumenische Diskussion nicht vorankommen. Ob diese Aufgabe heute gemeinsam aufgenommen wird oder ob sie durch Lehrentscheidungen blockiert wird, die sich hinsichtlich der Anzahl der Sakramente und der Bedeutung des priesterlichen Amtes für den Vollzug des Abendmahls durch zusätzliche Annahmen festgelegt haben, ist die Frage. Denn der innerprotestantische Weg zur gemeinsamen Feier des Abendmahls erinnert alle Kirchen an ihre Verantwortung gegenüber der eigenen Gegenwart, aber auch an das Zentrum, ohne das sie überflüssig wären: an das Evangelium von der Rechtfertigung des Gottlosen und an die Freiheit, die aus ihm entspringt.

Michael Moxter

Gunther Wenz, Einführung in die evangelischen Sakramentenlehre, Darmstadt 1988.

3.
Glaube und Liebe

Vincent Willem van Gogh (1853-1890): *Der gute Samariter (nach Delacroix)* (Ausschnitt), 1889; Öl auf Leinwand, 73 x 60 cm; Rijksmuseum Kröller-Müller, Otterlo.

Van Gogh arbeitete während seines Aufenthaltes in der Heilanstalt von Saint Remy nach Radierungen von Gemälden großer Meister, u.a. auch Delacroix. Er übernimmt zwar weitestgehend Komposition und vor allem Figurengestaltung, doch stellen seine Bilder ganz eigenständige Werke dar, in denen er mit seinen gestalterischen Mitteln sozusagen eine Interpretation oder, wie er selbst es formulierte, Variation der Vorlage schuf.

Das Gleichnis vom barmherzigen Samariter bietet als Bildmotiv vor allem die Möglichkeit der Gestaltung einer emotional bestimmten und auch den Betrachter in seinen Gefühlen ansprechenden Szene.

Bildfüllend sind daher die Figuren des Samariters und des Überfallenen, der gerade auf das Reittier gehoben wird, gestaltet. Van Gogh setzt Delacroix' Vorlage in der für sein Spätwerk typischen Malweise um: Der pastose Farbauftrag und die Pinselführung bestimmen den Eindruck, durch die ganz den Figur- und Landschaftsformen folgenden Pinselstriche bzw. deren unterschiedliche Richtungen hebt sich die Figurengruppe deutlich von der den Hintergrund bildenden Landschaft ab. Für die Bildwirkung ebenso bedeutsam ist die Farbgestaltung in den intensiven Gelbtönen, die durch das kühle, abgemischte Blau in ihrer Leuchtkraft noch gesteigert werden.

Für van Gogh, der sich sehr intensiv mit der Wirkung von Farben beschäftigt hat, besaßen die Farben zudem eigene Symbolkraft: Das von ihm viel verwendete Gelb stand für Freundschaft, war die Farbe der Schöpfung und Herrlichkeit der Sonne. In diesem Sinne unterstreicht die Farbgebung also auch die theologische Aussage des Gleichnisses.

Glaube und Liebe gehören unverzichtbar zueinander. Paulus betont, daß es darauf ankommt, » den Glauben zu haben, der in der Liebe wirksam ist« (Galater 5, 6). Daher ist es im Dialog der Konfessionen irreführend, das Prinzip der »Rechtfertigung allein aus Glauben« einfach der »Werkgerechtigkeit« gegenüberzustellen. Denn »Werkgerechtigkeit« als Prinzip der Rechtfertigung wäre immer eine unchristliche Fehlform persönlichen und kirchlichen Handelns. Der rechtfertigende Glaube bewährt sich in der Liebe zu den Menschen. Daß wir das leben, was wir im Glauben bekennen, ist *der* Glaubwürdigkeitstest, mit dem allein Christen vor der Welt bestehen können.

Das große Dilemma von Kirche und Christen ist, daß die Worte und die gelebte Praxis sehr oft weit auseinanderklaffen. Ein selbstloses diakonisches Dasein für die Menschen gelingt uns immer nur punktuell und bruchstückhaft. Wir bleiben hinter unserer Chance, das Liebesgebot zu verwirklichen, oft erheblich zurück. Dieser Zwiespalt zwischen Gottes gewährter Ermöglichung und unserer schwachen menschlichen Realisierung ist Grund genug, sich bescheiden und demütig zu geben, wenn wir aus unserer Sicht skizzieren, wie der Glaube im Tun der Liebe wirksam wird.

1. Glaube, der Frucht bringt. Der Jakobusbrief betont die Nutzlosigkeit des Glaubens ohne Werke der Liebe (Jakobus 2, 14-17). Taten der Liebe im persönlichen, sozialen und kirchlichen Lebensbereich als Vollzug des Glaubens sind ein inneres Moment unseres Glaubens selbst. Das Tun des Glaubens in der Liebe ist gottgeschenkte Gnade.

Leider sind in der Kirchengeschichte Christen immer wieder der Versuchung erlegen, sie dürften vor Gott und den Menschen auf die Verdienste ihrer guten Werke pochen. Eine »Lohnmoral« ist völlig abwegig und mit unserem Glauben unvereinbar. Wenn Christen, etwa die Heiligen, »sich verdient gemacht haben« um ein gelebtes Zeugnis für das Wirken Gottes in unserer Welt, dann ist das stets als gottgeschenkte Heilswirkung zur Erbauung der Kirche zu verstehen. Die Gemeinschaft der Heiligen, die wir verehren, erweist sich nicht in heroischen Leistungen der Selbstverleugnung, sondern darin, daß sie dem Anruf Gottes gefolgt sind und so zur Teilhabe am Heiligen, am Leben Gottes gefunden haben. Jesus sagt: »Wer an mich glaubt, wird auch die Werke wirken, die ich gewirkt habe« (Johannes 14, 14).

Wer sich gemäß dem Gebot der Nächstenliebe den leiblichen und geistigen Werken der Barmherzigkeit widmet, den kostet es immer auch ein Stück der eigenen Lebenskräfte; dennoch steht es ihm nicht zu, sich dieser Werke vor Gott zu rühmen (vgl. das Gleichnis vom unnützen Sklaven, Lukas 17, 7-10). Aber in diesen Liebeswerken kommt die Barmherzigkeit Gottes zum Durchscheinen. In der Bergpredigt sagt darum Jesus: »So soll euer Licht vor den Menschen leuchten, damit sie eure guten Werke sehen und euren Vater im Himmel preisen« (Matthäus 5, 16). Die Werke der Barmherzigkeit sind eine Vergegenwärtigung des göttlichen Erbarmens; d.h. sie sind »Sakramente« der Liebe Gottes.

2. Diakonie als Gottesdienst der Kirche. In der Diakonie (*caritas*) ereignet sich die Liebe Gottes zu den Menschen. Umgekehrt gilt ebenso: Seit Jesus gekommen ist, kann man Gott nicht mehr am Menschen vorbei lieben. Nächstenliebe ist Verherrlichung Gottes und darum Antwort auf Gottes Dienst an uns.

Die Kirche versteht sich als »Zeichen und Werkzeug« des anbrechenden Reiches Gottes. Darum kann, will und soll sie selbst durch ihre konkrete Lebens- und Handlungsgestalt Sakrament der Liebe Gottes in unserer Welt sein.

Die personal und sozial praktizierte christliche Liebe (*diakonia*) gehört so neben der Verkündigung des Wortes Gottes (*martyria*) und der gottesdienstlichen Feier des Glaubens (*liturgia*) unverzichtbar zum Lebensvollzug der Kirche, wobei sich Diakonie, Verkündigung und Liturgie wechselseitig bedingen, durchdringen und auslegen.

Die Kirche ist berufen, in der Nachfolge Jesu Christi die Diakonie Gottes unter den Menschen zeichenhaft darzustellen und wirksam in Erfahrung zu bringen. Sie muß (oder müßte) sich also in aller Konsequenz und selbstloser Absicht dienend auf die Menschen einlassen und gerade dort präsent sein, wo die Not am größten ist. »Eine Kirche, die nicht dient, dient zu nichts« (Bischof Gaillot).

Die heutige Diakonie bedarf professioneller Kräfte im organisierten Caritasverband. Es ist ein schwerer Irrtum und Verlust, daß die kirchlichen Gemeinden oftmals ihre unveräußerliche caritative Verantwortung kurzerhand auf den Caritasverband delegieren und ihre Praxis auf Verkündigung und Liturgie reduzieren, was auf Dauer das Gemeindeleben aushöhlt und ihm die Anschaulichkeit der soziokulturellen Relevanz des Glaubens raubt.

Da die Diakonie zum Grundvollzug der Kirche gehört, wird jeder kirchliche Amtsträger zunächst zum Diakon geweiht, damit er bleibend der Diakonie verpflichtet ist. Zahlreiche Ordensgemeinschaften widmen sich unter den Gelübden der Armut, der Ehelosigkeit und des Gehorsams weltweit den Ärmsten der Armen und geben so inmitten des Elends Zeichen der Hoffnung und des Lebensmutes.

3. Option für die Armen. Das 2. Vatikanische Konzil hat erklärt: »In den Armen und Leidenden erkennt die Kirche das Bild dessen, der sie gegründet hat und selbst ein Armer und Leidender war« (*Lumen Gentium* 8). In der Folgezeit haben sich große Teile unserer Kirche (leider nicht alle!) zur Welt der Armen hin bekehrt und entdeckt, daß Jesus gerade die Armen und Schwachen, die Kranken und Sünder und nicht zuletzt die Kinder bevorzugt angenommen hat.

Die Gemeinsame Synode der Bistümer in Deutschland hat 1975 erklärt: »Eine kirchliche Gemeinschaft in der Nachfolge Jesu hat es hinzunehmen, wenn sie von den ›Klugen und Mächtigen‹ (1. Korinther 1, 19-31) verachtet wird. Aber sie kann es sich - um dieser Nachfolge willen - nicht leisten, von den ›Armen und Kleinen‹

verachtet zu werden, von denen, die ›keinen Menschen haben‹ (vgl. Johannes 5, 7). Sie nämlich sind die Privilegierten bei Jesus, sie müssen auch die Privilegierten in seiner Kirche sein« (Beschluß: Unsere Hoffnung).

In der helfenden Zuwendung zu den Bedürftigen ist eine hohe Sensibilität gefordert, daß wir den Armen nicht von oben herab mit Almosen begegnen, sondern »in gleicher Augenhöhe«. Der hl. Vinzenz von Paul schreibt: »Du mußt sehr viel Liebe haben; dann werden die Armen um deiner Liebe willen dir das Brot verzeihen, das du ihnen gibst.«

Durch die modernen Medien werden wir mit den ungeheuren Nöten in zahlreichen Ländern weltweit konfrontiert. Aus der Bereitschaft der deutschen Katholiken, die Armen in der sog. Dritten Welt sich nicht selbst zu überlassen, sind die kirchlichen Hilfswerke (MISEREOR, MISSIO, Missionswerk der Kinder, ADVENIAT, Caritas international) erwachsen als Hilfe zur Selbsthilfe.

Zahlreiche Partnerschaften sind entstanden zwischen dem reicheren Norden und dem ärmeren Süden. Durch den wechselseitigen Austausch nehmen wir die Armen und Hilfsbedürftigen nicht nur in ihren Mängeln wahr, sondern ebenso in ihren menschlich-geistlichen Reichtümern, durch die wir sehr beschenkt werden.

Im politischen Leben erfüllt die Kirche ihren diakonischen Auftrag in der prophetischen Anwaltschaft für Gerechtigkeit, Freiheit und Frieden. Ein gerade hierin hoch geachteter Mahner in der Weltöffentlichkeit ist Papst Johannes Paul II. Im Zeitalter der Globalisierung geht es darum, daß die Menschen in den reichen Ländern zuerst den Anforderungen der Gerechtigkeit in den ärmeren Ländern Genüge tun. Man darf nicht als Liebesgabe anbieten, was schon aus Gerechtigkeit geschuldet ist.

In der Nachfolge Jesu entdeckt die katholische Christenheit zusammen mit den Kirchen der gesamten Ökumene immer mehr ihre Weltverantwortung und sieht sich ermutigt, Gott auf der Seite der Armen zu suchen.

Gerd Heinemann

Otmar Fuchs, Heilen und befreien. Der Dienst am Nächsten als Ernstfall von Kirche und Pastoral, Düsseldorf 1990; *Rolf Zerfaß*, Lebensnerv Caritas. Helfer brauchen Rückhalt, Freiburg 1992.

Die Liebe ist der Leib des Glaubens. In ihr tritt das »neue Wesen des Geistes« (Römer 7, 6), das Gott in dem, der glaubt, stiftet, nach außen. In ihr gewinnt die »neue Kreatur« dessen, der »in Christus« ist (2. Korinther 5, 17), Gestalt und Anschaulichkeit.

Wie wird der Mensch Christ? Was macht den Christen zum Christen? In der Antwort auf diese Frage scheiden sich die Konfessionen.

Zwar können katholische und evangelische Christen heute übereinstimmend sagen: allein durch den Glauben. Ein Mensch wird Christ, indem das Verheißungswort Gottes in ihm sich Geltung verschafft und damit zur Erfüllung bringt, was es verspricht. Ist doch der Glaube nichts anderes als die von Gott gewirkte, allein rechtfertigende Anerkenntnis des im Menschen wirksam werdenden Wortes Gottes. Doch in der Bestimmung der Konsequenz, die sich für die Liebe, also die Lebensgestalt des Glaubens, daraus ergibt, gehen die reformatorischen Kirchen einen eigenen, evangelischen Weg.

Als die Grundstruktur menschlichen Lebens haben die Reformatoren erkannt, daß der Mensch darauf angewiesen ist, bejaht und anerkannt zu werden, ein Urteil zu empfangen, das ihn für recht erklärt. Und vom Grunde seines Wesens her ist er bestrebt, sich dieses Ja, diese Anerkenntnis selbst zu verschaffen und sich selbst zu rechtfertigen, selber das Urteil zu sprechen. Das ist sogar dann noch der Fall, wenn dieser Drang zur Selbstvergewisserung in sein Gegenteil umschlägt: in Selbstverachtung, Selbstverdammung, in schiere Verzweiflung an sich selbst. Doch das Urteil über sich selbst ist dem Menschen nicht verfügbar und steht ihm nicht zu. Die Reformatoren haben die Suche nach Selbstvergewisserung nicht etwa verboten. Sondern sie haben gezeigt, daß diese Suche für den Christen hinfällig ist, sich erübrigt hat, ja daß sie töricht und lächerlich wird kraft der Bejahung durch Gott, die der Christ durch den Glauben ratifiziert.

Die Pointe des lutherischen Leitmotivs »allein durch den Glauben« liegt denn auch darin, daß mit ihm das Leistungsprinzip aus dem Gottesverhältnis des Menschen verabschiedet ist. Der Glaube an das Ja Gottes befreit den Menschen von dem Fluch, das sein zu müssen, was er tut. Denn die personale Identität dessen, der seinen Existenzort in Christus hat, ist nicht das Resultat seiner Werke, sondern geht ihnen voraus. Genau darin besteht »die Freiheit eines Christenmenschen«: daß er nicht ist, was er tut, sondern daß er tut, was er ist.

Die Liebe zu den Menschen ist für den, der sich von Gott geliebt weiß, keine Glaubenspflicht. Denn daß ein Christ an den Menschen, die um ihn sind, tut, was ihnen not tut, und die Welt, die er mit ihnen teilt, in liebevoller Hingabe gestaltet und kultiviert, stellt nicht die Voraussetzung, sondern die unmittelbare Folge der Liebe Gottes dar, aus der er lebt. Für den Christen liegt in der Liebe zum Nächsten die selbstverständliche, ja selbstvergessene Konsequenz seines Glaubens. Christliches Handeln ist der Lebensvollzug christlichen Glaubens. Was aber ist das: christliches Handeln? Worin äußert sich die Liebe des Glaubens?

Es gehört zu den basalen Einsichten lutherischer Religionskultur, daß es eine christliche Sonderethik in materialer Hinsicht nicht gibt und daß man darum der Liebe, in der der Glaube tätig wird, ihre Christlichkeit nicht ansehen kann. »Gute Werke haben keinen Namen«, sagte Luther einmal über Tisch. Denn das Christliche einer Liebestat liegt nicht in dem, was damit getan wird, sondern in dem Grund, aus dem es getan wird: ob zur selbstbezüglichen Vergewisserung des eigenen Christseins oder als die selbstlose Lebensäußerung des Christen, dessen Gewißheit allein aus dem Glauben an die ihm von Gott widerfahrene Anerkenntnis sich nährt.

In evangelischer Perspektive sind Glaube und Liebe nicht die zwei Hälften christlicher Existenz, sondern jeweils der ungeteilte, aber unterscheidungspflichtige Ausdruck christlichen Lebens vor Gott (Glaube) in der Welt (Liebe). Die Lebenspraxis des Glaubens ist nicht auf den Gewinn oder die Vollendung des Heils ausgerichtet, weil sie das im Seinszuspruch Gottes schon gewonnene und im Vorgriff der Hoffnung schon vollendete Heil sichtbar macht, in dem sie lebt. Die Liebe geht aus dem Glauben hervor, weil erst und allein die Gewißheit, von Gott geliebt (vgl. Römer 5, 1-5) und dadurch der Sorge um sich selbst enthoben zu sein, die Liebe eines Menschen zu reiner Liebe macht. Jedoch im äußeren Vollzug christlichen Lebens ist beides untrennbar ineinander verwoben: Als Liebe tritt der Glaube stets *spontan* nach außen. Die Liebe vollendet nicht, sondern erweist nur den Glauben: »O, es ist ein lebendig, geschäftig, tätig, mächtig Ding um den Glauben, daß es unmöglich ist, daß er nicht ohne Unterlaß sollte Gutes wirken. Er fragt auch nicht, ob gute Werke zu tun sind, sondern ehe man fragt, hat er sie getan und ist immer im Tun« (Luther).

Die guten Werke sind die selbstverständlichen Früchte des Glaubens. Der Glaube will und kann, was er im Überfluß von Gott empfängt, niemals für sich behalten. Von der Liebe, aus der er lebt, ist sein Leben bestimmt. Der Christ, sagt Luther, gleicht einem Rohr, »durch das der Brunnen göttlicher Güter ohne Unterlaß fließen soll in andere Leute«. In seinem Verhältnis zur Welt manifestiert sich sein Gottesverhältnis, in seiner Lebenspraxis der Grund seines Lebens. Denn die Liebe ist der Leib des Glaubens.

Albrecht Beutel

Martin Luther, Von der Freiheit eines Christenmenschen (1520), in: ders., Ausgewählte Schriften, hg. v. Karin Bornkamm u. Gerhard Ebeling, Bd. 1, Frankfurt 1982, 238-263; *Gerhard Ebeling*, Einfalt des Glaubens und Vielfalt der Liebe. Das Herz von Luthers Theologie, in: ders., Lutherstudien, Bd. 3, Tübingen 1985, 126-153; *Eberhard Jüngel*, Das Evangelium von der Rechtfertigung des Gottlosen als Zentrum des christlichen Glaubens, Tübingen 1998.

4.

Gebot und Gewissen

Jan Lievens (1607-1674): *Abraham und Isaak umarmen einander nach dem Opfer* (Ausschnitt), um 1637; Öl auf Leinwand, 180 x 136 cm; Herzog Anton Ulrich-Museum, Braunschweig.

In den nördlichen Niederlanden entwickelte sich im 17. Jahrhundert eine außergewöhnlich reiche alttestamentliche Historienmalerei. Dies ist angesichts des Bildersturms Mitte des 16. Jahrhunderts und der Tatsache, daß die Kalvinisten hier einflußreichste Konfession waren, zunächst verwunderlich, doch wiederum nachvollziehbar, wenn man weiß, daß die Bilder für den Privatgebrauch bestimmmt waren und das Alte Testament in einer gut verständlichen, freien Übersetzung zur Verfügung stand. Für die Maler boten die biblischen Erzählungen eine Fülle interessanter und zum Teil dramatischer Motive, was der Sichtweise des Barock sehr entgegenkam.

Jan Lievens wählte für sein Bild zur Geschichte der Opferung Isaaks nicht das gängigere Motiv der eigentlichen Opferung, sondern in Anlehnung an die Jüdischen Altertümer des Flavius Josephus von 1636 den Moment der glücklichen Umarmung von Vater und Sohn nach der zurückgenommenen Forderung Gottes. Interessant ist diese Gestaltung vor allem deshalb, weil zwar nicht der offensichtlich dramatische Moment vor der im letzten Augenblick verhinderten Ausführung des Opfers gezeigt wird, aber eine emotional mindestens ebenso ergreifende Situation: Welches Wechselbad der Gefühle muß in Abraham vorgehen, nachdem ihm von Gott zunächst die Opferung des Sohnes abverlangt worden ist, dieses Gebot dann aber wieder zurückgenommen wird?

Lievens gibt Abraham den Ausdruck ungläubigen Staunens und zugleich tiefer Ergebenheit in den Ratschluß Gottes, die Umarmung Isaaks drückt aber die zutiefst menschliche Seite des beschützenden Haltens aus, in das sich der ängstlich blickende Junge zu flüchten scheint. Der Maler hat damit die so schwer verständliche Forderung Gottes an Abraham in ihren emotionalen Konsequenzen nachvollziehbar gestaltet.

Wenn ich genötigt wäre, bei den Trinksprüchen nach dem Essen ein Hoch auf die Religion auszubringen (was freilich nicht ganz das Richtige zu sein scheint), dann würde ich trinken – freilich auf den Papst, jedoch zuerst auf das Gewissen und dann erst auf den Papst.« Es war Kardinal John Henry Newman (1801-1890), der in einem an den Herzog von Norfolk gerichteten Brief pointiert und mit angelsächsischem Humor gewürzt das für einen Katholiken auch schon damals nicht ganz einfache Verhältnis von Gewissen und kirchlichem Lehramt auf den Punkt brachte.

Weder die sittlichen Weisungen der Heiligen Schrift noch jene der Tradition entbinden den Menschen von der Aufgabe, sich in moralisch bedeutsamen Fragen ein Urteil zu bilden. Dabei ist er unter Umständen gehalten, sich von jenen raten und beraten zu lassen, denen er eine überlegene Einsicht in Sachfragen und Autorität in Moralfragen zuerkennt. Doch bereits Thomas von Aquin (1225-1274), einer der bedeutendsten Theologen und Philosophen des Mittelalters, stellt unmißverständlich fest, daß moralische Forderungen den Einzelnen nur über die Vermittlung seines Erkennens und Wissen verpflichten können.

Mit dieser Aussage scheint ein Konflikt zwischen Gebot und Gewissen vorprogrammiert zu sein: Wem gebührt im Konfliktfall der Vorrang – dem objektiven moralischen Gesetz oder dem Gewissen als personaler Instanz der Entscheidung? Wäre das Gewissen als die verinnerlichte Summe moralischen Wissens zu verstehen, gäbe es einen solchen Konflikt nicht. Wäre es als die *unmittelbare* »Stimme Gottes« im Menschen zu begreifen – wie etwa bei Augustinus –, könnte es einen Konflikt ebenfalls nicht geben, denn für den Christen ist es eindeutig, daß man Gott zu gehorchen hat und daß man im Konfliktfalle Gott mehr zu gehorchen hat als den Menschen. Wäre das Gewissen lediglich der Ort, an dem die allgemein gehaltenen Forderungen des moralischen Gesetzes auf die Einzelsituation angewandt werden, könnten dem Gewissen bei dieser Aufgabe Irrtümer unterlaufen, aber ein grundsätzlicher Konflikt könnte nicht entstehen.

Die Frage taucht nicht erst in der Neuzeit auf. Schon im frühen Mittelalter gab es einen heftigen Streit um sie. Peter Abälard (1079-1142) vertrat die Ansicht, es sei Sünde, gegen das eigene Gewissen zu handeln. Dem persönlichen Gewissen komme im Konflikt mit dem objektiven moralischen Gesetz Vorrang zu. Andere widersprachen ihm: So verteidigte Petrus Lombardus († 1164) die uns merkwürdig anmutende Behauptung, das persönliche Gewissen beziehe sich lediglich auf die sittlich erlaubten Handlungen. Was aber vom moralischen Gesetz geboten oder verboten sei, entziehe sich der Prüfung durch das Gewissen.

Dem widersprach wiederum Thomas von Aquin mit aller Entschiedenheit: Wer so redet, hat nicht verstanden, was es mit dem Gewissen auf sich hat. Wer gegen sein Gewissen handelt, der verfehlt sich in einem gegenüber der eigenen Würde wie auch gegenüber Gott. Denn das Gewissen bindet den Einzelnen unbedingt, weil sich in ihm Gottes Wille kundgibt. Das allerdings nicht in der Weise, daß unser Gewissen unmittelbar von Gott belehrt würde, sondern in der Weise unseres menschlichen Erkennens. Nach Thomas kann uns sittliche Wahrheit stets nur in der Weise und in dem jeweiligen Maße verpflichten, wie wir sie als solche zu erkennen vermögen. Deshalb legt er großen Wert auf die Feststellung, daß auch ein Gewissen verpflichtet, das in der Erkenntnis sittlicher Wahrheit unüberwindlich irrt.

Allerdings: Es gibt Wahrheit, die nicht an die Anerkenntnis unserer Freiheit gebunden ist: Das gilt etwa für die Feststellung von Sachverhalten, die wir wahrnehmen können. Pferde, Kühe und Schweine haben in der Regel vier Beine, der Mensch zwei. Ob es draußen regnet oder die Sonne scheint, hängt ebenfalls nicht von der Anerkennung unserer Freiheit ab. Anders verhält es sich aber mit sittlicher (bzw. praktischer Wahrheit): Sie richtet sich stets an unsere Anerkenntnis, weil es in ihr nicht nur um ein einfaches Zur-Kenntnis-Nehmen eines Sachverhaltes geht, sondern um uns selber als Personen. So ist z.B. der Gehorsam gegenüber Autoritäten nur dann sittlicher, sprich verantworteter Gehorsam, wenn wir eingesehen haben, daß es moralisch richtig ist, diesen Autoritäten zu gehorchen. Andernfalls würde es sich um blinden Gehorsam handeln, der nicht selten recht bequem sein kann.

Wenn wir aufmerksam hinschauen, wie Jesus die Menschen unterwiesen hat, bemerken wir: Er hat stets die Freiheit seiner Zuhörerinnen und Zuhörer respektiert, ohne deshalb vom Anspruch der Wahrheit Abstriche zu machen. Wenn es nach dem Johannesevangelium die Wahrheit ist, die uns frei macht (vgl. Johannes 8, 32), dann sind wir um der Freiheit willen gehalten, die Wahrheit zu erkennen, sie anzuerkennen und nach ihr zu leben. Allerdings gibt Jesus selber ein unüberbietbares Beispiel dafür, daß die Wahrheit niemals so vermittelt werden darf, daß die Freiheit des Menschen mißachtet oder überspielt oder mit Drohungen geknebelt wird. Die Autorität des bittenden Jesus sollte das Maßbild jeglicher Autoritätsausübung unter Christen sein – einschließlich der Autorität des kirchlichen Amtes.

Sittliche Wahrheit ist stets so strukturiert, daß sie sich an die freie Anerkenntnis ihrer Adressaten wendet, weil es in ihr zunächst und vor allem um unser Personsein geht. Sie kommt zu ihrem Recht, wenn ihr der Mensch in freier Entschiedenheit folgt und so seiner Berufung als Mensch gerecht wird. Im Gewissen geht es um diese Übereinstimmung des Menschen mit sich selbst als Übereinstimmung mit der Wahrheit seines Lebens. Allerdings ist unser Gewissen fehlbar. Nicht zuletzt deshalb bedarf es der Gewissensbildung. Wir sind nicht nur vor unserem Gewissen verantwortlich, sondern auch für unser Gewissen.

Spricht man vom Gewissen als letzter personaler Instanz, so ist damit gemeint, daß der Mensch seine Verantwortung, die zugleich auch seine personale Würde ausmacht, nicht an andere Instanzen weitergeben kann. Um es einmal zugespitzt zu sagen: Der Christ kann sein Gewissen auch nicht bei »der Kirche« abgeben, um dadurch der Last und Würde eigener Entscheidung enthoben zu sein, denn er muß auch seinen Gehorsam gegenüber der Kirche und deren Lehramt verantworten. Aus diesem Grunde hält die christliche Tradition daran fest, daß auch das schuldlos irrige Gewissen verpflichtet, daß also niemand gegen seine eigene sittliche Überzeugung handeln darf.

Weil das Gewissen nicht einfach identisch ist mit der Summe sittlichen Wissens, verlangt seine Letztinstanzlichkeit, die Frage nach den Gründen, die zur Entscheidung in einer bestimmten Situation maßgeblich sind, bis zu der Grenze voranzutreiben, bis zu der eine Vergewisserung möglich ist.

Hierzu gehört schließlich auch die Hilfe, die das *Lehramt* den Gläubigen in seinen Verlautbarungen bietet. Für einen katholischen Christen haben solche Verlautbarungen die Vermutung der Wahrheit für sich, d. h. er setzt voraus, daß wahr ist, was dort gesagt wird – und das solange, bis er entscheidende Gegengründe geltend machen kann. Wie aber soll er sich verhalten, wenn er der festen Überzeugung ist, solche entscheidenden Einwände zu haben? Sich gegenüber einer als Irrtum erkannten Aussage gleichgültig zu verhalten, verbietet ihm sein Gewissen, das ja selber unter dem Anspruch der Wahrheit steht. Er trägt in solchen Fällen also die Beweislast und bringt seine Gründe in einer Weise vor, die die kirchliche Autorität ihrerseits mit Respekt behandelt. Wer die Wahrheit mit Achtung und Liebe sagt, der kann niemandem schaden.

Mit der heiligen Schrift des Alten und Neuen Testamentes hat die kirchliche Tradition die sittlichen Weisungen stets als Gebote Gottes gedeutet, insofern sich in ihnen Gottes Wille für den Menschen zeigt. Damit wird für die sittliche Ordnung Gott selber als Quelle und letzter Grund benannt. Unbestreitbar ist: Im Anspruch der Gebote begegnet der Mensch wie das Volk insgesamt Gottes heiligem Willen, dem in Gesinnung und Tat zu entsprechen ist. Doch moralisch betroffen sein kann der Mensch nur von einem Gebot, das er kennt und als sittlich verbindlich weiß.

Josef Schuster SJ

Alfons Auer, Das Gewissen als Mitte der personalen Existenz, in: Jürgen Blühdorn (Hg.), das Gewissen in der Diskussion, Darmstadt 1976, 74-91; *Ludger Honnefelder*, Identität und Gewissen, in: Konrad Feiereis (Hg.), Wahrheit und Sittlichkeit, Leipzig 1999, 45-60; *Gerhard Höver/Ludger Honnefelder* (Hg.), Der Streit um das Gewissen, Paderborn u.a. 1993; *Eberhard Schockenhoff*, Das umstrittene Gewissen. Eine theologische Grundlegung, Mainz 1990.

Mein Gewissen bleibt gefangen in Gottes Wort ... Widerrufen kann und will ich nichts, weil es weder sicher noch geraten ist, etwas gegen sein Gewissen zu tun. Gott helfe mir, Amen.« So schließt Martin Luthers Verteidigungsrede am 18. April 1521 auf dem Reichstag von Worms.

Diese Worte, die in einer geschichtsträchtigen Entscheidungssituation gesprochen wurden, bringen für viele »das Protestantische« schlechthin zum Ausdruck. Der Protestant ist seinem Gewissen verpflichtet und nicht einer äußeren Autorität. Er behält sich das Recht vor, in seinem Glauben an Gott selbst zu urteilen, was wahr und falsch, was gut und böse ist. Er ist vor Gott unvertretbar für sich selbst *verantwortlich*. Er hat die *Freiheit* zu dieser Verantwortlichkeit und kann sie an niemand anders delegieren: nicht an die Kirche, nicht an Konzilien, nicht an den Staat und nicht an die öffentliche Meinung.

Man hat den Protestantismus darum eine »Gewissensreligion« genannt. Das will sagen, sein Wesen ist die Freiheit des Individuums nicht nur in Glaubensfragen, sondern letztlich auch in politischer Hinsicht. Auf dem Boden einer solchen Gewissenreligion kann die Kirche nur auf der Basis der Freiheit aller gestaltet werden. Manche meinen, daß der Protestantismus darum auch als die Geburtsstätte der Idee einer neuzeitlichen, pluralistischen Gesellschaft angesehen werden muß, die auf der individuellen Freiheit aller beruht.

Doch das Wort von der »Gewissenreligion« ist mißverständlich, solange nicht eindeutig geklärt ist, was unter Gewissen zu verstehen ist. Es gibt eine antike Tradition, die auch von der christlichen Theologie aufgenommen wurde, nach der das Gewissen als eine »Stimme Gottes« in uns verstanden wurde. Das würde bedeuten, das Gewissen schreibt jedem Menschen mit göttlicher Autorität vor, wie er sich zu verhalten hat und wie die Anforderungen an das menschliche Tun zu bewerten sind. Menschen haben nur auf sich selbst zu hören, wenn sie Gottes Gebot vernehmen wollen. Sie sind keinerlei äußerer Instanz unterworfen. Das Problem, daß dieses Verständnis des Gewissens schafft, ist klar. Die Willkür des eigenen Urteilens ist dann gar nicht mehr klar von dem Gebot Gottes zu unterscheiden, das allen Menschen gilt. Im Extremfall kann es dazu kommen, daß sich selbst ein Verbrecher wie Adolf Hitler auf Luther beruft, weil auch er nur der Stimme seines Gewissen, dem »Gott in uns«, gefolgt sei.

Luthers Verständnis des Gewissens beruht im Unterschied dazu auf der Voraussetzung, daß Menschen *von außerhalb ihrer selbst* begründet, angesprochen und verpflichtet sind. Gott macht sie als Schöpfer zu dem, was sie sind. Er spricht ihnen im Evangelium die Würde bejahter Personen trotz ihrer Sünde zu. Er verpflichtet sie mit seinem Gebot zu einem Handeln, das seinem Willen gemäß ist. Das Gewissen aber meldet dem Menschen, das er in seinem Verhalten und Tun dem Gebot Gottes nicht entspricht. Es tritt als psychische Beunruhigung auf, die anzeigt, daß mit diesem Tun und Verhalten etwas nicht in Ordnung ist.

Es ist insofern keine Instanz im Menschen, die ihm sagt, was er tun soll. Es bezeugt ihm vielmehr im Verhältnis zu Gott die Qualität seiner Tat. Luther hat das Gewissen darum eine »Urteilskraft« genannt. Es urteilt über die Person als Täter, besser: es verurteilt sie. Denn es tritt als aktuelle, bedrohliche Beunruhigung nur auf, wenn das Tun problematisch ist und den Menschen mit sich selbst zu entzweien droht. Es ist also wesentlich das sogenannte *schlechte* Gewissen der sündigen Menschen, die mit Gott und mit sich selbst in Widerspruch geraten.

Ein »gutes Gewissen« dagegen ist das Schweigen des den Sünder beunruhigenden und umtreibenden Gewissens. Der Volksmund sagt nicht zu Unrecht, es sei »ein Ruhekissen«. Es hat nichts Bedrohliches zu sagen, wobei gerade die Tatsache, daß es in dieser Hinsicht schweigt, für die, welche den Gewissenruf kennen, aussagekräftig ist. Das Gewissen wird beruhigt, ja »getröstet«, wenn Gott den Menschen trotz seiner Selbstverurteilung durch das Gewissen bejaht. Dann ist er frei von der Sünde und frei dazu, in

Selbstgewißheit das Rechte zu tun. Das Gewissen ist hier nur insofern im Spiel, als Menschen sich vorgreifend vorzustellen vermögen, daß ihr Gewissen sie verurteilen würde, wenn sie gegen das
handeln, was ihnen im Glauben als Gottes Wille gewiß ist.

Die Warnung vor der zu erwartenden Verletzung des Gewissens
weist allerdings darauf hin, daß Menschen auch im Glauben Sünder bleiben. Sie sind in der Gefahr, die Freiheit des Handelns jeder-
zeit zu mißbrauchen und gegen Gottes Gebot zu handeln. Für diese
Gefahr macht das Gewissen sensibel.

Das ist allerdings nicht so zu verstehen, als versetze das Gewissen Menschen ständig in Angst, etwas Falsches zu tun. Ein solches
Angst- oder Schuldgewissen, mit dem der Mensch sich selbst unter-
drückt, wird nach Friedrich Nietzsche und Sigmund Freud durch
die Verinnerlichung autoritärer gesellschaftlicher Normen erzeugt.
Es bewirkt das Gegenteil von Freiheit und Verantwortlichkeit. Darum ist entscheidend, daß sich das Gewissen, das der Menschlich-
keit von Menschen zugute kommt, überhaupt nur aufgrund der
Erfahrung eines grundlegenden Bejahtseins und Geliebtseins aus-
bildet.

Ein ungeliebter und liebesunfähiger Mensch steht der Ausbildung eines Gewissens selbst im Wege. Darin sind sich Theologie
und Psychologie heute weitgehend einig.

Die evangelische Theologie aber versteht die Erfahrung der Liebe Gottes als den ständig neuen Wurzelgrund des Gewissens. Diese
grundlegende Erfahrung macht Menschen fähig, auf die Verletzungen der Liebe zu reagieren. Spricht das Gewissen, indem es diese
Verletzungen anzeigt, dann ruft es Menschen dazu auf, eine Ordnung der Liebe und der Bejahung zwischen den Menschen als Sache des *eigenen* Selbstseins, der *eigenen* Verantwortung und der *eigenen* Entscheidung zu begreifen. Im Gewissen ist jeder er selbst und
von niemand anders zu vertreten. Aber der Handlungsdruck, der
vom Gewissen ausgeht, hat doch die Tendenz, dem Gebot Gottes
für alle Geltung zu verschaffen, das Jesus als die Summe des Gebo-
tes Gottes verstanden hat: Gott und den Nächsten zu lieben wie

sich selbst (vgl. Matthäus 22, 37-39). Insofern hängen die Stimme des Gewissens und Gottes Gebot doch eng zusammen, so daß es in der Tat »weder sicher noch geraten ist, etwas gegen sein Gewissen zu tun«.

Wolf Krötke

Gerhard Ebeling, Theologische Erwägungen über das Gewissen, in: Wort und Glaube I, Tübingen ³1967, 429-446; *Martin Honecker,* Einführung in die Theologische Ethik, Berlin/New York 1990, 126-144.

5.

Himmel, Hölle, Fegefeuer

Dieric Bouts (um 1415-1475): *Paradies* (linker Flügel eines Weltgerichts-Triptychons), 1470; Eichenholz, 115 x 69,5 cm; Louvre, Paris.

Die Darstellung des Jüngsten Gerichts führte den mittelalterlichen
Menschen die von der christlichen Lehre vertretene Alternative für
das Leben nach dem Tod drastisch vor Augen: Während die Ver-
dammten von monsterhaften Wesen zerrissen und in den Höllen-
schlund gezogen werden, führen engelhafte Wesen die Seligen zu
den Heiligen oder ins Himmlische Jerusalem.

Die Botschaft der Kirche an ihre Gläubigen war eindeutig; der
mittelalterliche Christ lebte in der Furcht, sein Leben nicht gott-
gefällig genug zu leben, um zu den Erlösten zu gehören.

Für das von der Stadt Löwen für das Rathaus in Auftrag gegebene Triptychon erfand Dieric Bouts eine wunderschöne Darstellung
der Seligen, deren Bildidee völlig eigenständig gegenüber der gängigen Ikonographie ist. Der Maler bezieht sich hier wohl auf eine bei
Dionysius dem Kartäuser († 1471) zu findende These, nach der die
erlösten Seelen nach der Befreiung aus dem Purgatorium im irdischen Paradies das Jüngste Gericht erwarten.

Inmitten einer lieblichen grünenden Landschaft voller Vögel
steht in gotischer Architektur der Lebensbrunnen, dessen vier Bä-
che auf die Ströme des Garten Eden anspielen. Dahinter erhebt
sich ein Hügel, zu dem aus allen Himmelsrichtungen die Engel die
Seligen führen, um sie von dort in den Himmel zu tragen. Durch
die Gruppe der Seligen im Vordergrund und die Rückenfigur des
Engels wird der Betrachterblick ins Bild hineingeführt; der Betrachter darf also einen Blick in das ersehnte Paradiestal tun.

Über »Himmel, Hölle, Fegefeuer« zu sprechen im Kontext eines »Ökumenischen Alltagsdialogs«, der nach dem Typischen der jeweiligen Konfession fragt und zugleich nach Verbindungslinien sucht, ist nicht ohne Brisanz. Schließlich haben theologische Einseitigkeiten in eben diesem Zusammenhang, namentlich die von einer Fehlform kirchlicher Verkündigung gestützten spätmittelalterlichen Mißbräuche mit dem »Ablaß« erheblich zur Kirchenspaltung beigetragen.

Gleichzeitig – und das ist eine mindest ebenso große Herausforderung – herrscht bei vielen Menschen heute Unklarheit oder aber blankes Desinteresse an dem Bedeutungsgehalt der Glaubenswirklichkeiten, die mit diesen Begriffen gemeint sind und bezeichnet werden.

1. »Fegefeuer« oder »Läuterung«. Geschichtlich gründet die Lehre von der jenseitigen »Läuterung« (dieser Begriff wird heute meist dem mißverständlichen Wort »Fegfeuer« vorgezogen) in einer doppelten Praxis der frühen Kirche: zum einen im Gebet für die Verstorbenen während der Eucharistiefeier (vor allem im Hochgebet); zum anderen im damals sehr ausgiebigen Bußverfahren für schwere Sünden. Wenn ein Mensch (gerade auch in den frühen Christenverfolgungen) starb, bevor er die ihm auferlegte Buße ganz erfüllt hatte, glaubte die Kirche, daß ihm auch jenseits des Todes von Gott die Gelegenheit gegeben wird, den Bußprozeß zu Ende zu bringen. Dabei, so die Vorstellung, unterstützten die Lebenden die Verstorbenen, weil sie auch über den Tod hinaus einander in der unzerstörbaren »Gemeinschaft der Heiligen« (d.h. der Gemeinschaft aller Glaubenden) verbunden bleiben, eben im gemeinsamen Lebensraum des »Leibes Christi«.

Im Grunde wird mit der Lehre von der »Läuterung« ein besonderer Aspekt des Gerichtes hervorgehoben: nämlich daß die endgültige Begegnung mit der richtenden Liebe Gottes in und nach dem Tod für den sündigen Menschen zu einer *schmerzlich-reinigenden*

Konfrontation mit seiner eigenen Lebensgeschichte führen wird – im Angesicht der oft verletzten und dennoch unendlich barmherzigen Güte.

Diese Läuterung brauchen wir uns weder als einen bestimmten jenseitigen Ort noch als einen zeitlich gestreckten, nach irdischen Zeitmaßen zu berechnenden Zustand vorzustellen, in dem der gestorbene Mensch eine gewisse Zeit lang irgendwie zwischen Himmel und Hölle verweilt. Die Läuterung gehört vielmehr bereits auf die Seite des Himmels; sie ist ein inneres Moment der *positiven* Vollendung, eine Art »Vorhimmel«, der den Menschen für die von seiner Schuld ungetrübte Gemeinschaft mit Gott im Himmel bereiten soll. Zeitlich unausgedehnt, aber doch von einer starken Intensität läßt sie den Menschen von seiner irdischen Schuld frei werden, läßt sie das an Reue und Umkehr in ihm »ausreifen«, was er in seinem Leben bereits begonnen hat.

Hier erhebt sich allerdings eine Frage, die gerade von evangelischen Christen an die katholische Auffassung von der Läuterung immer wieder gestellt wird: Bedarf es wirklich dieser postmortalen Läuterung des Menschen als Vorbereitung auf den Himmel? Genügt dazu nicht die reinigende Vergebung Gottes, die er doch jedem Menschen, der seine Schuld bereut, in der Begegnung mit seiner »richtenden« Liebe ohne Vorbehalte schenkt? Selbstverständlich!

Die Frage ist nur: Wie kommt diese Vergebung so *beim Menschen* an, daß sie ihn »nachhaltig« umwandelt und zur beglückenden Begegnung mit Gottes Liebe fähig macht? Die Lehre von der Läuterung weiß durchaus, daß es allein Gottes vergebende Liebe ist, die den reuigen Sünder von innen her umwandelt und für den Himmel bereitet. Aber sie rechnet auch sehr realistisch damit, daß der Widerstand des sündigen Menschen dagegen nicht gering ist; daß er darum von Gottes Barmherzigkeit einen Läuterungsprozeß gewährt bekommt, der ihm durchaus weh tut. Denn dabei »brennt« diese Liebe gleichsam alle ihn noch besetzt haltenden Auswirkungen seiner irdischen Schuld aus ihm heraus. Wenn wir also von endgültiger Läuterung nach dem Tod sprechen, meinen wir im Grunde diese *menschliche Komponente* der Vergebung unserer Schuld durch Gott.

Hier liegt auch der Sinn des Gebetes *für* die Verstorbenen: Im »Leib Christi« sind wir gerade in der Frage unseres endgültigen Heils unlösbar miteinander verbunden; keiner tritt in seinem Tod allein vor Gottes richtende und vergebende Liebe, sondern immer schon in der Gemeinschaft aller Glieder dieses Leibes. Die betende und liebende Begleitung, die wir nach dem Willen Gottes einander hier auf Erden gewähren sollen, endet keineswegs mit dem Tod. Sie bleibt auch für die Verstorbenen bedeutsam; sie kann mithelfen, ihre Bereitschaft, sich von Gottes vergebender Liebe läutern und verwandeln zu lassen, zu stärken und so wirklich »himmelsfähiger« zu werden. So wird unser Gebet für einen Verstorbenen diesem sowohl in seinem Leben wie auch seinem Sterben, also in seiner letzten Begegnung mit der richtend-läuternden Liebe Gottes zugute kommen, ohne daß wir erkennen können, *wie* das geschieht. Es genügt, auf das »Daß« zu vertrauen und die konkrete »Zuwendung« unseres Betens zum Heil eines Menschen getrost Gott zu überlassen.

Diese selbst im Tod durchtragende Solidarität drückt sich ebenso in unserem Gebet *zu* den Verstorbenen aus, besonders zu den Heiligen, wenn wir sie um Fürsprache und Hilfe anrufen. Diese vertrauende Gewißheit, in allen für uns so unverfügbaren Situationen unseres Lebens und Sterbens dennoch eingeborgen zu bleiben in der Gemeinschaft der (uns bekannten oder unbekannten) »Freunde Gottes«, gehört mit zum Tröstlichsten der christlichen Hoffnung. Denn diese Verbundenheit verleiht unserem Gottes- und Christusbild so menschlich vertraute Züge; sie wehrt der Angst vor dem dunklen Ende und umgibt uns wie ein großer Schutzmantel auch in der Stunde unseres Todes.

2. »Himmel«. Unter »Himmel« verstehen wir im christlichen Glauben sicher nicht einen überirdischen Raum oder einen jenseitigen

Glückszustand, in dem all unsere Träume und Sehnsüchte nach Art eines Schlaraffenlandes erfüllt werden. Wenn wir im biblisch-christlichen Sinn vom Himmel sprechen, meinen wir das uns von Gott zugedachte Ziel der persönlichen und universellen Geschichte; also das endgültige, rundum beseligende »Aufgehobensein« in der Gemeinschaft mit Gott und dem ganzen Leib Christi, ja der ganzen Schöpfung.

»Himmel« ist im Grunde ein anderes Wort für »Vollendung«, insofern deren beglückender Charakter hervorgehoben werden soll. Damit ist uns die ungehinderte Teilnahme am äußerst bewegten, für uns absolut nicht auszuschöpfenden, im Gegenteil: für immer neue, beglückende Überraschungen offenen *Leben* des dreieinigen Gottes und der darin eingeborgenen versöhnten Schöpfung verheißen.

Diese Teilhabe an der Fülle des unendlich-kreativen Lebens Gottes eröffnet uns einen unabschließbaren, dennoch nicht zeitlich ausgedehnten Prozeß des immer tiefer Hineinreifens in das Leben Gottes hinein. Jede Freude des Menschen an dieser Welt, an Gottes guter Schöpfung wird im Himmel Raum haben – wenn sie wirklich in das Fest der versöhnten Schöpfung hineinpaßt, wenn sie sich in das heilige »Spiel« der wechselseitigen Sympathie zwischen dem Schöpfer und seinen Geschöpfen hineinziehen läßt. Alles andere, was damit nicht irgendwie »kompatibel« ist, erübrigt sich in der Freude dieses Festes von allein; es wird wohl von keinem der Mitfeiernden mehr vermißt.

3. »Hölle«. Im Kontrast zu den mit »Himmel« bezeichneten Vorstellungen läßt sich auch verdeutlichen, was wir im christlichen Glauben unter »Hölle« verstehen: »Himmel und Hölle« – die Verbindung dieser beiden Worte durch das kleine, harmlose Wörtchen »und« legt die Vorstellung nahe, als ob es sich um eine grundsätzlich gleichrangige Alternative des menschlichen Endschicksals handele. Etwa nach dem Schema: Für die einen, die »Guten«, steht der Himmel als ewige, beseligende Gemeinschaft mit Gott bereit, für die anderen, die »Bösen«, die Hölle als endgültiges, schmerzvolles Getrenntsein von Gott und den Menschen. So als ob Gott »darüber« stünde und beides, Lohn und Strafe, von außen und von oben zuteile.

Leben, Tod und Auferstehung Jesu vermitteln aber ein ganz anderes Gottesbild und damit auch eine andere Sicht der Vollendung. Danach gibt es für *alle* Menschen nur *eine* letzte Zielbestimmung; und zwar sowohl von Gottes Heilswillen her, der alle Geschöpfe umfaßt, wie auch von unserer menschlichen Natur her, die sich zutiefst nach Leben und Erfüllung sehnt: nämlich den Himmel als endgültiges Ankommen aller noch so verworrenen Lebenswege im Leben Gottes. Allein dazu, zu einem ganz und gar versöhnten Leben sind wir von Gott geschaffen und berufen - jeder ohne Ausnahme.

Die Hölle dagegen steht in unserem Glauben auf einer ganz anderen Stufe: Sie hat keinen eigenen Inhalt oder Sinn, den Gott alternativ zum Himmel daneben stellen würde. Sie ist nichts anderes als das schuldhafte *Verfehlen* dieses guten Ziels, das endgültige Nein und Sich-Abschließen *gegen* alle Lockrufe der Liebe Gottes und *gegen* die innerste Grundrichtung unseres Daseins; eine reine Anti-Haltung, und deswegen im Grunde viel schwerer durchzuhalten: eben nur im totalen Widerspruch zu uns selbst und zu Gottes versöhnender Liebe.

Deswegen haben wir auch im Glauben keinerlei Gewißheit, ob überhaupt jemals ein Mensch aus eigener Schuld sein Lebensziel so völlig verfehlt hat oder verfehlen wird, daß er sich selbst zur Hölle wird. Von *keinem* Menschen hat die Kirche das jemals gesagt, und sie darf es auch nicht. Wir müssen - von den möglichen *Verirrungen* der menschlichen Freiheit her - realistisch mit der *Möglichkeit* der Hölle rechnen, ohne sie jemandem in offener oder heimlicher Rachsucht zu wünschen. *Wenn* diese Möglichkeit eintreten sollte (was wir für niemanden erwarten sollen!), bleibt sie aber dennoch für Gottes Liebe und für unsere sich ihr verdankende Natur die absolut unerwünschte *Abweichung* von der Regel und nicht das »Nor-

male«. Denn *allen* Geschöpfen ist »Leben in Fülle«, Himmel verheißen, und nur wer sich ganz bewußt und freiwillig gegen dieses
Geschenk sperrt, der schafft sich selbst die Hölle. Sie wird ihm
nicht von Gott zugeteilt. Gott teilt nur sich selbst den Menschen
mit; »Hölle« dagegen ist allein das radikale Nein des Menschen
gegenüber diesem Geschenk.

Medard Kehl SJ

Medard Kehl, Und was kommt nach dem Ende? Von Weltuntergang
und Vollendung, Wiedergeburt und Auferstehung, Freiburg i.Br.
⁴2000.

294

Sterben evangelische Christinnen und Christen anders als katholische: weniger getröstet und kaum zuversichtlich? Manche Ärzte und Psychiater haben größere Todesangst bei evangelischen Kranken als bei katholischen bemerkt. Sie vermuten, der evangelische Glaube könne nicht vor der Furcht schützen, mit dem Tode sei »alles aus«, es werde ausgelöscht, worin »ich« gelebt habe und was »mich« bisher getragen hat.

Diese Beobachtung bei Psychosen und an Sterbebetten wirft die Frage auf, ob die evangelische Theologie sich klar und weitreichend genug an Gottes Verheißung gehalten hat: »Siehe, ich mache alles neu« (Offenbarung 21, 3) und an die Erkenntnis: »Ist jemand in Christus, so ist er eine neue Schöpfung« (2. Korinther 5, 17). Hat evangelische Theologie die Tragweite der Zuversicht auf das Handeln Gottes, »der die Toten lebendig macht« (Römer 4, 17), geschmälert? Wenn ja, könnte dies vielleicht von dem strengen Wunsch herrühren, um Gottes willen nicht auf ein »Fortleben nach dem Tode« zu vertrösten und auf diese Weise falsche Hoffnungen zu wecken.

1. Hoffnung angesichts des Todes. Werfen wir, um solche Eindrücke zu überprüfen, einen Blick auf die Praxis evangelischer Kirche, die sich gerade bei ihrem Handeln an Sterbenden und gegenüber Toten von katholischen Riten abgewandt hat!

Im evangelischen Gottesdienst sollte seit jeher jeder Gedanke daran ausgeschlossen werden, menschliches Tun könne das Geschick der Toten beeinflussen. Denn was Verstorbene zeit ihres Lebens verfehlt haben mögen, können wir nicht mehr für sie rückgängig machen, auch nicht durch Gottesdienste für Tote oder durch inständige Fürbitte, die den Verstorbenen Entlastung verschaffen möchte. Wir können ihre Versäumnisse nicht nachholen. Vor Gott ist jede Person unvertretbar, sie hat für alles einzustehen, was sie getan oder unterlassen hat. Nun hat allein er, Gott, mit ihr zu tun.

Doch dies verbietet durchaus nicht, Verstorbene in unsere Fürbitte aufzunehmen. Fürbitte bedeutet ja, daß Betende in ihrem Herzen Raum für andere geben und doch wissen, daß Gott größer ist als ihr Herz. Was vermögen wir überhaupt für andere Menschen zu tun, die außerhalb unseres Wirkungskreises sind? Wirklich für andere bitten können wir nur in den engen Grenzen dessen, was wir von ihnen wissen und wo wir sie wissen. Dabei dürfen wir sie Gottes unermeßlichem Handeln anvertrauen, und dadurch werden wir selber in die Weite und Tiefe dieses Handelns hinein gezogen. Darum gilt gerade für die Fürbitte: »Wir wissen nicht, was wir bitten sollen, wie sich's gebührt; doch Gottes Geist selbst vertritt uns mit unaussprechlichen Seufzern« (Römer 8, 26). Ohne dieses Vertrauen würde das Gebet mißraten, es würde gleichsam zu einem magischen Hebel, der Gott in Bewegung setzen will.

Im Vertrauen darauf, daß Gottes Handeln unermeßlich ist, wurde in evangelischen Gottesdiensten für verstorbene Gemeindeglieder gebetet, und am letzten Sonntag des Kirchenjahres wurde derer gedacht, die Gott im vergangenen Jahr aus ihrer Mitte »abberufen« hatte. Das hat sich in manchen Gemeinden geändert. Dort werden nur noch »Sterbefälle« »abgekündigt«. Die Toten scheinen nur noch einer Mitteilung der Beerdigung wert. Und dann heißt es: »Wir wollen für die Leidtragenden beten.« Warum denn nicht mehr für die Toten?

Kirchliche Handlungen sind beredt. Sie können etwas mitteilen, das theologisch gar nicht so beabsichtigt war. Dann bringen sie auf falsche Gedanken. Zum Beispiel auf den Gedanken, die christliche Gemeinde sei eine Gemeinschaft nur der leibhaftig Anwesenden. Wer dies meinen sollte, muß sich fragen lassen, wie er »Kirche« versteht. Im Glaubensbekenntnis, mit dem wir Gott in jedem Gottesdienst loben, sagen wir: »Ich glaube an den heiligen Geist, die heilige christliche Kirche, Gemeinschaft der Heiligen, Vergebung der Sünden, Auferstehung der Toten und das ewige Leben.« Dies ist ein Fingerzeig darauf, daß unsere Toten, die, die »in Christus entschlafen« sind, zu der Kirche gehören, die weit über unsere Vorstellungskraft hinausreicht. Zur Kirche, die wir glauben: die Gemeinschaft der gerechtfertigten Sünder!

Ein anderer irreführender Gedanke, der aus kirchlicher Praxis entstehen konnte: »Ist jemand tot, dann kann kein Mensch mehr etwas an ihm tun. Wenden wir uns also den Lebenden, ihrer Trauer und ihrer Zukunft zu!« In diesem Sinne setzte es sich vor dreißig, vierzig Jahren durch, die Bestattung vorwiegend als einen Gottesdienst für die Gemeinde der Trauernden anzusehen und so zu gestalten. Eine Beerdigung wird zum Dienst an den Hinterbliebenen. Das ist sie sicherlich auch, aber wenn sie nur dies wäre, verleitet sie zur Vorstellung, der Tod habe ein Leben ausgelöscht, und nun sei nur noch Trauerarbeit zu leisten, die ein allmähliches Abschiednehmen erreiche.

Doch daß die Beerdigung auch und vor allem ein Dienst der Liebe und Achtung für Verstorbene ist, kommt in jüngster Zeit mit Recht wieder mehr zur Geltung. Neue liturgische Entwürfe sehen sogar ein Totengedenken nach sechs Wochen und nach einem Trauerjahr vor. Sogleich regt sich Widerspruch: Ist das nicht schon katholisch? Gegenfrage: Wäre hier vielleicht ein ökumenisches Lernen angebracht? Liturgische Neuerungen müssen allerdings im Glauben hoffnungsvoll begründet sein. Damit werden wir vor Fragen gestellt, die uns angehen: Wer sind wir, wer werden wir sein?

2. *»Ewiges Leben«.* Wenn von den Toten nur gesagt wird, daß sie tot sind – auch wenn dies bloß bedeuten sollte: tot für uns, nicht für Gott –, dann widerspricht dies evangelischem Glauben und seiner Hoffnung. Dies muß mit aller Deutlichkeit gesagt werden, ebenso unmißverständlich wie das andere: Was wir Menschen von uns aus sind und was wir aus uns gemacht haben, kann nicht für immer und ewig bleiben.

Auch die Vorstellung von einer Selbstbewußtheit des Menschen, substanziell abgehoben von seiner Leiblichkeit und deren Verflechtung mit Werden und Vergehen, ist der biblischen Wahrnehmung des Menschen fremd. Sie erwartet die »Auferweckung der Toten« als

Gottes Neuschöpfung. Auf Gott den Schöpfer wird gehofft, der nicht zunichte werden läßt, was er geschaffen und gewollt hat. Diese Erwartung umfaßt alles Leben, das aus Gott und auf Gott hin gelebt worden ist: den ganzen Menschen.

Bei einer christlichen Beerdigung wird Zweifaches zum Ausdruck gebracht: Wir bringen ein gelebtes Leben vor Gott, in der Zuversicht, daß Gott alles, was er an diesem Leben vollbracht hat, bewahren und vollenden wird – und wir geben ein Geschöpf Gottes der Erde zurück, der vergänglichen Welt, aus der es entstanden ist und zu der es wieder zurückkehrt. Auch der Totenacker, ja gerade er, gehört zur Schöpfung Gottes, die unter der Verheißung steht, daß Gott sie vollenden will, indem er einen neuen Himmel und eine neue Erde schaffen wird.

So bringt die Beerdigungspredigt – im Unterschied zu einer Traueransprache oder der Würdigung eines Lebenslaufes – eine Lebensgeschichte in den Zusammenhang der Geschichte Gottes mit den Menschen. Sie erzählt diese Geschichte neu: »Euer Leben ist verborgen mit Christus in Gott« (Kolosser 3, 3). Diese Verheißung wird auch den Trauernden eine Hilfe sein, wenn sie sich an gemeinsames Glück und gemeinsam getragenen Kummer erinnern, wenn Schuldgefühle sie überfallen, wenn sie versäumte Hoffnungen beklagen. Zu diesem verborgenen Leben gehört alles, was ihnen von Gott zuteil geworden ist. Können wir auch nur erahnen, welche unvergleichlichen Ausmaße dieses Wirken Gottes hat und behalten wird?

Die Kirche gibt Sterbenden mit, was ihr anvertraut worden ist: die Zusage der Gegenwart Gottes in Wort und Sakrament, die Gemeinschaft mit Jesus Christus, auf dessen Sterben für uns wir getauft worden sind, die Belebung durch den heiligen Geist: wir sind neu geboren zu einer lebendigen Hoffnung, damit wir mit Christus leben werden (Römer 6, 8).

Die Beerdigung ist auch eine Tauferinnerung. In der Taufe erhalten wir einen christlichen Namen, der unser Leben begleitet und unauslöschlich prägt. Auferstehung heißt, daß Gott uns bei diesem

Namen rufen wird: »Fürchte dich nicht, denn ich erlöse dich; ich rufe dich bei deinem Namen, mein bist du! Wenn du durch Wasser gehst – ich bin mit dir; wenn durch Ströme – sie werden dich nicht überfluten. Wenn du durch Feuer schreitest, wirst du nicht verbrennen, und die Flamme wird dich nicht vernichten. Denn ich, der Herr, bin dein Gott, ich, der Heilige Israels, dein Erretter.« (Jesaja 43, 1-3)

3. Rettung in Gottes Gericht. »Was ist dein einziger Trost im Leben und Sterben? – Daß ich mit Leib und Seele im Leben und im Sterben nicht mir, sondern meinem getreuen Heiland Jesus Christus gehöre.« So lauten die erste Frage, wegweisend fürs Leben und entscheidend fürs Sterben, und die Antwort darauf im Heidelberger Katechismus (1563).

Dieser Trost wird von der Verheißung gehalten,

- daß Gott *das letzte Wort* über mein Leben spricht und daß ich deshalb nicht mit meiner Selbstbeurteilung hoffnungslos allein gelassen werde,
- daß Gott mein Leben *überblickt*, anders, als ich es selbst überschauen und vielleicht auch durchschauen kann, und daß mit seinem Urteil über mich sein verborgenes Handeln in meinem Dasein offenbar wird, alle die unübersehbaren Verflechtungen, Voraussetzungen und Wirkungen und wodurch meine Verantwortung gebildet worden ist, daß ich erkenne (nicht mehr nur glaube), daß ich so und nicht anders geschaffen bin, daß ich erkenne, wie ich erkannt bin (1. Korinther 13, 12),
- daß mein gelebtes Leben eine *unverhoffte Einheit* bildet, weil es von dem Zusammenhang des Handelns Gottes getragen und mit ihm verwoben ist, daß Gottes Gerechtigkeit aus ihm hervortritt und alle Ungerechtigkeit abfällt, daß auch das Verhältnis meines Erleidens zu meinem Tun einsichtig wird, daß dies wahr und offenkundig ist: »Es lebt nicht mehr Ich, es lebt in mir Christus« (Galater 2, 20). Ich werde ein Teil seiner Geschichte. Doch

solange wir existieren, bekommen wir bestenfalls bruchstückhaft und widersprüchlich zu Gesicht, was genau wir da von uns erzählen könnten.

Was wir dann unter »Himmel« und »Hölle« verstehen, was wir uns darunter gar vorstellen können, das sollten wir uns vom Glaubensbekenntnis ausrichten lassen: Jesus Christus ist »gestorben und begraben, hinabgestiegen in das Reich des Todes [frühere Fassung: niedergefahren zur Hölle], auferstanden von den Toten, aufgefahren in den Himmel; er sitzt zur Rechten Gottes, des allmächtigen Vaters; von dort wird er kommen zu richten die Lebenden und die Toten.«

Dieser »Himmel« (englisch: »heaven«) ist als Sphäre Gottes von dem Himmel (englisch: »sky«) unterschieden, der als Erdumhüllung unserer Erfahrung und menschlichen Vorstößen zugänglich ist. Gottes Himmel können wir nicht umgrenzen. Im Himmel sein bedeutet: bei Gott sein. »Hölle« wäre völlige, endgültige Gottverlassenheit. Darum sollten wir das Wort »Hölle« nicht unbedacht in den Mund nehmen. Es weist auf den Abgrund der Gottesferne hin, die unvergleichlich furchtbarer wäre als das Nichts, in das hinein der Tod uns entlassen könnte. Es wäre die Hölle, wenn ich auf immer und ewig mir in meinen Taten und Untaten gegenübergestellt bliebe.

Die Annahme eines »Fegefeuers« ist evangelischer Hoffnung fremd, auch in Form einer allmählichen Verwandlung durch Läuterung. Sie könnte auf den Gedanken bringen, eine Art Bewährungsfrist für rechtes Verhalten gegenüber Gott könne verlängert, für die Empfangsbereitschaft für Gottes Gnade könne ein Aufschub über den Tod hinaus gewährt werden.

Manche evangelische Christen liebäugeln trotzdem mit der Vorstellung einer schrittweisen Läuterung. Ich kenne einen prominenten englischen Physiker und Theologen, der darauf nicht verzichten möchte, weil er Veränderungen stets als Prozesse denkt. Andere evangelische Theologen haben an eine Reinigung jenseits

der Todesgrenze gedacht, wenn sie um das Geschick all derer be-
sorgt waren, die zeit ihres Lebens aus irgendwelchen Gründen von
der Botschaft »Gott will, daß alle Menschen gerettet werden« (1.
Timotheus 2, 4) nicht erreicht wurden. Doch sollten wir es nicht
Gott überlassen, wie er diese Verheißung erfüllt?

Gottes Gericht wird Klarheit bringen: schmerzhaft befreiend
auch darin, daß alle Menschen sich selber so ansichtig werden, wie
sie dies zeit ihres Lebens weder konnten noch wollten. Dies ist
jedoch Grund zur Hoffnung, ja zur Vorfreude. »Mancher, der sich
vor dem Gericht Gottes so sehr gefürchtet hat, wird sich in der
Ewigkeit ein klein wenig schämen müssen, daß er dem Herrn nicht
noch mehr Gnade zugetraut hat.« (Johann Albrecht Bengel)

Gerhard Sauter

Gerhard Sauter, Einführung in die Eschatologie, Darmstadt 1995;
bes. Kap. 5 und 6.

D.

Kleines Lexikon
des konfessionellen Alltags

Lucas Cranach d.Ä. (1472-1553): *Predella des Reformationsaltars* (Ausschnitt), 1547 geweiht; Öl auf Eichenholz, keine Maßangaben; Stadtkirche St. Marien, Wittenberg.

Die wohl in enger Zusammenarbeit Cranachs mit namhaften Theologen der Wittenberger Universität entstandene inhaltliche Konzeption dieses für Luthers Predigtkirche entstandenen Altars sowie die Entstehungszeit machen dieses Werk zu einer Art programmatischer Bildaussage der Reformation.

Die vier Tafeln des Altars stellen vor, was nach reformatorischer Auffassung die Kirche Jesu Christi ausmacht: In ihr wird getauft, versammeln sich die Gläubigen zum Abendmahl, wird Beichte gehört und Vergebung zugesprochen. Die Grundlage aber bildet – dargestellt in der Predella – die Predigt von der göttlichen Liebe, welche sich im Kreuzestod Jesu Christi spiegelt.

So bildet der Gekreuzigte inmitten eines leeren Umraumes die Mittelachse der Predella; am linken Bildrand ist die Wittenberger Gemeinde dargestellt, rechts auf der Kanzel der predigende Luther, mit der rechten Hand auf das Kreuz deutend, während seine Linke auf der aufgeschlagenen Bibel ruht. Mit der Darstellung des Gekreuzigten in diesem kahlen Innenraum, losgelöst von aller illusionistischen Wiedergabe der Golgatha-Szene, wie sie ikonographisch bekannt ist, spielt Lucas Cranach mit den Sehgewohnheiten des Betrachters und findet eine eindrucksvolle bildliche Lösung für die theologische Aussage.

Die Verkündigung des erlösenden Kreuzestodes, die auch in der Predigt geschieht, ist die wesentliche Aufgabe der Kirche. Wirkt das Kreuz fast wie ein Abstraktum, so steht das wehende Lendentuch als Zeichen für die lebendige Gegenwart Jesu Christi in der Gemeinde.

Aaronitischer Segen

Während in der katholischen Messe in der Regel der trinitarische Segen (»Es segne euch der allmächtige Gott, der Vater und der Sohn und der Heilige Geist«) verwendet wird, ist im evangelischen Gottesdienst der auf Aaron, den Bruder Moses und den Ahnherrn der israelischen Priesterschaft zurückgeführte Segen gebräuchlich, wie er in 4. Mose 6, 24-26 überliefert ist: »Der Herr segne dich und behüte dich; der Herr lasse sein Angesicht leuchten über dir und sei dir gnädig; der Herr erhebe sein Angesicht auf dich und gebe dir Frieden«. Diese Segensformel wurde von Martin Luther wieder in den Gottesdienst eingefügt, weil es sich um eine biblische Formulierung handelt.

Im Laufe der Jahrhunderte hat sich der aaronitische Segen für viele Liturgen und Gottesdienstbesucher zu einem unverzichtbaren Teil des evangelischen Gottesdienstes entwickelt, der von manch einem sogar als Höhepunkt empfunden wird. Dies ist vielfach auch auf psychologische Zusammenhänge zurückgeführt worden, wie auf das an das frühe Eltern-Kind-Verhältnis erinnernde Wort vom leuchtenden Angesicht. Daß das Behütetwerden in den Situationen des Alltags, das freundliche Angeblicktwerden und ein umfassender Frieden gut zum Ausdruck bringen, was es bedeutet, gesegnet zu sein, läßt sich leicht nachvollziehen.

In der praktischen Ausbildung der Pfarrerinnen und Pfarrer wird gegenwärtig großer Wert darauf gelegt, daß die Segensgeste in Ruhe, Konzentration und Zuwendung geschieht und so weder leeres Ritual, bloße Gewohnheit noch steife sakrale Zeremonie ist, sondern die konzentrierte Form der Kommunikation zwischen Menschen, in welcher die Ansprache und Zuwendung Gottes erfahren werden kann. Der aaronitische Segen ist noch in der Gegenwart ein priesterlicher Segen, weil schon sein Wortlaut nicht so leicht zu behalten ist. Dies deutet auf die Schwierigkeit, daß im evangelischen Bereich das Segnen trotz der Lehre vom »Allgemeinen Priestertum« fast ausschließlich eine Handlung von Pfarrerinnen und Pfarrern ist, während sich Segenshandlungen im Katholizismus z.T. bis heute auch in Familien finden.

Eine Brücke vom aaronitischen zum trinitarischen Segen läßt sich (über den historischen Sinn von 4. Mose 6, 24-26 hinaus) so schlagen: Es ist der *Schöpfer,* der uns segnet und behütet; unser *Erlöser Jesus Christus* ist es, der über uns die Gnade Gottes leuchten läßt und so unserem Leben den verlorenen Glanz wiedergibt; und es ist Gottes *Heiliger Geist,* der uns vollendet zum verheißenen Frieden.

Michael Meyer-Blanck

D. Kleines Lexikon des konfessionellen Alltags

Ablaß

Der Streit um den »Ablaß« und dessen Mißbrauch im 16. Jh. wurde zum Auslöser der abendländischen Kirchenspaltung. Martin Luther lehnte zwar nicht unbedingt den Ablaß als solchen ab, doch wandte er sich mit Vehemenz gegen die damals üblich gewordene Praxis des »Ablaßhandels« und die darin zum Ausdruck kommende verdinglichende Vorstellung von Gottes Gnade und ihrer Vermittlung. Kein Wunder, daß die bis heute übliche römisch-katholische Ablaßpraxis vielfach noch immer, insbesondere für protestantische Christen, ein Ärgernis darstellt. Doch spielt dabei zweifellos auch das offensichtlich unausrottbare Mißverständnis eine Rolle, als ob im Ablaß auf eine bestimmte Leistung des Menschen hin von der Kirche »Sünden nachgelassen« würden. Dies wäre in der Tat eine dem Glauben an die Rechtfertigung allein aus Gottes Gnade widersprechende Häresie.

Worum geht es in Wirklichkeit? Die personale und ekklesiale christliche Existenz aus der Taufe (und der in ihr vollzogenen Umkehr) erwies sich schon in der Frühzeit der Kirche als weiterhin von der Sünde gefährdet. Bei schweren Vergehen von getauften Christen wurden, sozusagen als »zweite mühsame Taufe«, gemeindlich-kirchliche Bußverfahren notwendig. Die Wiederversöhnung mit der Gemeinde (»Rekonzilia-tion«) wurde den Sündern nach Versetzung in den Büßerstand (charakterisiert z.B. durch zeitweiligen Ausschluß aus dem Gottesdienst sowie Auferlegung von Bußwerken) und nachgewiesener Besserung ermöglicht. Intendiert war ein Prozeß des Wieder-Glauben-Lernens und der moralischen Erneuerung. Das Bewußtsein, daß die Getauften überhaupt nur durch ein Leben permanenter Buße ihrer Berufung gerecht werden könnten, stand im Mittelpunkt. Später, als tätige Buße zeitlich nachträglich zur vorab zugesprochenen Absolution verlangt wurde, verlagerte sich der Akzent soziokulturell bedingt auf die Wiedergutmachung (»Satisfaktion«) der durch die Sünde verletzten göttlichen Gerechtigkeitsordnung. Die Ablaßpraxis hat also ihre Wurzel in der von der Kirche beanspruchten Vollmacht, im Interesse fortschreitender Heilung und Versöhnung die auferlegte Bußzeit bzw. die kanonisch vorgeschriebenen Bußstrafen für die bereits im Bußsakrament durch Gottes barmherzige Liebe getilgten Sünden zu verkürzen (oder ganz zu »erlassen«).

Schon seit dem Frühmittelalter hatte sich die Bußpraxis, nicht zuletzt durch die von keltischen Missionaren eingeführte »Tarifbuße«, in bedenklicher Weise verändert. Für jede Sünde stand in einem Bußbuch die dafür vorgesehene Bußleistung. Diese konnte durch den Beichtvater auch in zu erbringende gute Werke umgewandelt werden. Die »Buße« bestand damals vornehmlich aus Übungen körperlicher »Abtötung« (v.a. im Fasten). Durch die Tarifbuße mit ihren hohen Strafen wurde einem allgemeinen Bußverfall Vorschub geleistet. Durch Redemptionen und generelle Ablässe mußte dem entgegengewirkt werden. Zu Beginn des 11. Jhs. wurden jedoch immer nur Teile einer Buße erlassen, während mit den Kreuzzügen Ende des 11. Jhs. die »vollkommenen Ablässe« Einzug in die Kirche hielten. Ablässe konnten zunächst auch von Bischöfen und Beichtvätern und nicht nur vom Papst gewährt werden. Päpstliche Ablässe, die dann schließlich – schwer mißbräuchlich – auch durch Geld erkauft wurden, gab es erst seit dem 15. Jh. nicht nur für die Lebenden, sondern auch für die Verstorbenen, da man annahm, daß die nicht erfüllten Sündenstrafen im Fegefeuer (Purgatorium) abgebüßt werden mußten. Nach den Protesten der Reformatoren drohte die römisch-katholische Kirche im 16. Jh. endlich jenen die Exkommunikation an, die mit dem Ablaß Handel trieben oder treiben wollten.

An der reinen Ablaßtheologie der katholischen Kirche hat sich bis heute grundsätzlich nichts wesentlich verändert; so hat der neue CIC 1983 das Kapitel über den Ablaß zwar verkürzt, aber letztlich nichts an der Definition von Ablaß geändert. Bestandteile eines vollkomme-

nen Ablasses sind bis heute die sakramentale Beichte, die eucharistische Kommunion und ein Gebet nach der Meinung des Hl. Vaters.

Nach der Unterzeichnung der »Gemeinsamen Erklärung zur Rechtfertigungslehre« (GE) am Reformationstag 1999 in Augsburg gab es nicht nur von protestantischer Seite einige Irritationen über den Jubiläumsablaß 2000. Im Sinne einer Fürbitte der Kirche sollte er die Bereitschaft der Katholiken zu einer »revision de vie« als Glaubensvollzug und damit zur geistlichen Erneuerung unterstützen. Auf protestantischer Seite befürchtete man einen neuerlichen Rückfall in die Praxis der Werkgerechtigkeit, obwohl die GE klar sagt, daß Rechtfertigung allein aus dem Glauben zu gewinnen sei. Es wurde sogar gefragt, ob die Kirchen denn seit der Reformation, die an der Ablaßfrage ihren Ausgang genommen hatte, keinen Schritt weiter gekommen seien.

Christiane Brandt

Allerheiligen

Das Fest »Allerheiligen« (1. Nov.) geht auf verschiedene, bereits im christlichen Altertum nachweisbare Sammelfeste für die in den Gemeinden verehrten und bei Gott vollendeten »heiligen Seelen« zurück – neben Maria, der Mutter des Herrn, waren dies zunächst vor allem die frühchristlichen »Martyrer« (zu denen übrigens auch die meisten Apostel gezählt wurden gab es einen an die Weihe der Kirche »zu Ehren der Jungfrau Maria *und aller Martyrer*« erinnernden Gedenktag (13. Mai). Viele Reliquien von Christen der frühen Kirche, die man aus der Rückschau – vielleicht etwas zu optimistisch – allesamt für Märtyrer hielt, waren um das Jahr 610 aus den Gräbern der Katakomben in das vormalige »Pantheon«, den repräsentativen Kuppelbau der heidnisch-römischen Staatsreligion, umgebettet worden, um sie zu verehren und in der Liturgie zu feiern. Die öffentliche Anerkennung von Heiligen geschah meist unter Erhebung ihrer Gebeine im Beisein des Ortsbischofs. Später sagte man: Sie wurden »zur Ehre der Altäre erhoben«. Die erste *päpstlich* durchgeführte »Heiligsprechung« erfolgte erst im Jahr 993.

Bereits um die Wende vom 8. zum 9. Jh. hat man den allen Heiligen gewidmeten Gedenktag – teilweise unter Preisgabe des bis dahin stark österlichen Akzentes – auf den Anfang des keltischen Jahreslaufs (1. Nov.) gelegt. Dabei wurde das Fest mehr zu einem Ausdruck für den Glauben an die Unvergänglichkeit der Heiligenwelt im Kontrast zur Vergänglichkeit der Naturwelt.

Aus seinem Entstehungskontext heraus wird jedoch sichtbar, daß der Allerheiligentag und mit ihm überhaupt die kirchliche »Heiligenverehrung« einen genuin *österlichen* Ursprung hat. Ihre Geschichte nahm

Ausgang von der Praxis der Verehrung und Heilighaltung der »Blutzeugen«, die (als Männer und Frauen) für ihren Glauben an die Auferstehung Christi, den Märtyrertod gestorben sind. Die Christenheit der Frühzeit, die sich noch als »Kirche aus Juden und Heiden« verstanden hatte, lebte allerdings nicht nur aus dem Glaubenszeugnis der Märtyrer (z.B. »Sankt Stefanus«, »Sankt Laurentius«) und der großen christlichen Apostel (z.B. »Stankt Petrus«; »Sankt Paulus«, »Sankt Jakobus« etc.), vielmehr sah sie sich von einer noch größeren »Wolke von Zeugen« (Hebräer 12, 1) umgeben, zu denen auch die atl. Urväter und Urmütter im Glauben, vor allem die Patriarchen, Propheten und Weisheitslehrer zählten: Abraham, Isaak und Jakob, Sara und Rebekka, Moses und Ahron und Mirjam, David und Salomon. Diese wurden jedoch nur sehr selten und ausdrücklich als »Sancti« bzw. »Sanctae« bezeichnet.

Nach dem Ende der Verfolgungszeit der jungen Kirche hat sich der Begriff des Heiligen »via facti« über den Kreis der Martyrer hinaus erheblich erweitert. Nun wurden auch ausgezeichnete Persönlichkeiten, die kein Martyrium erlitten, aber »im Ruf der Heiligkeit« standen, weil sie eine zeugniskräftige Glaubensbiographie vorzuweisen hatten (sogen. »Bekenner«) nach ihrem Tod in die Zahl der »nobilia membra ecclesiae« oder, wie man seit dem 4. und 5. Jh.

sagte, in »die Schar der Heiligen und Seligen der himmlischen Kirche« aufgenommen; etwa die charismatischen Gestalten des frühen Mönchtums (Antonios, Pachomios, Symeon Stylites der Ältere u. a.) oder herausragende Bischöfe, die als exemplarische Christen galten (z.B. Martin von Tours) oder als theologische Lehrer berühmt und geschätzt waren (Augustinus, Ambrosius), nicht zuletzt viele »heiligen Jungfrauen« (wie »Sankt Cäcilia«, »Sankt Agatha«).

Ihren Höhepunkt erreichte die Heiligenverehrung zweifellos im Mittelalter. Die Zahl der Hagiographien dieser Zeit geht über die 10.000. Die Mehrzahl der Heiligen wurden als »Patrone« von Kirchen und Kapellen, als »Namenspatrone«, als »Berufs- und Standespatrone« sowie als »Nothelfer« angerufen. Die Anhäufung von Schätzen an Reliquien und Reliquienschreinen sowie die bildliche oder figürliche Darstellung der Heiligen nahm einen unvorstellbaren Aufschwung und prägte die damalige Frömmigkeit nachhaltig.

Nach den Bilderstürmen der Reformation erlebte der christliche Heiligenkult in der Barockzeit eine unerwartete neue Blüte. Kirchenräume und Altarwände wurden geradezu zum katechetischen Panoptikum der christlichen Glaubenswelt. Der Blick auf die Bilder regte die Glaubenssinne an, gab Vorahnung der himmlischen Herrlichkeit, führte

wie über eine Brücke in die Heilsgeschichte und war eine Art Veranschaulichung der Osterhoffnung, aber auch eine sinnenhafte Konkretisierung des Mysteriums der Menschwerdung.

In einer Fülle von meist farbig gefaßten Schnitzwerken, Skulpturen und Stukkaturen, die den Altarraum und das Kirchenschiffen zierten, betrachteten die Gläubigen von Kindheit an, neben der göttlichen Dreifaltigkeit und den Erzengeln (Michael, Gabriel, Raffael), die Figuren-Reihen der großen Propheten, der Apostel, Evangelisten (Matthäus, Markus, Lukas und Johannes) und Kirchenlehrer. Sie lernten die Namen und Lebensgeschichten bedeutender Bischöfe und Päpste, Ordensgründer (z.B. Benedikt, Franziskus, Dominikus) oder auch mehr ortsbezogener Heiligen (wie z.B. den hl. Christophorus in den Alpentälern und an Furten) kennen und sie hatten beständig die 14 Nothelfer vor Augen (die bekanntesten von ihnen sind der hl. Blasius sowie die »Drei heiligen Frauen« Margareta, Barbara und Katharina) und vermochten die einzelnen Heiligen an ihren »Attributen« zu identifizieren (z.B. ist der hl. Ulrich von Augsburg immer mit einem Fisch dargestellt). Zu diesem Zweck gab es sogar gewisse Merkverse für die religiöse Volksbildung (»Die Margareta mit dem Turm, die Barbara mit dem Wurm, die Katharina mit dem Radl, das sind die drei hl. Madln.«). Eine der beliebtesten weiblichen Heiligen war und ist die hl. Elisabeth von Thüringen.

Mit einer Vielzahl von Liedern und Gebeten, wurde (und wird) die Verehrung der Heiligen als Vorbilder des Glaubens und als Lehrer christlichen Lebens gefördert. Die wohl feierlichste Form der Anrufung der für die Kirche wichtig gewordenen Heiligen ist die unter anderem bei der Tauffeier der Osternacht ertönende »Allerheiligenlitanei«.

Indessen hat die für das Römische Meßbuch (»Missale Romanum«) von 1970 neugeschaffene Allerheiligen-Präfation in ihrer deutschen Übersetzung eine naheliegende Ausweitung der Festthematik vorgenommen: »Allerheiligen« wird als Fest aller in die Herrlichkeit des Himmels Aufgenommenen (einschließlich der nicht amtlich kanonisierten Heiligen) verstanden, wenn es heißt: »Dort (im himmlischen Jerusalem) loben dich auf ewig die verherrlichten Glieder der Kirche, unserer Brüder und Schwestern, die schon zur Vollendung gelangt sind.«

Es gibt gewichtige Argumente dafür, daß das Festgeheimnis von Allerheiligen eine ausgesprochen kirchentheologische Dimension hat, die künftig wieder stärker hervortreten dürfte: Die ins Credo des Apostolischen Glaubensbekenntnisses aufgenommene »Gemeinschaft der Heiligen« (»Communio sanctorum«) bezog sich ursprünglich nicht nur auf

die »Gemeinschaft der Heiligen im Himmel« und damit zugleich auf die »Gemeinschaft der irdischen Kirche mit der himmlischen Kirche«, sondern meinte in der Zeit der Kirchenväter zunächst »die durch die Teilhabe *am Heiligen* konstituierte *Gemeinschaft der Heiligen*«. Sie bezog sich folglich auf *die ganze Kirche als durch den »eucharistischen Leib Christi« gebildeter »ekklesialer Leib Christi«*. (Erst später gewann die Formel »Communio sanctorum« die Bedeutung von »Gemeinschaft der Heiligen« im Himmel.)

Vielleicht erinnert eine Reihe von altehrwürdigen Traditionen (wie etwa die Bezeichnung »Heiligenwald« für ein Forststück, das dem Unterhalt einer Gemeinde diente, oder die Titulierung des Kirchenpflegers als »Heiligenpfleger«, süddt. »*Holg*«!) an die diesem Urbefund entsprechende Gepflogenheit des Apostels Paulus, *alle Christen als »Heilige«* (als von Gott Erwählte und in ihm Gegründete!) anzusprechen (vgl. die Anrede im Brief an die römische Gemeinde: »An alle in Rom, die von Gott geliebt sind, die berufenen Heiligen«, Römer 1, 7).

Die durch Friedhofs- und Gräberbesuch am Nachmittag von Allerheiligen hergestellte enge liturgische Verknüpfung von »Allerheiligen« mit dem Gedächtnis aller Verstorbenen an »Allerseelen« (2. Nov.) bringt die Gefahr mit sich, daß »Allerheiligen« auf Totengedenken reduziert wird, eröffnet aber auch die Möglichkeit, die Communio der Kirche in eschatologischer Hoffnung wieder als zur Auferstehung in Herrlichkeit berufene Gemeinschaft der Lebenden und der Verstorbenen zu begreifen.

Noch eine Bemerkung zum Schluß: Die erwähnte Verlegung des Allerheiligengedenkens auf den 1. Nov. (durch die Irische und Iroschottische Kirche im 8. und 9. Jh.), die im lateinischen Westen bald Alleingeltung bekam, hat das Fest schon früh in Kontakt gebracht mit altem heidnischem Brauchtum zum Winterbeginn. Obwohl der Ausdruck »halloween«, wie eigentlich leicht erkennbar ist, sich von »hallow evening« ableitet, erinnert das gegenwärtig fast überall wieder in Mode gekommene »Halloween« am 31. Okt. leider kaum mehr jemand an die Feier des Vorabends von Allerheiligen, schon eher an skurrile neuheidnische Rituale oder eine daraus entwickelte neue Masche der Werbung.

Das Fest Allerheiligen und die ganze Geschichte der Heiligenverehrung fordern heute, soviel wird selbst an dieser scheinbaren Nebensächlichkeit deutlich, unweigerlich zu einer Antwort auf die Frage heraus: Wer oder was ist den Menschen von heute (noch) »heilig«?

Walter Fürst

Angelusläuten

 Dreimal täglich – morgens, mittags und abends – läuten in katholischen Gegenden die Glocken vom Kirchturm, um die Gläubigen zum Angelusgebet einzuladen. Benannt ist das Angelusläuten nach dem lateinischen Anfangswort des Gebetes (Angelus Domini = Engel des Herrn). Es besteht aus dem dreimaligen Ave Maria, dem jeweils ein Versikel vorangestellt wird, welcher an das Geheimnis der Menschwerdung Christi erinnert:

Der Engel des Herrn brachte Maria die Botschaft, und sie empfing vom heiligen Geist.

Maria sprach: Siehe, ich bin die Magd des Herrn, mir geschehe nach deinem Wort.

Und das Wort ist Fleisch geworden und hat unter uns gewohnt.

Abgeschlossen wird das Angelusgebet durch eine Oration, die früher jeder gute Katholik und jede gute Katholikin auswendig kannten:

Allmächtiger Gott, gieße deine Gnade in unsere Herzen ein. Durch die Botschaft des Engels haben wir die Menschwerdung Christi, deines Sohnes, erkannt. Laß uns durch sein Leiden und Kreuz zur Herrlichkeit der Auferstehung gelangen. Darum bitten wir durch Christus, unseren Herrn. Amen.

Seinen Ursprung hat Angelusläuten und Angelusgebet in der inkarnatorisch geprägten Spiritualität der Franziskaner, die bereits im 13. Jh. abends, zur Stunde der Verkündigung des Engels an Maria, unter Glockenläuten drei Ave Maria beteten. Im 14. Jh. kam ein morgendliches, im 16. Jh. ein mittägliches Läuten hinzu. In der Neuzeit verschmilzt das Angelusläuten mit den auch sonst verbreiteten Zeitzeichen morgens zu Beginn des Arbeitstages und abends zum Arbeitsschluß.

Mit der Zeit kam nach dem abendlichen Angelus noch das tägliche »Arme-Seelen-Läuten« mit der kleinen Glocke hinzu – zum Gedenken an die Verstorbenen. Nach örtlichem Brauch wird donnerstags zum Abschluß mit der großen Glocke geläutet – zur Erinnerung an die Todesangst Christi.

Angelusläuten und Angelusgebet können durchaus als volkstümliche Teilnahme am Stundengebet der Kirche verstanden werden.

Tobias Kläden

Aschenkreuz → Aschermittwoch

Aschermittwoch

Hochfeste der Kirche pflegen – erstmals geregelt im »Gregorianischen Kalender« durch Papst Gregor den Großen († 604) – mit einer 40tägigen Bußzeit eingeleitet zu werden:

Die »kleine Bußzeit« vor dem Weihnachtsfest (der Advent) begann fortan am 11.11., die »große Bußzeit« (die Fastenzeit) vor dem beweglichen Osterfest in der »Fastnacht« bzw. der carne-vale-Nacht (in

der nicht nur dem Fleisch Lebewohl gesagt wurde).

Es war eine weise Entscheidung des Papstes, die Freude über das Ende des Winters in den christlichen Festkreis zu integrieren. Und nicht umsonst war es im katholischen Rheinland die Kölner Metzgerzunft, die im 13. Jahrhundert erstmals am »Fastelovend«, am Abend vor dem Beginn der Fastenzeit, Freudenumzüge organisierte und die Tradition begründete, als auszeichnenden Orden für erheiternde Beiträge bei den karnevalistischen Zusammenkünften einen Ring Blutwurst zu überreichen.

Am Ende der Fastnachtszeit bzw. des Karnevals aber steht der »Aschermittwoch«, der nun wirklich mit der Fastenzeit ernst macht. Den Gläubigen wird am Morgen nach Fastnachtsdienstag das Aschenkreuz auf die Stirn gezeichnet mit den Worten: »Mensch gedenke, daß du Staub bist und zum Staub zurückkehren wirst« oder »Kehre um und glaube an das Evangelium«. Dies ist die andere Seite der Lebenswirklichkeit; sie bewegte Theresa von Avila zu der Feststellung: »Wenn Rebhuhn, dann Rebhuhn – wenn aber Fasten, dann fasten!«. Karneval – Aschermittwoch – Ostern, in dieser Dynamik – nicht außerhalb – heißt es, leben zu lernen und etwas zu ahnen von der wunderbaren »Leichtigkeit der Religion«

Die »Gelotologie«, die Wissenschaft vom Lachen, definiert das Gelächter (griechisch: »gelos«) als

»Akt der Befreiung in Glückseligkeit«. Wie man weiß, fürchten Dikta-
toren nichts mehr als Untertanen,
die sie auslachen und die notwendige Angst vor ihnen vermissen lassen.
Dem Tod, dem großen »Gewaltherr-
scher« des Kosmos, begegnete die
mittelalterlichen Liturgie mit dem
»Osterlachen« der Gemeinde. Christen lachen sozusagen gemeinsam
den Tod aus! Thomas Morus konnte
nach der Verkündigung des gegen
ihn wegen vermeintlichen Hoch-
verrats verhängten bestialischen To-
desurteils seinen Richtern entgegnen:
»Auf Erden ward ihr meine Richter,
ich hoffe, daß wir uns im Himmel
wiedersehen und zusammen fröhlich
sind« - ein *standing*, das nur dem
möglich ist, der zwei Dinge verinner-
licht hat:

Das Wesen Gottes ist niemals
Haß, sondern Liebe. Und: Kein Haß
kann mich davon trennen, daß ich
eingehe in die Liebe Gottes. Nicht
Golgatha ist das Ende, sondern
Ostern.

Burkard Severin

Ave Maria

 Das beliebteste und verbreitet-
ste Mariengebet in der katholischen Kirche ist das »Ave
Maria«. Es verbindet den Gruß des
Engels Gabriel an Maria: *Gegrüßet
seist du, Maria, voll der Gnade, der
Herr ist mit dir* (Lukas 1, 28) mit
dem Gruß Elisabets: *Du bist gebenedeit unter den Frauen, und gebenedeit ist*

die Frucht deines Leibes (Lukas 1, 42).
Angefügt ist der Name *Jesus* und die
Bitte: *Heilige Maria, Mutter Gottes,
bitte für uns Sünder, jetzt und in der
Stunde unseres Todes.*

Die Verbindung der beiden
Grußworte aus der lukanischen
Kindheitsgeschichte gibt es im Osten
bereits seit dem 6. Jh. und wird im
Westen von dort übernommen (Inschrift in S. Maria Antiqua 7./8. Jh.).
Im 10. Jh. findet sich der Doppel-
gruß als Antiphon im »Officium
parvum« zu Ehren der allerseligsten
Jungfrau Maria und wird von da aus
im 11. Jh. zum Volksgebet. Die An-
fügung des Namens »Jesus« an die
biblischen Worte geht auf Papst
Urban IV. (1261-1264) zurück. Die
anschließende »Bitte an Maria« findet sich zuerst um 1440 bei Bernhardin von Siena, dann auch um 1492
im Kommentar zum Ave Maria von
Savonarola. Besonders der Zisterzien-
serorden förderte die Popularität des
Ave Maria; es wurde zum verbreiteten Wiederholungsgebet. Häufig werden 50 oder gar (in Analogie zu den
150 Psalmen) 150 Ave Maria gesprochen. Schon im 13. Jh. entstehen
Vorformen des Rosenkranzes durch
Einfügung von einzelnen Glaubens-
geheimnissen in das Ave Maria,
jeweils nach der Nennung des Jesus-
Namens.

Bereits damals verlangen Synoden von den Gläubigen neben dem
Glaubensbekenntnis und dem Vaterunser auch die Kenntnis des Ave

Maria. Die in der Folgezeit eingetretene enge Verknüpfung von Vaterunser und Ave Maria ließ dieses zu einer Art heilsgeschichtlichen Erweiterung des Herrengebetes werden. Da seit dem Zweiten Vatikanum auch in der katholischen Kirche das Vaterunser mit der Doxologie (*Denn dein ist das Reich und die Kraft und die Herrlichkeit*) abgeschlossen wird, löste sich (gegen nicht geringe Widerstände) die enge Verbindung der beiden Gebete. Eine hervorgehobene Bedeutung in der Gebetspraxis der Katholiken hat das Ave Maria jedoch nach wie vor im Rosenkranz wie auch beim Gebet des Angelus.

Viele Maler haben den »Englischen Gruß« bildlich dargestellt. Marienkapellen, -wallfahrtsorte und Klöster tragen seinen Namen (z.B. das Kloster Ave Maria Deggingen). Von den musikalischen Vertonungen ist das Ave Maria von Bach/Gounod die bekannteste und populärste.

Tobias Kläden

Beffchen → Talar

Bergpredigt

 Die Bergpredigt hat zu allen Zeiten Menschen unmittelbar angesprochen und überzeugt. Sie ist für viele (auch kirchenferne) evangelische Christen zentrales Element der Botschaft Jesu.

Gleichzeitig war und ist strittig, wie die Ethik Jesu konkret gelebt und verstanden werden soll. So spiegelt sich auch in der protestantischen Auslegungsgeschichte der Bergpredigt die Unmöglichkeit, der Ethik Jesu durch ein Erklärungsmodell gerecht zu werden. Dennoch enthalten alle Auslegungsmodelle ein Wahrheitsmoment.

Einig sind sich alle protestantischen Auslegungsmodelle mit Luther darin, daß die Bergpredigt allen Christen gleichermaßen gilt. Luther wandte sich mit dieser Auffassung gegen die in seiner Zeit geläufige Vorstellung, daß die Forderungen der Bergpredigt nur den »vollkommenen Christen« gelte, nicht aber der Menge der »nur« Glaubenden. Er betonte, daß die ethische Maxime der unbedingten Liebe unterschiedslos für alle Christen maßgebend ist. Dennoch wußte auch Luther um die Schwierigkeiten der Umsetzung des Liebesgebots in einer lieblosen Welt. Daher lehrt er, daß das Böse in der Welt durch Zwang und Gesetz in Zaum gehalten werden muß. In diesem Sinne sollen wir uns als »Weltpersonen« am Gerechten orientieren. Als »Christpersonen« aber sind wir immer zur unbedingten Liebe gefordert.

Luthers Unterscheidung macht deutlich, daß die in der Bergpredigt geforderte Liebe nicht mit weltlichen Mitteln herstellbar ist. Sie lebt von der in Jesus anbrechenden Gottesherrschaft. Fraglich an diesem Modell ist das Verhältnis von Gottesherrschaft und Welt.

In der lutherischen Orthodoxie herrschte das Verständnis der Bergpredigt als Sündenspiegel vor. Nach dieser Auffassung dienen die rigorosen Forderungen der Bergpredigt primär dazu, uns unsere Sündhaftigkeit vor Augen zu führen. Man sieht, wie die Bergpredigt im übermächtigen Schatten der Rechtfertigungslehre (allein der Glaube und nicht die Werke machen gerecht) stand und ihrer ethischen Spitze beraubt wurde. Dennoch ist zweifellos richtig, daß die Bergpredigt unser Arrangement mit dem Bösen aufdeckt. So zeigt beispielsweise das Schwurverbot (Matthäus 5, 33-37), daß wir uns mit der Lüge als unvermeidlichem Element unserer Welt arrangiert haben.

In die Neuzeit fällt die gesinnungsethische Auslegung der Bergpredigt, die allen Versuchen einer wortwörtlichen Umsetzung der Forderungen Jesu entgegenhält, daß es nicht um buchstäbliche Befolgung, sondern um die handlungsbestimmende Gesinnung geht. Fragwürdig wird dieses Auslegungsmodell dann, wenn die Gesinnung gute Werke ersetzten soll. Das Wahrheitsmoment dieses Modells liegt darin, daß die von Jesus geforderte Liebe nicht einfach machbar ist, sondern dem Herzen entspringt, das voll und ganz auf die Gottesherrschaft ausgerichtet und von dieser ergriffen ist.

Nach dem Verständnis der Bergpredigt als Interimsethik, das am Anfang des 20. Jahrhunderts von A. Weiss und A. Schweitzer entwickelt wurde, stand Jesus Verkündigung und Lehre ganz unter dem Eindruck des unmittelbar bevorstehenden Hereinbrechens der Königsherrschaft Gottes. In der Forderung der Feindesliebe gehe es daher nicht um die Gestaltung der Welt, sondern um die letzte Chance zur Umkehr und den Abschied von der Welt. Die Ethik der Bergpredigt ist dann nur Ausnahmeregelung im Angesicht des Endes der Welt.

K. Barth und E. Thurneysen haben die Bergpredigt als Gnadenordnung verstanden. Als solche veranschaulicht sie die Praxis im Gottesreich, erklärt Jesu Verhalten und zeigt den neuen Menschen an, der durch die Gottesherrschaft bestimmt ist. Jesus als der Erfüller der Bergpredigt wird in den Mittelpunkt gerückt. Die radikale Forderung der Feindesliebe beispielsweise ist nur durch Jesus vermittelt erfüllbar. Weil er seine Feinde liebt, wird Feindesliebe in der Welt möglich.

Alle Auslegungsmodelle kommen darin überein, daß es in der Bergpredigt nicht um Praktikabilität geht, um etwas, das weltlich machbar ist. Die Ethik Jesu bleibt an das in Jesus begegnende und in ihm anbrechende Gottesreich gebunden. Fraglich bleibt, wie das Verhältnis von Gottesherrschaft und Welt zu bestimmen ist. Zwinglis Antwort auf diese Frage lautete, daß die göttliche Gerechtigkeit aufgrund ihrer Anziehungskraft wie ein Ferment wirkt, das die weltliche Gerechtigkeit verändert.

Michael Lorenz

Bibelstunde

 Die Bibelstunde ist ein für alle Interessierten offener, meist unter Leitung des Pfarrers/der Pfarrerin sich regelmäßig treffender Kreis, der dem tieferen Verständnis der biblischen Botschaft dient. Üblicherweise werden einzelne biblische Bücher Abschnitt für Abschnitt durchgearbeitet, wobei dem offenen Gespräch und Austausch viel Raum gegeben wird.

Die intensive persönliche Auseinandersetzung mit der Bibel entspricht dem reformatorischen Prinzip des Priestertums aller Gläubigen, nach dem alle Gläubigen im gleichen Verhältnis zu Gott stehen, und dem Schriftprinzip »sola scriptura«, nach dem der Maßstab für das Verständnis der Bibel und des Glaubens aus der Schrift selbst gewonnen wird. Die Form der Beschäftigung mit der Bibel in der Bibelstunde entwickelte sich allerdings erst im Pietismus. Dort und in der Erweckungsbewegung lag der Akzent der Bibelstunde auf der Erweckung zu einem entschiedenen Christentum.

Noch nach 1945 hatte die Bibelstunde ihren festen Platz in der evangelischen Kirche, während sie heute aus vielen Gemeinden verschwunden ist. Nach wie vor aber ist die Bibelarbeit integraler Bestandteil von Kirchentagen und Hauskreisen. Die Form der Bibelstunde hat sich in den letzten Jahrzehnten gewandelt und pluralisiert. Die Erkenntnisse der exegetischen Wissenschaften haben weithin Einzug in die Bibelstunde gehalten: die geschichtlichen Umstände der Texte werden bedacht, Grundgedanken und wichtige Begriffe herausgearbeitet. Kritische Rückfragen, Zweifel und konstruktive Auseinandersetzung sind im Gegensatz zur Gründungszeit der Bibelstunde im Pietismus erlaubt. Neue Funktionen der Bibel werden entdeckt und ausprobiert. So kann sie zur Handlungsmotivation, zur Artikulationshilfe bei Konflikten oder zum Anlaß der Meditation werden. Um die Bibeltexte der Erfahrung zugänglicher zu machen, werden neue Formen wie Lesen mit verteilten Rollen, Bibliodrama, tiefenpsychologische Deutung, Spiel, Tanz u.ä. angewandt. Trotz der sich wandelnden Formen steht nach wie vor der persönliche und dabei sachliche Dialog mit der Bibel im Zentrum, der vom eigenen Vorverständnis zu einem neuen, vertieften Verständnis der Bibel führen soll.

Michael Lorenz

Blasiussegen

 Der Blasiussegen wird in den katholischen Kirchen wohl schon seit dem Mittelalter am

Gedenktag (3. Febr.) des hl. Bischofs und Märtyrers *Blasius von Sebaste* († ca. 316) erteilt: Der Priester hält den Gläubigen, die dazu einzeln vortreten, zwei Kerzen (in Form des Andreaskreuzes) vor Gesicht und Hals und segnet sie mit den Worten: *Auf die Fürsprache des hl. Blasius befreie dich Gott von jeder Halskrankheit und allem anderen Bösen. Im Namen des Vaters und des Sohnes und des Hl. Geistes. Amen.* Häufig wird diese Segenshandlung (»Benediktion«) schon am Vortag im Zusammenhang mit der am Fest der Darstellung des Herrn (»Mariae Lichtmeß«) üblichen Kerzenweihe gespendet.

Seine Ursprünge hat dieser Brauch in Legenden um den hl. Blasius. Die Legende erzählt, Blasius habe einen Jungen geheilt, der an einer Fischgräte zu ersticken drohte, und sie erzählt ferner, Blasius habe bewirkt, daß eine arme Frau das ihr vom Wolf geraubte Schwein wohlbehalten zurückerhielt, worauf sie dem Heiligen, der im Gefängnis saß, Fleisch, Brot und eine Kerze brachte. Dafür versprach Blasius ihr (und allen, die das Kerzenopfer zum jährlichen Gedenken an ihn wiederholen) Wohlergehen und Genesung von Krankheiten.

Durch die Kombination der Legende von der Errettung des Jungen von der im Halse stecken gebliebenen Fischgräte mit der Kerzenspende zur Heilung von Krankheit wurde der hl. Blasius zum bevor-

zugten Helfer vor allem bei Halskrankheiten. Als solcher ist er im Osten seit dem 6. und im Westen spätestens seit dem 9. Jh. bekannt; volkstümlich wurde er im 12. Jh. Und im Spätmittelalter wurde er als einer der 14 Nothelfer angerufen. Nicht zuletzt galt er als Patron der Ärzte, Bäcker und Wachszieher und (vermutlich auf Grund einer popularisierten Etymologie) auch der Blasmusikanten und Windmüller. Seine Verehrung erreichte ihren Höhepunkt im 15. und 16. Jahrhundert. Damals entstand wohl auch die genannte Segenshandlung.

Um einem magischen Mißverständnis entgegenzuwirken, ist der Blasiussegen heute (im deutschsprachigen *Benediktionale* von 1978) meist in einen Wortgottesdienst oder sogar in die Meßfeier eingebunden. In seelsorglicher Hinsicht geht es vor allem darum, im erlösungsbedürftigen Menschen das Vertrauen auf die persönliche, auch das leibliche Wohlergehen umfassende Heilszusage Gottes zu fördern. Nach wie vor wird der Segen von vielen Menschen begehrt und als lebensnahes Glaubenszeichen verstanden.

Tobias Kläden

Buß- und Bettag

 Bußtage gibt es in allen Religionen mit dem Zweck, Einfluß auf das Wohlwollen des Gottes/der Götter zu nehmen. Im AT und im Judentum gilt der Versöh-

nungstag (3. Mose 16) als Landes-
bußtag Israels. In der Alten Kirche
werden neben wöchentlichen Fasten-
tagen im 3. Jh. die vier Quatemberta-
ge (Jahreszeitenfasten) als Bußzeiten
eingeführt. In der Reformationszeit
schreiben die ev. Kirchenordnungen
Buß- und Bettage vor, die oft aus ak-
tuellem Anlaß (z.B. während des 30-
jährigen Krieges) stattfinden. Ein allgemeiner Buß- und Bettag wird auf
Anregung der Eisenacher Konferenz
evangelischer Kirchenleitungen von
1893 an in ganz Deutschland für
den Mittwoch vor dem letzten Sonntag nach Trinitatis eingeführt.

Charakteristisch für Buß- und
Bettage ist, daß die gesamte Bevölkerung angesichts von Not und Gefahr
zu Buße und Gebet aufgerufen wird.
In neuerer Zeit wird dieser öffentliche Charakter zurückgedrängt, der
einzelne Mensch tritt mit seinem
Handeln in den Mittelpunkt. Um
hier einer individualisierenden Eng-
führung gegenzusteuern, wird verstärkt das Motiv der Umkehr in den
Vordergrund gerückt: Nach dem
Eingeständnis der Schuld und der
Bitte um Vergebung kann der
Mensch im Vertrauen auf diese Vergebung seinem Handeln eine neue
Richtung geben und seine Verantwortung für die Welt wahrnehmen.
1994 wurde (Ausnahme: Sachsen)
der gesetzliche Schutz für den Buß-
und Bettag aufgehoben (zur Gegen-
finanzierung der Kosten des Arbeit-
geberanteils an der Pflegeversiche-

rung). Seitdem finden an diesem Tag
in vielen Gemeinden Abendgottes-
dienste statt.

Swantje Eibach-Danzeglocke

Diakon/Diakonin

 Das heutige Amt des Dia-
kons/der Diakonin geht zurück auf die neuere Diakonische Bewegung im 19. Jh. In ersten
Ansätzen christl. Sozialarbeit entstanden Hausgemeinschaften: Th.
Fliedner gründete in Kaiserswerth
ein »Mutterhaus« u. a. für aus dem
Strafvollzug entlassene Frauen. J. H.
Wichern arbeitete mit arbeitslosen
jungen Männern und schuf ihnen
im »Rauhen Haus« in Hamburg
einen Familienersatz. Beide bildeten
die Bewohnerinnen und Bewohner
aus und schickten sie als Helfer/Hel-
ferinnen in die Gemeinden (die Tätigkeit Erziehungs- und Pflegeein-
richtungen entwickelte sich im Anschluß). Hierin liegt der Beginn der
neuzeitlichen Gemeindediakonie begründet. Wichern und Fliedner ziel-
ten langfristig darauf, innerhalb der
kirchlichen Ämterstrukturen ein eigenes Diakonenamt in gemeindelei-
tender Funktion zu installieren, was
ihnen jedoch nicht gelang.

Gemäß frühchristl. Zeugnissen
gliedert sich der Zeugnisauftrag der
Kirche in verschiedene Ämter. Im
Diakonat nimmt die Kirche Verantwortung für den Dienst der Liebe
geordnet wahr. In ihm arbeiten Menschen in unterschiedlichen Hand-

lungsfeldern (Gemeinde, kirchl. Sozial- und Bildungsarbeit, Beratung, diakon. Einrichtungen). Zusätzlich zu ihrer Ausbildung in einem Sozialberuf erwerben sie eine theologisch-diakonische Qualifikation. Als Qualifizierung für Leitungsaufgaben innerhalb kirchl. Handlungsfelder ist eine Diakonenausbildung (mind. 3jähr. Ausbildung zu staatl. anerkannten Sozialberuf, mind. auf Fachschulniveau und mind. 2jähr. theol.-diakon. Ausbildung) mit dem Abschluß Diakon/Diakonin vorgesehen. Als Einstieg in die Diakonenausbildung ist auch ein »Diakonikum« (mind. 650 Std. theol.-diakon. Ausbildung) möglich. Im Anschluß an die ökum. Konsenspapiere von Lima 1982 soll dem Diakonenamt neben seinen spezifischen Aufgaben - gemeinsam mit dem episkopalen und dem presbyterialen Amt - zunehmend auch wieder gottesdienstliches Wirken zuwachsen. Infolgedessen ordinieren einige Landeskirchen in den Diakonat.

Gleichzeitig bestehen weiterhin »Diakonische Gemeinschaften« (Schwestern- bzw. Bruderschaften), in die eingesegnet werden kann, wer eine Erklärung zur Zugehörigkeit zu dieser Gemeinschaft abgibt und den Abschluß mind. eines Diakonikums nachweist. Frauen können als Mitglieder solch einer Gemeinschaft mit dem traditionellen Titel »Diakonisse« genannt werden.

Swantje Eibach-Danzeglocke

Entmythologisierung

 Der evangelische Theologe R. Bultmann hat 1941 mit seinem Vortrag »Neues Testament und Mythologie« eine jahrzehntelang anhaltende Debatte darüber entfacht, wie die mythologisch bestimmte Vorstellungswelt und Sprache des Neuen Testamentes theologisch so interpretiert werden kann, daß die Aussagen mit den Einsichten der modernen Naturwissenschaften und der historisch-kritischen Forschung vereinbar sind.

Im Rahmen seines von dem Philosophen M. Heidegger beeinflußten hermeneutischen Programms der existentialen Interpretation soll der für die menschliche Existenz bedeutsame religiöse Gehalt mythologischer Vorstellungen wie z.B. der Jungfrauengeburt, der Himmelfahrt oder des Jüngsten Gerichtes in einer nicht verobjektivierenden Sprache des Glaubens aufgedeckt werden.

Bultmann will die reformatorische Rechtfertigungslehre konsequent auf die Auslegung biblischer Texte übertragen und von Gott nur so reden, wie der existentiell betroffene Mensch Gottes Handeln erfährt und im Glauben ein neues Selbstverhältnis gewinnt, indem er neue Möglichkeiten der Vergebung, der Freiheit und der Liebe entdeckt.

Martina Kumlehn

Fastenzeit

Als »Fastenzeit« bezeichnen herkömmlich die Katholiken die vom Aschermittwoch bis Gründonnerstag dauernde, (ohne die fünf »Fastensonntage« eingerechnet) 40-tägige Vorbereitungszeit auf die Drei Österlichen Tage (Karfreitag, Karsamstag, Ostern). Seit dem Zweiten Vatikanischen Konzil wird diese, früher stark von der Übung des Fastens geprägte, sogen. »Quadragesima« bevorzugt »Österliche Bußzeit« genannt. Die Zahl 40 deutet in biblischer Tradition auf eine Zeit des Reifens und des Sich-Öffnens für den Willen Gottes hin (vgl. die 40-jährige Wüstenwanderung Israels oder auch das 40-tägige Fasten Jesu in der Wüste; vgl. Matthäus 4, 1ff.).

Das Osterfest gibt der Fastenzeit (deren letzter Abschnitt auch Passionszeit heißt) ihren Sinn. Es geht, wie an Ostern selbst, um die geistlich-leibhafte Erneuerung des Lebens aus der Gnade der Taufe, um Vergebung von Schuld, Lösung aus Abhängigkeiten und ein neues Verhältnis zu Gott. Als Zeichen der Buße ist die Farbe der liturgischen Gewänder das Violett; im Gottesdienst entfallen die feierlichen Elemente Gloria und Halleluja. Die Evangelien-Perikopen und Präfationen der Meßfeiern thematisieren die inhaltliche Ausrichtung der Fastenzeit.

Als bewährte Lebenshilfen zu solcher Umkehr aus dem Glauben gelten in Anlehnung an die Bergpredigt die Trias von Beten, Fasten und Almosen: *Beten* meint überhaupt die geistliche Dimension des menschlichen und christlichen Lebens. Neben den traditionellen Bußgottesdiensten und der Osterbeichte haben sich in den letzten Jahrzehnten während der Fastenzeit in nicht wenigen Gemeinden sogenannte »Früh-« bzw. »Spätschichten« entwickelt, in denen die Glaubenden zum Gebet zusammenkommen. Aus der Tradition der Kreuzweg- und Passionsandachten, besonders an Freitagen, entstand in neuerer Zeit beispielsweise der ökumenische Jugendkreuzweg. Das *Almosen geben* betont die soziale Dimension christlichen Lebens, Nächstenliebe und Verantwortung füreinander. Von daher ist es kein Zufall, daß gerade in dieser Zeit des Kirchenjahres das internationale kirchliche Hilfswerke MISEREOR um Spenden bittet. Das *Fasten* schließlich, als dritter Aspekt, deutet auf die leibhafte Existenz des Menschen hin. Eingebunden in die genannten drei geistlichen Vollzüge ist der teilweise oder gänzliche Verzicht auf Nahrung (Abstinenz) kein Selbstzweck, sondern kann der Neuausrichtung des Lebens dienen. Heute gilt für Katholiken das Fastengebot als verbindliche Norm lediglich noch für den Aschermittwoch und den Karfreitag.

Schon im Mittelalter war deutlich, daß es beim Fasten nicht nur um den Verzicht auf bestimmte Speisen und Getränke geht, etwa Fleisch und Wein, sondern um eine umfassendere Einübung in Nüchternheit und Entsagung. So entstanden im 11. Jh. die sog. »Fastentücher«, mit denen in der Kirche während der Fastenzeit Altarbild und -kreuz verhüllt wurden (»Fasten der Augen«). Das Hilfswerk MISEREOR griff diesen alten Brauch der sogen. »Hungertücher« auf und verband ihn neu mit der Dimension sozialer Verantwortung insbesondere gegenüber den Menschen der Dritten Welt sowie den dortigen Kirchen, aber auch im Gedanken an die vielfach erfahrene spirituelle Bereicherung der materiell Wohlhabenden durch die Armen.

Barbara D. Leicht

Feierabendmahl

 Mit Feierabendmahl wird ein festlicher Gottesdienst in offener Gestalt bezeichnet, in dem das Abendmahl in Verbindung mit einem Thema aus dem Bereich der sozialen oder Weltverantwortung der Christinnen und Christen im Mittelpunkt steht.

Erstmals wurde das Feierabendmahl innerhalb des Forums Abendmahl auf dem 18. Deutschen Evangelischen Kirchentag in Nürnberg 1979 gefeiert. Es war eine bewußt entwickelte neue Gottesdienstform. Ziel war es, das Abendmahl zur kraftspendenden Mitte des Gottes-

dienstes zu machen. In der protestantischen Tradition stand der Abendmahlsempfang meist isoliert am Ende des Gottesdienstes, oft geprägt von einer beklemmenden Atmosphäre, hervorgerufen durch die Reduktion des Abendmahlsgeschehens auf Sündenvergebung und Präsenz Christi. Beim Feierabendmahl wird das Abendmahl zur Feier des neuen Bundes. Der Lobpreis Gottes, die Gemeinschaft der Feiernden mit Jesus Christus und miteinander, und die damit korrespondierende Weltverantwortung stehen in der thematischen Ausgestaltung des Gottesdienstes im Mittelpunkt. Die Gemeinschaft soll hierbei nicht nur eine symbolische sein, sondern soziale Wirklichkeit werden. Dies kommt in der Ausgestaltung kommunikativer Elemente des Gottesdienstes zum Ausdruck. Häufig wird das Abendmahl auch mit einem Sättigungsmahl verbunden.

Die liturgische Ausgestaltung des Abendmahls bietet die Möglichkeit, vielfältige liturgische Elemente zu integrieren, die auch für ökumenische Verständigungsbemühungen eine große Rolle spielen: z.B. Aufnahme von Anamnese und Epiklese, Taizé-Liedern, Symbolhandlungen. Die Gestaltungsprinzipien Elementarisierung, liturgische Vielgestaltigkeit und größere Bandbreite der Ausdrucksformen wirken in die Abendmahlsliturgien der Gemeinden und die Vorschläge im Evangelischen

Gottesdienstbuch hinein. Durch die aktive Beteiligung der Feiernden am Gottesdienstgeschehen steigt deren Mitverantwortung für den Gottesdienst und langfristig gesehen auch die liturgische Kompetenz.

So hat das Feierabendmahl nicht nur seinen festen Ort auf Kirchentagen gefunden, wo es seit 1979 am Freitagabend in den Gemeinden gefeiert wird, sondern hat das evangelische Abendmahlsverständnis insgesamt verändert.

Swantje Eibach-Danzeglocke

Freiheit

 Das Verständnis christlicher Freiheit im reformatorischen Sinne wird durch Luthers Doppelbestimmung gekennzeichnet: »Ein Christenmensch ist ein freier Herr über alle Dinge und niemandem untertan. Ein Christenmensch ist ein dienstbarer Knecht aller Dinge und jedermann untertan.« Der innere Mensch gewinnt seine Freiheit, die ihm durch keine äußere Autorität zugesprochen oder genommen werden kann, im alleinigen Vertrauen auf Gottes Gnade, die ihn annimmt und ihm seine Würde verleiht. Wird Gott als unbedingter Grund menschlicher Freiheit geglaubt, dann relativiert sich nicht nur der Einfluß vermittelnder Instanzen, sondern der Mensch wird vor allem frei von dem Zwang, sich selbst durch sein Handeln in seinem Personsein begründen zu müssen.

Der so von der Sorge um sich selbst befreite Mensch kann in seinem nach außen gewandten Tun die zuvor empfangene Liebe Gottes in der Zuwendung zum Mitmenschen und in der kommunikativen Mitgestaltung der Gemeinschaft weitergeben.

Martina Kumlehn

Fronleichnam

 Das am Donnerstag nach »Dreifaltigkeit« (oder am darauffolgenden Sonntag) von den Katholiken gefeierte Hochfest *Fronleichnam* ist der öffentlichen Verehrung der Gegenwart Jesu Christi in der »Eucharistie« und damit zugleich dem feierlichen Gedächtnis der Einsetzung des »allerheiligsten Altarsakraments« beim letzten Abendmahl Jesu mit seinen Jüngern gewidmet. Der deutsche Name »Fronleichnam« (»Herrenleib«) leitet sich her vom mittelhochdeutschen vrôn = »Herr« und lichnam = »Leib«. Die ursprünglich lateinische Bezeichnung im Missale Romanum war: »*Festum Sanctissimi Corporis Christi*«. Seit 1975, in der deutschen Version des erneuerten römischen Meßbuchs, lautet der Name »Hochfest des Leibes und Blutes Christi«.

Die Einführung des Festes im Hochmittelalter geht zurück auf eine Vision der Augustinernonne Juliana von Lüttich. Im Gebet sah sie die an einer Stelle verdunkelte Mondscheibe. Dies wurde von ihr so gedeutet, daß der Kirche (symbolisiert im

Mond) ein Fest fehlt, das in besonderer Weise die Eucharistie ehrt. So wurde auf Julianas Anregung und eine entsprechende Anordnung des Bischofs hin 1246 in Lüttich erstmals »Fronleichnam gefeiert«. Der ebenfalls aus Lüttich stammende Papst Urban IV. schrieb das »Corpus-Christi-Fest« 1264 für die gesamte lateinische Kirche vor, und zwar mit einer dreifachen Begründung: Widerlegung der sakramenten-theologischen Irrlehren, Wiederherstellung der Ehrfurcht vor dem Sakrament und dankbare Erinnerung an dessen Einsetzung. Erste Fronleichnamsfeiern (zunächst ohne Prozession) fanden noch im selben Jahr in Münster, Rom und Orvieto statt.

Mit großer Wahrscheinlichkeit stammen die liturgischen Texte des Festes im Kern von Thomas von Aquin. Größte Popularität gewann die von ihm geschaffene Sequenz »Lauda Sion«. In dem 24-strophigen Gesang hat die Eucharistielehre des Hochmittelalters gültigen Ausdruck gefunden. Die deutsche Übersetzung wurde zu einem viel gesungenen Kirchenlied, das die religiöse Atmosphäre und Erfahrung des Fronleichnamsfestes über Jahrhunderte hinweg geprägt hat:

»Deinem Heiland deinem Lehrer, deinem Hirten und Ernährer, Sion stimm' ein Loblied an! Preis aus Kräften Seine Würde, da kein Lobspruch keine Zierde Seinen Wert erreichen kann.

Dieses Brot sollst Du erheben, welches lebt und gibt das Leben; denn man zeigt Dir jenes Brot, welches Christus einst im Saale bei dem letzten Abendmahle Seinen Jüngern liebreich bot.

Was von Christus dort geschehen, sollen wir fortan begehen, Seiner eingedenk zu sein: folgsam heiligen Befehle, weih'n zum Heile unserer Seele wir als Opfer Brot und Wein.«

Das feierliche *Gedächtnis* der geschichtlichen Taten Gottes, die erlösende *Gegenwart* des Heils und die Verheißung der *zukünftigen himmlischen Gemeinschaft* mit den Heiligen kennzeichnen den theologischen Duktus und die religiöse Dynamik dieses Textes. Das Lied schließt mit den folgenden Strophen:

»Sehet hier die Engelsspeise, die auf unsrer Pilgerreise nährt und stärkt uns immerdar. Vorgebildet ist im alten Osterlamm sie schon enthalten und im Manna wunderbar.

Guter Hirte nähr uns Arme, Jesus, unser Dich erbarme, schirme uns mit starker Hand. Selig laß uns dann dort oben, Dich mit allen Heilgen loben, in dem ew'gen Vaterland.«

Seinen ausgesprochen volkstümlichen Charakter erhielt Fronleichnam vor allem durch die *Fronleichnamsprozession*, die, dem Vorbild der Bittprozessionen nachgebildet und inspiriert vom Gedanken des Pilgerweges, im Laufe der Zeit die Gestalt einer theophorischen Prozession höchster Feierlichkeit annahm: Das »Allerheiligste« in der Gestalt der konsekrierten »Hostie« wurde und wird von dem unter einem »Traghimmel« schreitenden zelebrierenden Priester in der kunstvoll verzierten und vergoldeten »Monstranz« sichtbar getragen, von Presbytern und Ministranten in feierlichen Gewändern auf dem oft mit Blumen bestreuten Prozessionsweg begleitet und gefolgt von Instrumentalmusikern und Chorsängern sowie den übrigen nach Rang, Zunft, Geschlecht und Stand geordneten Gläubigen, die farbenprächtige Fahnen und Bilder aus der Heilsgeschichte mit sich führen. An vier Stations-Altären (einer für jede Himmelsrichtung) wurden (und werden) die Anfangstexte aus den vier Evangelien gelesen oder gesungen und anschließend der feierliche »sakramentale Segen« erteilt.

Im polemischen Gegenüber zur Reformation – für M. Luther galt Fronleichnam als das »allerschädlichste Jahresfest«, da dem Fest seiner Meinung nach die biblische Grundlage fehlte und er Prozessionen als Gotteslästerung empfand – trat jetzt, verstärkt nach dem Trienter Konzil, der römisch-katholische Charakter der Fronleichnamsprozession als offensives Bekenntnis und demonstrativ in der Öffentlichkeit entfaltetes Sakramentenlob in den Vordergrund. Erst die Liturgiereform des Zweiten Vatikanischen Konzils hat den Titel des Festes auf das Sakrament in seiner Vollgestalt (Teilhabe

am Leib *und Blut* Christi) erweitert und eine biblische, patristische und ökumenische Neubesinnung und Neugestaltung des Festgeheimnisses eingeleitet. Feier und Empfang der Eucharistie traten im Unterschied zum herkömmlichen Verständnis des Meßopfers wieder klarer hervor und in den Mittelpunkt. Zwar verlor in diesem Zusammenhang die Prozession, als Ausdrucksgestalt des einstigen katholischen »Prangtages«, an Bedeutung, doch kann und soll nach katholischer Auffassung das Fronleichnamsfest auch künftig das Bekenntnis des christlichen Glaubens bestärken, daß Gott in Christus Mensch wurde, in seinem Kreuzestod und seiner Auferstehung Hoffnung aufscheint, die Welt, trotz allem Bösen, Gottes Schöpfung bleibt und die Existenz des Menschen auf Erden eine Pilgerschaft zum Ewigen ist.

Christiane Brandt

Gewissen

 Luther hat im Anschluß an Paulus unter Gewissen nicht nur eine Bewußtseinsinstanz für ethisch-moralische Normen, die uns zur Erkenntnis des Guten leitet, verstanden, sondern es im Rahmen seiner reformatorischen Theologie als transmoralisch-letztinstanzliche Größe begriffen, die mit dem Glauben aufs engste verbunden ist. Im Gewissen spiegelt sich die existentielle Gottesbeziehung des Menschen wider. Das verzweifelte Gewissen, das in der Spannung von Selbstanklage und Selbstgerechtigkeit aus eigener Kraft und eigenem Tun kein glückendes Gottesverhältnis stiften kann, wird allein im glaubenden Vertrauen auf Gottes Liebe und Barmherzigkeit, die in Christus sichtbar geworden ist, getröstet und überhaupt erst zum Handeln bzw. zur Annahme von Schuld befreit. Gewissensfreiheit im reformatorischen Sinne meint also nicht einfach sittliche Autonomie, sondern bleibt immer an die im Glauben geschenkte Gottesbeziehung gebunden, die Identität und Unverfügbarkeit der Person sichert, die jeden Zwang in Glaubensfragen ablehnen muß und ethische Verantwortung begründet.

Martina Kumlehn

»Gerecht und Sünder zugleich«

 Mit dieser Formel Martin Luthers (auf Lateinisch »simul iustus et peccator«) wird in der evangelischen Theologie die Situation des Menschen vor Gott beschrieben. Sie gehört in den Zusammenhang des theolog. Begriffs der »Rechtfertigung«: Blickt der Mensch auf sich selbst, sieht er, daß er die Gerechtigkeit Gottes nicht erlangen kann und Sünder ist; blickt der Mensch auf Gott, sieht er, daß Gott ihm seine Gerechtigkeit zuspricht (Rechtfertigung). Sünde ist hierbei – im Gegensatz zur Schuld, die das Verhältnis der Menschen zueinander

beschreibt – stets so zu sehen, daß damit die Beziehung des Menschen zu Gott beschrieben wird: Wenn der Mensch den Blick von Gott wendet, verstrickt er sich immer tiefer in sich selbst; er kreist immer stärker um sich selbst, anstatt sich im Gegenüber des rettenden Gottes zu sehen. Der Mensch als Sünder ist darauf angewiesen, daß der gnädige Gott ihn gerecht spricht. Diese Gerechtsprechung Gottes geschieht weder aufgrund der Leistungen des Menschen, noch indem die Taten, mit denen der Mensch an seinen Mitmenschen schuldig wird, unter den Teppich gekehrt werden. Vielmehr läßt sich folgende Szene vorstellen:

Der Mensch steht als Sünder, der die Gerechtigkeit Gottes verfehlt, vor Gott und wartet auf das Urteil Gottes. Als er das Urteil empfängt, wird ihm deutlich, daß es sich gar nicht auf seine Sünde stützt, sondern daß quasi die Anklageschrift vertauscht wurde: Der Urteilsspruch stützt sich auf die Gerechtigkeit Jesu Christi, die uns zugesprochen wird, nicht auf unser Handeln.

Es ist also nicht unsere eigene Gerechtigkeit, mit der wir uns schmücken können, sondern eine fremde, die uns umfängt. Indem der Mensch auf Jesus Christus blickt, erkennt er die Gnade Gottes, in der er ein Gerechter ist. Da der Mensch hierzu nichts beitragen kann, dies aber immer wieder versucht, ist er Sünder.

Dieses Menschenbild hat Auswirkungen auf die gesamte evangelische Theologie und Kirche. Es erinnert daran, daß jeder Mitmensch ebenso wie ich selbst stets in dieser doppelten Charakterisierung gesehen werden muß. Dadurch befreit es auch in schwierigen Situationen zu neuen Handlungsmöglichkeiten: Ich kann den an mir oder anderen Mitmenschen schuldig gewordenen Menschen als vor Gott ebenbürtig erkennen und ihm vergeben, ohne seine Schuld übergehen zu müssen. Zugleich befreit die Rechtfertigung durch Gott von dem Leistungsdruck, der entsteht, wenn ich damit rechnen muß, meine Gerechtigkeit selbst erlangen zu müssen: Ich muß mein Leben nicht immer neu vor Gott und den Menschen rechtfertigen, sondern kann es als Geschenk annehmen.

Swantje Eibach-Danzeglocke

Gottesdienstvorbereitungskreis

 Der Gedanke des Gottesdienstvorbereitungskreises. fußt auf der reformatorischen Grundeinsicht in das Priestertum aller Getauften, die keinen aus der Gemeinde herausgehobenen geistlichen Stand zuläßt, sondern lediglich professionell ausgebildete Pfarrerinnen und Pfarrer mit besonderen Aufgaben beauftragt. Die Verantwortung für den Gottesdienst als Mittelpunkt der Gemeinde soll somit bei der Gemeinde selbst liegen.

Daraus folgt, daß die vorwiegend rezeptive Grundhaltung der Gemeinde im Gottesdienst aufgehoben werden soll, indem Gemeindeglieder sich gemäß ihrer Begabungen einbringen. Dies ermöglicht kreative Zugänge zur Gottesdienst- und Predigtarbeit sowie einen stärkeren Bezug des Gottesdienstes auf die Lebenswirklichkeit der Teilnehmenden. Voraussetzung hierfür ist, daß Gottesdienste gemeinsam mit einer Gruppe aus der Gemeinde vorbereitet werden. Hierzu lassen sich zwei Modelle vorstellen: 1) Es bietet sich an, aus der Arbeit mit bestehenden Gruppen heraus einzelne Gottesdienste vorzubereiten (Jugendgruppe, Kindergarteneltern, Frauengruppe etc.). Diese Art der Vorbereitung trägt dazu bei, den Gottesdienst in der Gemeinde zu vernetzen. 2) Es ist möglich, einen Gottesdienstvorbereitungskreis als eigene feste Gruppe in der Gemeinde zu etablieren. Dieser Kreis ist dann eine »liturgische Basisgruppe«, die gemeinsam die Verantwortung für die Gottesdienste der Gemeinde übernimmt. Diese beginnt bei der wöchentlichen Vorbereitung und reicht bis zu einer gemeinsamen Jahresplanung, die die Gottesdienste auf besondere Ereignisse in der Gemeinde/Feste abstimmt, Gottesdienstreihen plant und Veranstaltungen, die die Themen der Gottesdienste aufgreifen, anregt. Die Rolle des Pfarrers/der Pfarrerin verschiebt sich hierbei vom Alleinverantwortlichen für den Gottesdienst zum Moderator und Auskunftsbüro für diese Gruppe, die zunehmend selbständiger wird. Für die Teilnehmer solch eines Kreises ist sowohl eine gemeindeinterne als auch überregionale Fortbildung wichtig, die zur Erlangung liturgischer Kompetenz beiträgt.

Ein ständiger Kontakt des Kreises mit allen für den Gottesdienst Verantwortlichen (Presbyterium, Kirchenmusiker, Küster) ist notwendig, sofern sie nicht ohnehin in ihm mitarbeiten.

Swantje Eibach-Danzeglocke

Heiligenverehrung → Allerheiligen

Heiliger Antonius (von Padua)

 Wer ist Antonius, dessen Name bisweilen etwas süffisant mit dem Zusatz »Patron der Schlamper« versehen wird? Der aus einer portugiesischen Adelsfamilie stammende und auf den Namen »Fernandez« Getaufte war zunächst Augustiner-Chorherr, bevor er 1220 bei seinem Eintritt in das Franziskanerkloster St. Antonius zu Coimbra als vermutlich 25jähriger den Namen des großen ägyptischen Einsiedlers und Kirchenvaters annahm. Als begnadeter Prediger wirkte er, durch Krankheit an der Missionstätigkeit in Marokko gehindert, in Südfrankreich und Oberitalien bis zu seinem Tod im Jahre 1231 bei Padua. Franziskus bestimmte ihn, der in der theologischen Tradition des Augu-

stinus stand und als hervorragender Kenner der Heiligen Schrift galt, zum ersten Lehrer der Theologie für seine Minderbrüder.

Die Legende berichtet u.a., daß sich – als die Einwohner von Rimini einmal seine Predigt nicht hören wollten – die Fische am Ufer des Meeres versammelten und ihre Köpfe lauschend aus dem Wasser streckten. Dieses Wunder habe fast die ganze Bevölkerung der Stadt bekehrt. Schon 1232 wurde Antonius von Papst Gregor IX. kanonisiert. Seine Gebeine übertrug man 1263 in die Wallfahrtskirche von Padua.

Antonius ist einer der beliebtesten Volksheiligen geworden. Seine Beliebtheit deckt ein ganzes Spektrum an »Zuständigkeiten« ab: Er wird verehrt als Patron der Liebenden, der Ehe und der Entbindung, als Helfer gegen Unfruchtbarkeit, Fieber und Viehseuchen sowie als Schutzpatron des Bergwerks.

Vor allem aber gilt Antonius als »Wiederbringer verlorener Dinge«, was ihm in nicht wenigen Kirchen einen festen Stammplatz eingetragen hat. Meist dargestellt als jugendlicher Franziskaner mit Jesuskind und Lilie oder mit Fischen veranlaßt er die Gläubigen, bei seiner Figur eine Kerze anzuzünden oder eine Erhörung heischende Spende in den Opferstock für die Armen einzuwerfen (»Antoniusbrot«). Belächelt wird derlei Tun nur von dem, der noch nie einem Schlüssel (oder ähnlich Wichtiges) verloren hat und dringend nach einem Helfer sucht, das Verlorene wiederzufinden. Bis heute erzählen sich in überwiegend katholischen Gegenden die Leute gerne ihre je eigene Geschichte zum Thema »Antonius hat geholfen.« Vielleicht hat manch einem schon der kurze Augenblick der Anrufung oder der Ruhe in der Gegenwart des Heiligen genügt, sich zu erinnern ...

Burkard Severin

Karfreitag

 Während der Karfreitag in der katholischen Kirche erst vom 2. Vatikanum (1962-65) zum offiziellen Feiertag erklärt wurde, gilt er in der evangelischen Kirche vielfach als höchster Feiertag des Jahres. Dies hängt damit zusammen, daß in der theologischen Tradition der Reformation der Kreuzestod Jesu als das eigentliche und grundlegende Heilsereignis verstanden wird.

Im Gegensatz zur katholischen Kirche, in der am Karfreitag nur die Feier der Kommunion, nicht aber der Eucharistie üblich ist, ist der Karfreitag in der evangelischen Kirche einer der wichtigsten Abendmahlstage. Viele evangelische Christen gehen wie am Ewigkeitssonntag auf den Friedhof und gedenken der Toten. Am Vormittag des Karfreitag findet ein Gottesdienst mit reduzierter Liturgie und schlichter Raumgestaltung statt. Die Glocken schweigen und der Altar kann schwarz verhängt werden. Die liturgische Farbe ist schwarz. Die protestantische Spiritualität drückt sich am Karfreitag vor allem im Kirchenlied und in reicher musikalischer Ausgestaltung des Gottesdienstes aus. Als bekannteste Beispiele sind der Choral »O Haupt voll Blut und Wunden« von P. Gerhardt und die Johannes- und Matthäuspassion von J. S. Bach zu nennen. Am Nachmittag finden häufig gottesdienstliche Feiern oder Andachten zur Todesstunde Jesu statt, die die Reihe der Passionsandachten abschließen.

Michael Lorenz

Kindergottesdienst

 Der Kindergottesdienst lädt Kinder zwischen 3 und 12 Jahren ein, in einer altersgemäßen Form Gottesdienst zu feiern. Er hat sich in den meisten Gemeinden als eigenständiger Gottesdienst, meist am Sonntagmorgen im Anschluß an den »Erwachsenengottesdienst«, etabliert. Die Kinder treffen sich zu einer gemeinsamen kurzen Eingangsliturgie mit kindgemäßen Liedern und Gebeten, um sich anschließend in nach Alter getrennten Gruppen mit einer biblischen Geschichte oder einem Thema zu beschäftigen. Hierbei stehen kommunikative und kreative Formen des Umgangs mit biblischen Geschichten im Mittelpunkt.

Diese Arbeit in Gruppen zeigt eine Spannung an, in der der Kindergottesdienst in der reformatorischen Tradition stets stand und steht: Steht die Feier eines Gottesdienstes im Vordergrund oder die Katechese, die Unterweisung in biblischem und kirchlichem Grundwissen? Die Beantwortung dieser Frage hängt stets auch damit zusammen, ob andere Möglichkeiten, Wissen über den christlichen Glauben zu erlangen – wie z.B. Religionsunterricht – bestehen, oder ob dies in einer »Sonntagsschule« geleistet werden muß.

Die Verantwortung für die Vorbereitung und Durchführung des Kindergottesdienstes liegt bei einem Kreis von ehrenamtlichen Kindergottesdiensthelferinnen und -helfern, der sich häufig aus Jugendlichen der Gemeinde zusammensetzt, zunehmend aber auch von Eltern getragen wird. Für die Helferinnen und Helfer werden sowohl von den Kirchenkreisen als auch von den Landeskirchen zahlreiche Fortbildungsmöglichkeiten angeboten.

Um einen gemeinsamen Gottesdienst für die gesamte Gemeinde anbieten zu können, hat sich in den letzten Jahren das Modell eines Gemeindegottesdienstes herausgebildet, in dem Kinder und Erwachsene zusammen die Eingangsliturgie feiern und die Kinder dann vor der Predigt den Gottesdienstraum verlassen, um sich in ihren Gruppen zu treffen.

Kindergottesdienste werden ergänzt durch Familiengottesdienste und Krabbelgottesdienste. Diese bieten die Möglichkeit, daß Erwachsene und Kinder gemeinsam Gottesdienst feiern können. Die meist rezeptiven Kommunikationsstrukturen des Predigtgottesdienstes werden hier aufgebrochen zugunsten kreativer Zugänge zu biblischen Texten, wie die Kinder es aus dem Kindergottesdienst kennen (oft bildet ein Familiengottesdienst auch den Abschluß einer thematischen Reihe im Kindergottesdienst). Für die Kinder wird hier stärker als bei einem durch Gruppenarbeit geprägten Kindergottesdienst Liturgie erlebbar.

Swantje Eibach-Danzeglocke

Knien

 Das Buch Daniel erzählt über den Propheten: »In seinem Obergemach waren die Fenster nach Jerusalem hin offen. Dort kniete er dreimal am Tage nieder und richtete sein Gebet und seinen Lobpreis an Gott, ganz so, wie er es gewohnt war.« (Daniel 6, 11). Das Alte Testament ist reich an solchen und anderen Gebetsgebärden. Die körperliche Gebärde ist sinnlich wahrnehmbares Zeichen von Ehrfurcht, Dank und Demut, aber auch von Angst, Trauer, Bitte um Vergebung und Rettung. So spricht der Psalmist zu Gott: »Ich darf Dein Haus betreten dank deiner großen Güte. Ich werfe mich nieder in Ehrfurcht vor Deinem heiligen Tempel.« (Psalm 5, 8).

Durch das *Knien* oder Sich-Niederwerfen weiß der Mensch um seine Schwachheit, seine Kleinheit und Niedrigkeit gegenüber und vor dem großen Gott; er unterwirft sich der göttlichen Hoheit und Macht. Auch das Neue Testament kennt die Gesten des Sich-Niederwerfens und Niederkniens. Jesus Christus betet am Abend vor seinem Tod im Garten Getsemani auf diese Weise zum Vater (Markus 14, 35; Lukas 22, 41). Als Haltung für das stille Beten und Meditieren des Einzelnen, aber auch in Erwartung von Gottes Segen durch die Priester sowie als Ausdruck verehrender Anbetung vor dem »Allerheiligsten« wurde Knien im Mittelalter zum festen Bestandteil der Frömmigkeit. Damals war es sogar Brauch, daß die Laien während der ganzen Meßfeier in andächtigem Knien verharrten.

Bis zum heutigen Tag ist das Knien eine die katholische Liturgie prägende liturgische Körperhaltung. Gebet und Liturgie sind ganzheitliches menschliches Tun und brauchen neben Sprache und Gesang den nonverbalen Ausdruck. Vor allem pflegen die Gläubigen während des Hochgebets in der Feier der Eucharistie, insbesondere während der Einsetzungsworte (der sogenannten »Wandlung«), beim sakramentalen Segen oder im stillen Gebet beim privaten Kirchenbesuch zu knien.

Der Gegensatz von Knien und Stehen deutet auf die Spannung, in welcher der Mensch in seiner Beziehung zu Gott lebt, zwischen Ehrfurcht und Freude, zwischen Sündenbewußtsein und Vertrauen. Daß jede Körperhaltung ihren Ort und ihre Zeit hat, betont das Konzil von Nizäa: Es verbietet das Knien an den Sonntagen der 50-tägigen Osterzeit, da die Gläubigen durch Christi Auferstehung von der Sünde erlöst sind und entsprechend zu ihrem Vater im Himmel nicht mit Furcht, sondern mit Vertrauen beten sollen. Dem großen österlichen »Halleluja«, dem Singen von Lobgesängen und Liedern, vor allem aber auch dem Hören auf die Lesung aus dem Evangelium entspricht bis heute die liturgische Haltung des Stehens.

Vom Knien zu unterscheiden ist die liturgische Gebärde der *Kniebeuge*, die anfangs nur Huldigungsgeste vor dem Herrscher, später auch vor dem Bischof war. Erst am Ende des Mittelalters fand die Kniebeuge Eingang in die Liturgie als Ausdruck der Ehrfurcht vom Geheimnis der Eucharistie und als Zeichen der Verehrung Christi und seiner Gegenwart im Altarsakrament. Bei bestimmten liturgischen Anlässen ist die *gemeinsame* Kniebeuge der Gemeinde Brauch geworden: Am bekanntesten ist das »flectamus genau« bei den großen Fürbitten des Karfreitags; vor jeder Gebetsbitte ruft der Priester »Beuget die Knie«, und nach einer Zeit stillen Gebetes »Erhebet euch«.

Stefan von der Bank

Kräuterweihe

 Seit Jahrhunderten werden am Fest der »Aufnahme Mariens in den Himmel« (15. August), volkstümlich »Maria Himmelfahrt«, in manchen Gegenden auch »Großer oder Hoher Frauentag« genannt, von den Gläubigen aus bestimmten Kräutern und Ähren der verschiedenen Getreidesorten zusammengestellte und gebundene Kräutersträuße, sogen. »Weihbüschel«, zum Gottesdienst mitgebracht und vom Priester geweiht. Sie sollen der Überlieferung nach vor Krankheiten, Seuchen und Unwettern schützen. Die gesammelten Kräuter sind (örtlich verschieden) meist von alters her bekannte Heil- und Gewürzpflanzen (wie. z.B. Königskerze, Schafgarbe, Johanneskraut, Wermut, Beifuß und Tausendgüldenkraut).

Der Brauch wird auf eine Marienlegende zurückgeführt, wonach die Apostel und Jünger Jesu drei Tage nach der Bestattung Mariens, als sie den Leichnam nochmals sehen wollten, das Grab zwar leer, dafür aber eine Fülle von duftenden Blumen und Kräutern vorfanden.

Die Heilkraft der Kräuter und ihre Segnung (»Benediktion«) können auch in der nachagrarischen, technisierten Welt von heute Anlaß und Mahnung sein, die Achtung vor der Natur sowie die Ehrfurcht vor der »gottgesegneten« Schöpfung zu pflegen und in der christlichen Frömmigkeit und durch sie unter

den Menschen präsent zu halten. Nachhaltigkeit im Umgang mit den natürlichen Ressourcen gründet nicht zuletzt auch in der Treue zu bestimmten spirituellen Quellen unseres Daseins.

Walter Fürst

Kreuzzeichen

 Wenn Katholiken den Gottesdienst oder ein Gebet beginnen, bekreuzigen sie sich. Indem sie sich selbst mit dem Zeichen des Kreuzes bezeichnen und dabei die Worte sprechen: »Im Namen des Vaters und des Sohnes und des Heiligen Geistes«, bekennen sie sich zum gekreuzigten und auferstandenen Christus und bekunden zugleich ihren Glauben an den dreieinigen Gott. Das Kreuzzeichen verdeutlicht die *Zugehörigkeit zu Christus*, aber auch zur *Gemeinschaft der Glaubenden*. Katholische Christen pflegen sich zu bekreuzigen - nicht zuletzt als tägliche Erinnerung an die in der Taufe geschehene Aufnahme in Gemeinde und Kirche.

Der Brauch entwickelte sich bereits in frühchristlicher Zeit - anknüpfend an die biblisch mehrfach erwähnten »Siegel auf der Stirn« (Ezechiel 9, 4ff., Offenbarung 7, 1-8; 14, 1). Kulturgeschichtlich mag bei der Entstehung auch die alte Gewohnheit, Personen, Tieren und Sachen die Besitzmarke ihres Herrn an gut sichtbarer Stelle auf- oder einzuprägen, mitgespielt haben.

Ursprünglich wurde das Kreuzzeichen mit *einem* Finger (Daumen oder Zeigefinger) auf die Stirn gemacht (»kleines Kreuzzeichen«). Seit dem 11. Jahrhundert wird es nicht mehr nur auf die Stirn, sondern auch auf Mund und Brust gezeichnet, um auszudrücken, daß das Wort Gottes mit dem Verstand erfaßt, durch den Mund bekannt und im Herzen bewahrt wird. Dieser letztere Brauch findet sich bis heute auch in der Liturgie, z.B. am Beginn der Verkündigung des Evangeliums während der Eucharistiefeier.

In manchen Gegenden haben Christen bereits im achten Jahrhundert damit begonnen, sich mit *zwei* Fingern (Zeige- und Mittelfinger) auf Stirn und Brust zu bekreuzigen. Auf diese Weise wollten sie verdeutlichen, daß Jesus Christus zugleich »wahrer Gott und wahrer Mensch« ist. Gleichzeitig entstand auch der andere Brauch, sich mit *drei* Fingern (Daumen, Zeige- und Mittelfinger) zu bekreuzigen, um vor allem den Glauben an die Dreifaltigkeit Gottes zu bekunden. Im 13. Jahrhundert setzte sich das Drei-Finger-Kreuzzeichen allgemein durch und findet noch heute hauptsächlich in der Orthodoxie Verwendung.

Sehr viel später entwickelte sich der vorwiegend römisch-katholische Brauch des »lateinischen« oder »großen Kreuzzeichens«. Bei diesem wird das Kreuz mit der flachen Hand von der Stirn bis zur Brust und von

Schulter zu Schulter gezeichnet. Die Verwendung aller *fünf* Finger wird als Hinweis auf die fünf Wundmale Christi gedeutet.

Die Art des Sich-Bekreuzigens hat sich im Laufe der Kirchengeschichte immer wieder gewandelt, aber seine Bedeutung als Bekenntnis zu Jesus Christus ist geblieben. Entsprechend ist das Kreuzzeichen mehr als eine bloß äußerliche Gewohnheit zu betrachten und zu üben. Die Weisung des Bischofs Johannes Chrysostomus († 407) gilt noch immer: Man soll das Kreuzzeichen nicht nur mit den Fingern machen, sondern zugleich die entsprechende gläubige Einstellung des Herzens pflegen, man soll den Glauben in seiner ganzen Fülle annehmen und als Person sich ganz zu ihm bekennen.

In den evangelischen Kirchen ist die Gebärde des Kreuzzeichens heute ausschließlich im Gottesdienst als Segensgestus über andere in Gebrauch. Das Sich-Bekreuzigen, an dem Luther noch beim Aufstehen und Zubettgehen festgehalten hatte, kam infolge der konfessionellen Abgrenzung außer Übung.

Das Kreuzzeichen ist die spezifisch christliche Form des Segens über sich selbst und andere. Die Besiegelung mit diesem Zeichen bedeutet Inbesitznahme durch Gott und das Sich-Stellen unter seinen Schutz und Segen. Hierher rührt auch das Sich-Bekreuzigen in gefährlichen Situationen. Die gegenwärtig zunehmende, zum Teil magische Verwendung des Kreuzzeichens vor oder in sportlichen Wettkämpfen als glückbringendes Ritual ist auf die Gebärde der Selbst-Segnung zurückzuführen.

Stefan von der Bank

Losungen

 Die heute weltweit verbreiteten Losungen entstanden im 18. Jh. in der Herrnhuter Brüderunität, die sich aus Resten der Böhmischen Brüder bildete, welche sich 1722 unter dem Schutz des Grafen Zinzendorf in der Oberlausitz ansiedelten. Am 3. Mai 1728 gab Zinzendorf der Gemeinde nach der Singstunde erstmals eine Losung für den Tag mit. Der Name leitet sich von der Losung der Soldaten ab und charakterisiert sie als Kampfmittel gegen die Versuchungen des inneren Feindes. Die Losungen wollen das Bibelwort konkret in das tägliche Leben einbringen und in ihm wirken. Sie dienen dem Umgang der Gemeinde mit ihrem Herrn im Gebet und der Verbundenheit im Hören auf das gleiche Wort untereinander. 1731 erschienen die Losungen im Druck in der Grundform eines Bibelwortes und einer Liedstrophe für jeden Tag. Die Liedstrophe wird als Antwort der Gemeinde auf das Bibelwort verstanden. Seit 1732 ist die Herrnhuter Brüderunität als erste evangelische Missionsgemeinde tätig. So wurden die Losungen zur Tagesparole für die Missionare. Schon 1737 waren die Losungen über Europa hinaus in Afrika und Amerika verbreitet. 2002 erschienen die Losungen in 50 Sprachen. Heute setzen sich die Losungen wie folgt zusammen: 1. der eigentlichen Losung, einem Text aus dem Alten Testament, der im voraus für das ganze Jahr aus 1800 Zetteln gezogen wird; 2. einem dazu ausgewählten Lehrtext aus dem Neuen Testament, der das Thema der Losungen ergänzt und weiterführt, und 3. einem dritten Text als Antwort der Gemeinde, der heute eine Liedstrophe, ein Gebet, ein Gedicht, ein Meditations- oder Bekenntnistext sein kann. Zusätzlich sind für jeden Tag die Abschnitte der fortlaufenden Bibellese und der auf das Kirchenjahr bezogenen Bibellese angegeben. Aus England wurde der Brauch des Fürbittengebets für jeden Tag übernommen. Dafür sind am Beginn des Losungsbuches die Themen für die Fürbitte nach Wochentagen aufgeteilt abgedruckt. Das Bewußtsein, mit vielen Christen auf der ganzen Welt auf das gleiche Bibelwort zu hören und die gleiche Fürbitte zu halten, ist für viele Menschen wesentliches Element der Losungen Eine Gefahr besteht darin, die zufällig gezogenen Losungen als Losorakel mißzuverstehen. Um dem vorzubeugen, empfiehlt die Brüderunität den Kontext des Bibelwortes nachzulesen.

Michael Lorenz

D. Kleines Lexikon des konfessionellen Alltags

Lutherrose

 Die Lutherrose ist das Familienwappen der Familie Luther. 1516 entwickelte Martin Luther das Wappen als Sinnbild seiner Theologie. In der Mitte ist ein schwarzes Kreuz, eingeschlossen von einem roten Herzen. Beides erinnert daran, daß der Glaube an den Gekreuzigten selig macht. Eine weiße Rose umschließt beides. Sie soll ein Sinnbild für die Freude, den Trost und den Frieden sein, den der Glaubende findet. Die Einheit von Kreuz, Herz und Rose ist vor einem blauen Hintergrund, der die kommende himmlische Freude darstellt. Umrandet wird das Symbol von einem goldenen Ring. Der Ring ist Zeichen für die Unendlichkeit dieser Freude und Seligkeit im Himmel und die goldene Farbe symbolisiert ihren hohen Wert.

Ulrike Dunker

Matthäuspassion und Weihnachtsoratorium

 Diese beiden wohl bekanntesten geistlichen Werke J. S. Bachs (1685-1750) bilden neben seiner Johannespassion und seinem Kantatenwerk den krönenden Abschluß der Entwicklungsphase der evangelischen Kirchenmusik, in der die Aufgabe der Verkündigung immer stärker ins Zentrum des musikalischen Schaffens rückte. Es ist ein Spezifikum evangelischer Kirchenmusik, daß die Musik nicht nur dem Lob, dem Dank und der Anbetung, sondern auch der Verkündigung dient. Zu Bachs Zeiten stand neben der gesprochenen Predigt – gleichberechtigt, aber nicht in Konkurrenz – die musizierte Predigt, mit den allein ihr gegebenen Ausdrucksmöglichkeiten.

Luther selbst hat einmal von der »klingenden Predigt« gesprochen, und schon in der reformatorischen Frühzeit entstanden Evangelienmotetten und Historien, d.h. mehrstimmige Bearbeitungen biblischer Geschichten, besonders der Passionsgeschichte. Die Absicht der Aussage und Anrede spiegelt sich in der Verwendung der deutschen Sprache, dem Aufbau nach dem Schema einer Predigt und der Anwendung von Rhetorikregeln in der Komposition. In dem umfangreichen Werk von H. Schütz (1585-1672) vollzieht sich der Übergang von der Wortdarstellung zur Wortdeutung. Die neuen Gattungen des Geistlichen Konzerts und der Kantate bilden mehr als ein Jahrhundert lang den Schwerpunkt der Musik im lutherischen Gottesdienst. Die musikalische Komposition ist dabei ganz und gar auf den Text ausgerichtet (z.B. Rezitativstil). Über die Texterläuterung hinaus wird der Bezug zum Leben der Christen thematisiert. Die Entwicklung findet ihren Abschluß in der Kantatenform, in der auch Bach komponierte. Das biblische Wort wird von

336

einer Liedstrophe interpretiert, die Arien dienen der Anwendung auf das Leben der Gläubigen.

Das 1734 entstandene *Weihnachtsoratorium* setzt sich aus einer Reihe von Kantaten zum 1. und 2. Feiertag, zum Neujahrstag und zum Epiphaniasfest zusammen. Die *Johannespassion* (ab 1724) und die *Matthäuspassion* (1728) sind grundsätzlich im Zusammenhang des Kantatenwerks zu sehen. Sie bilden den Abschluß der Entwicklung der Historienkompositionen zum predigthaften Oratorium. Nach Bach verblaßte die gottesdienstliche Aufgabe der Verkündigung in der evangelischen Kirchenmusik. An ihre Stelle treten im Rationalismus die religiöse Weihe und innere Rührung. Schon im 19. Jhdt. ist der Aufführungsort der Bachschen Oratorien der Konzertsaal geworden. Auch heute dürfte bei vielen Christen der Kunstgenuß beim Hören der Bachschen Werke im Vordergrund stehen, denn die barocke Kantatendichtung redet in einer damals zeitgemäßen Sprache, die heute nicht mehr im vollen Umfang nachempfunden werden kann.

Michael Lorenz

Meßdiener → Ministrant

Meßgewand

 Während der Priester bei vielen Gottesdiensten (z.B. bei Taufe, Begräbnis, Andacht) als liturgische Kleidung lediglich ei-ne Albe (langes weißes Gewand) mit Stola oder aber Talar, Chorrock und Stola trägt, ist er bei der Feier der Heiligen Messe normalerweise zusätzlich mit einem (unterschiedlich geschnittenen) »Meßgewand« (auch »Kasel« genannt) bekleidet. Man unterscheidet beispielsweise die romanische von der gotischen Kasel, die Glockenkasel von der Schleuderkasel oder der »Penula«. Heute bevorzugen viele Priester ein Kombination aus Albe und Kasel (die sogenannte »Mantelalbe« mit breiter, langer Stola).

Im Gegensatz zur durchgängig weißen Albe haben Stola und Meßgewand wechselnde, dem liturgischen Kanon, d.h. der Zeit des Kirchenjahres und dem jeweiligen Festanlaß entsprechende Farben, denen Symbolik sowie liturgische Signalwirkung zukommt: *Weiß* ist die Farbe des Jubels und der Freude (in der Weihnachts- und Osterzeit, an Herrenfesten und Marienfeiertagen usw.). *Rot* ist die Farbe der Liebe, des Feuers, des Leidens, des Martyriums (an Palmsonntag, Karfreitag und Pfingsten, an Festen der Märtyrer etc.). *Grün* ist die Farbe der Hoffnung (an Sonn- und Wochentagen im Jahreskreis). *Violett* ist die Farbe der Vorbereitung und Buße (in der Advents- und Fastenzeit, aber auch bei Totenmessen). *Schwarz* ist die Farbe der Trauer (bei Begräbnissen und zu Allerseelen). Eine gewisse Ausnahme macht die Farbe *Rosa*: Sie wird nur zweimal im Jahr getragen, und zwar am 3. Advent (Sonntag »Gaudete«) und am 4. Fastensonntag (Sonntag »Lätare«) und symbolisiert die Vorfreude auf das kurz bevorstehende Weihnachts- bzw. Osterfest.

Die liturgischen Gewänder und die Bedeutung ihrer Farben haben sich jedoch erst im Laufe der Zeit entwickelt: In den ersten Jahrhunderten hatte die Farbe vor allem schmückenden Charakter. Ab dem 9. Jh. finden sich erste Anzeichen, daß ihr zeichenhafte Bedeutung zugeschrieben wurde. Im 12. Jahrhundert wurde die symbolische Verwendung von Farben in der Liturgie allgemein gebräuchlich. Papst Innozenz III. legte zu Beginn des 13. Jh. offiziell Tagesfarben für das Kirchenjahr fest. Diese gelten seit dem Trienter Konzil (16. Jh.) bis heute fast unverändert.

Stefan von der Bank

Ministrant/-in

 »Ein dem Priester am Altar zur Hand gehender Laie«, diese lexikalische Definition für »Ministrant« oder »Meßdiener« trifft zu und doch wieder auch nicht. Die Ministranten – sie werden auch »Altardiener« genannt (von lat. *ministri altaris*) – erfüllen nämlich eine doppelte Aufgabe: Einerseits sind sie tatsächlich Helfer des Liturgen (Beibringen liturgischer Geräte und Gaben in der Eucharistiefeier, Bedienen der Schellen und des Weihrauchfasses usw.); anderseits tragen

sie selbst mit ihrer Person, sozusagen als Repräsentanten der »konzelebrierenden« Gemeinde, unmittelbar zur festlichen Gestaltung der Gottesdienste bei, sie sind Teil der liturgischen Inszenierung, indem sie beispielsweise in feierlicher Prozession dem Evangelienbuch Kreuz und Kerzen voraustragen oder an den Stufen des Altares stehend bzw. kniend das liturgische Geschehen begleiten etc.

Der geschichtlich gewordene Ministrantendienst, wie er seit dem 3. Jh. belegbar ist, geht auf den Dienst des »Akolythen« (Kleriker der unteren Stufe der »niederen Weihen«) zurück. Allerdings steht die spätere Entwicklung im Zusammenhang mit der im 6. Jh. beginnenden Verbreitung von sogenannten »Privatmessen«: Mit der Zahl der Priester stieg auch die Anzahl der vom Priester allein zelebrierten Heiligen Messen, bei denen dann aber zumindest ein Vertreter der Gläubigen anwesend sein mußte, um an ihrer Stelle die Responsorien der Gemeinde zu sprechen. Diesen »Altardienst« übernahmen von jetzt an meist Jungen, die auf diese Weise früh in den Stand der Kleriker aufgenommen und auf den späteren Dienst als Priester vorbereitet werden konnten.

Von daher galten Ministranten jahrhundertelang vor allem als Klerikernachwuchs, obwohl dies mit der Zeit immer seltener zutraf. Noch das Konzil von Trient (1545-1563) ging von Kleriker-Ministranten aus. Erst im vergangenen Jahrhundert wurde – in der Enzyklika »*Mediator Dei*« von Pius XII. – der Ministrantendienst erstmals ausdrücklich auch als Laiendienst gesehen und anerkannt.

Während andere liturgische Dienste (wie z.B. Chorgesang, Lektoren- und Mesnerdienst) nach und nach auch von Frauen ausgeübt wurden, blieb das »Ministrieren« offiziell bis nach dem Zweiten Vatikanischen Konzil (1962-1965) ausschließlich Jungen (bzw. Männern) vorbehalten. Seit den siebziger Jahren können auch Mädchen (bzw. Frauen) den Ministrantendienst übernehmen. Genau genommen gilt dies jedoch erst seit 1992, als Papst Johannes Paul II. den Ortsbischöfen die Entscheidung freistellte, Mädchen als »Ministrantinnen zuzulassen« und ihnen den Dienst am Altar zu übertragen.

Der Ministrantendienst ist im Laufe der Geschichte zweifellos zu einem integrierenden Element der Liturgie geworden. Da er heute weithin durch Jugendliche (bzw. Kinder nach der Erstkommunion) wahrgenommen wird, kommt den »Ministrantengruppen« eine wichtige Stellung in der gemeindlichen Jugendarbeit zu. Regelmäßige Treffen dienen der Termineinteilung, der liturgischen Einübung und Bildung, aber auch gemeinsamer Freizeitgestaltung oder sozialem Engagement (z.B. in Form der Mitwirkung beim Pfarrfest oder der Sternsinger-Aktion usw.).

Aufgrund der pastoralen Bedeutung des Handlungsfeldes, das nach wie vor eine ausgezeichnete Möglichkeit bietet, Menschen zur aktiven Mitgestaltung der Liturgie hinzuführen, wurden in den meisten deutschen Bistümern eigens Referate für Ministrantenpastoral eingerichtet.

Entscheidend aber ist: Die Liturgiekonstitution des Zweiten Vatikanischen Konzils bezeichnet die versammelte Gemeinde als Mitträgerin der Liturgie. Neben dem *Lektorendienst* (Dienst an der Verkündigung des Wortes), dem *Kantorendienst* (Dienst am liturgischen Gesang) und dem *Kommunionhelferdienst* (Dienst bei der Austeilung der Eucharistie) ist der Ministrantendienst einer der Dienste, durch die dies konkret sichtbar wird und praktisch zum Ausdruck kommt.

Stefan von der Bank

Ordination

Mit der Ordination wird der Auftrag zur öffentlichen Wortverkündigung und Sakramentsverwaltung von der Gemeinde an ein Gemeindeglied übertragen, das dazu in besonderer Weise geeignet und ausgebildet ist. Mit der Ordination wird im Gegensatz zur kath. Priesterweihe kein besonderer Weihestand erlangt, da nach reformatorischem Verständnis mit der Taufe die Priesterweihe einhergeht und somit alle Getauften zur Verkündigung des Wortes Gottes beauftragt sind. Die Ordination hat folglich einen eher funktionalen Sinn, darf aber nicht als bloße Installation in ein bestimmtes Dienstverhältnis verstanden werden. Als Vorgang, der die ganze Person des Ordinierten betrifft, behält die Ordination auch über die Ausübung eines Amtes hinaus (z.B. nach der Pensionierung) ihre Gültigkeit. Auch wenn die Ausübung der mit ihr verbundenen Rechte eine Zeit lang ruht, wird sie bei erneuter Amtsübertragung nicht wiederholt. Sie ist zugleich ein rechtlicher und ein geistlicher Vorgang, der sich in Berufung, Segnung und Sendung im Ordinationsgottesdienst vollzieht. Die Beauftragung für den Dienst in der Kirche korrespondiert mit dem Gebet um den Heiligen Geist als Beistand für die Ausübung dieses Dienstes.

Die Ordination wird durch einen leitenden geistl. Amtsträger (Bischof, Propst, Superintendent) und mehrere Assistenten (Pfarrerinnen/ Pfarrer, Presbyter/Presbyterinnen) vollzogen. Sie ist Voraussetzung für die Übertragung eines Pfarramtes. Meist werden Theologinnen und Theologen nach dem 2. Theologischen Examen ordiniert, in einigen Landeskirchen werden Laien zu Predigthelferinnen und Predigthelfern (Prädikanten) ordiniert. Seit 1974 werden in der gesamten EKD auch Frauen ordiniert.

Diskussionspunkte im ökumenischen Dialog sind die von der kath. Kirche nicht anerkannte apostolische Sukzession der Amtsträger, der »Character indelebilis« (die Unverlierbarkeit der Ordinationsrechte), der Zölibat als Voraussetzung für die Ordination und die Ordination von Frauen.

Swantje Eibach-Danzeglocke

Osterkerze

 Die Osterkerze ist eine große, besonders verzierte Kerze, die in der Osternacht zu Beginn der Ostervigil angezündet wird. Die Herstellung einer eigens fürs Osterfest gestalteten Kerze geht auf den alten Brauch in der stadtrömischen Kirche zurück, den Gottesdienstraum während der Feier der Osternacht mit dem Licht mannshoher Leuchter zu erhellen. Der Bezug zur Lichtfeier am Beginn der Ostervigil und zu deren Christus-Licht-Symbolik sowie die vielfach künstlerisch gestalteten hohen Osterleuchter haben zu der herausgehobenen Bedeutung der Osterkerze beigetragen. Im Laufe des Mittelalters kamen dann spezielle, die Osterkerze zierende Symbolzeichen hinzu: Kreuz, fünf Wundmale, Jahreszahl, A und O.

Im seit 1951 erneuerten Ritus der Osternacht wird die Osterkerze am Osterfeuer bereitet. Zunächst ritzt der Zelebrant mit einem Stichel ein Kreuz in die Osterkerze und spricht: »Christus, gestern und heute, Anfang und Ende«. Über und unter das Kreuz zeichnet er mit den Worten

»Alpha und Omega« den ersten und letzten Buchstaben des griechischen Alphabets ein (vgl. Offenbarung 22, 13). Während er ruft: »Sein ist die Zeit und die Ewigkeit. Sein ist die Macht und die Herrlichkeit in alle Ewigkeit«, schreibt er die Ziffern der jeweiligen Jahreszahl zwischen die Kreuzesarme; dies geht auf den Brauch zurück, an der Osterkerze u.a. zur Berechnung des Ostertermins chronologische Zahlen anzubringen. Schließlich werden an den Endpunkten der Kreuzesarme sowie in deren Schnittpunkt fünf Weihrauchkörner eingefügt und mit roten Wachsnägeln verschlossen, wobei der Priester spricht: »Durch seine heiligen Wunden (1), die leuchten in Herrlichkeit (2), behüte uns (3) und bewahre uns (4) Christus, der Herr. Amen (5).«

Jetzt entzündet der Priester die Osterkerze am zuvor gesegneten Osterfeuer und verkündet: »Christus ist glorreich auferstanden vom Tod. Sein Licht vertreibe das Dunkel der Herzen.« Der Diakon hebt die Kerze empor und singt mit lauter Stimme das Deutewort »Lumen Christi«, worauf alle mit »Deo gratias« antworten. Auch die Kerzen der Gläubigen werden an der Osterkerze entzündet. Danach wird die Osterkerze an der Spitze einer feierlichen Prozession in die Kirche getragen, während das »Lumen Christi« noch zweimal wiederholt wird: Im Altarraum angekommen, wird die brennende Kerze nun auf den festlich geschmückten Osterleuchter gestellt. Diese Prozession mit der vorausgetragenen Osterkerze symbolisiert die aus der Knechtschaft Ägyptens befreiten Israeliten, denen Gott bei Nacht in der Feuersäule voranzog; sie deutet aber auch auf die Christenheit selbst hin: Wer Christus nach folgt, hat teil an ihm als dem Licht der Welt (vgl. Johannes 8, 12).

Nahe bei der Osterkerze stehend, singt jetzt der Diakon oder der Priester den großen Lobpreis, das »Exsultet«, das Darbringungs- und Segensgebet zugleich ist: Die Osterkerze wird besungen als »lieblich duftendes Opfer«, »um in der Nacht das Dunkel zu vertreiben«, »bis der Morgenstern erscheint, jener wahre Morgenstern, der in Ewigkeit nicht untergeht«. Während der sich später anschließenden Taufwasserweihe der Osternacht senkt der Priester die Osterkerze dreimal in das Wasser ein, wobei er betend singt: »Durch deinen geliebten Sohn steige herab in dieses Wasser die Kraft des Heiligen Geistes!«.

Bis Pfingsten steht nun die Osterkerze im Altarraum und verbreitet bei allen Gottesdiensten ihr Licht. Sie wird heute nicht mehr, wie früher üblich, am Fest Christi Himmelfahrt nach der Lesung des Evangeliums gelöscht und weggebracht. Vielmehr erhält sie in der nachösterlichen Zeit ihren Platz in der Taufkapelle oder beim Taufbrunnen. Sie wird bei jeder Taufe entzündet und bei Begräbnismessen an einen sichtbaren Platz gestellt, um die Hoffnung auf Leben mit dem Auferstandenen zu versinnbilden.

Tobias Kläden

Osterlachen → Aschermittwoch

Palmweihe

Die »Palmweihe« ist ein ausdrucksstarkes Element in der Liturgie des Palmsonntags, mit der die Feier der Karwoche eröffnet wird (»Dominica in palmis de passione domini«). Seinen Namen verdankt dieser Sonntag vor Ostern dem Einzug Jesu in Jerusalem. Im Matthäus- und Markus-Evangelium (21, 8 bzw. 11, 8) heißt es: Als Jesus auf einem Esel reitend in Jerusalem einzog, »breiteten viele Menschen auf dem Weg ihre Kleider aus, andere schnitten Zweige von den Bäumen und streuten sie auf die Straße«. Und das Johannes-Evangelium (12, 12-13) verkündet: »Viele, die zum Fest gekommen waren, hörten, Jesus komme nach Jerusalem. Da nahmen sie *Palm*zweige, zogen hinaus, um ihn zu empfangen, und riefen: Hosanna, gepriesen, der da kommt im Namen des Herrn, der König Israels.«

Beim feierlichen Palmsonntags-Gottesdienst im Ritus der lateinischen Kirche wird dieses Geschehen einer alten Jerusalemer Tradition folgend – wie die Pilgerin Aeteria am Ende des 4. Jhs. bezeugt – nachge-

ahmt. Im Vorfeld der Meßfeier mit der großen Lesung der ganzen Passion Jesu versammelt sich die Gemeinde an einem geeigneten Ort außerhalb der Kirche. Nach dem Hören des Evangeliums vom Einzug des Messias in die Heilige Stadt folgt die eigentliche *Weihe* der Palmzweige: Je nach örtlichen Gepflogenheiten finden hierfür Buchsbaum oder Wacholder, Weidenkätzchen oder andere Zweige von Sträuchern, die um diese Zeit grünen, Verwendung. Volkstümlich werden die verschiedenen Grünzweige jedoch allesamt »Palmen« genannt. Neuerdings lassen einzelne Gemeinden zu diesem Zweck sogar echte Palmwedel aus südlichen Ländern kommen.

Mit »Palmweihe« im engeren Sinn bezeichnet man den Segen, den der Priester in dieser Feier über die »Palmzweige« spricht. Das Meßbuch für die Bistümer des deutschen Sprachgebiets sieht dafür das folgende Gebet vor: »*Allmächtiger, ewiger Gott, segne diese (grünen) Zweige, die Zeichen des Lebens und des Sieges, mit denen wir Christus, unserem König huldigen. Mit Lobgesängen begleiten wir ihn in seine heilige Stadt; gib, daß wir durch ihn zum himmlischen Jerusalem gelangen, der mit dir lebt und herrscht in alle Ewigkeit.*« Sobald die Zweige mit Weihwasser besprengt sind, ziehen die Gläubigen, die Zweige in den Händen haltend, singend und betend in das Gotteshaus ein. Nach dem Gottesdienst werden die bereitgestellten bzw. mitgebrachten Zweige vielfach mit nach Hause genommen, um damit insbesondere das heimische Kreuz zu schmücken. Im süddeutschen und tirolischen Raum ist es in den Dörfern ein vielfach seit Jahrhunderten geübter Brauch, die »Palmen« als kunstvoll gestaltete, mit Ostereiern verzierte Prangstangen einherzutragen, und mit ihnen, je nach Größe und Pracht preisgekrönt, während des Jahres die Türen und Tore der Häuser zu schmücken. Da und dort ist es noch üblich, aus der Verbrennung der Palmen bzw. Palmzweige des Vorjahres die Asche für den Bußritus des Aschermittwoch-Gottesdienstes zu gewinnen, wodurch sich der liturgische Jahreskreis schließt.

In früheren Zeiten wurde den gesegneten Zweigen freilich auch Unheil abwehrende bzw. wachstumsfördernde Wirkung zugeschrieben. Palmzweige wurden deshalb an die unterschiedlichsten Gegenstände geheftet, z.B. hinter den Spiegel, und auf die verschiedenen Räume von Wohnung und Haus verteilt, auch in den Stall wurden die Zweige gebracht. In solchen traditionellen Praktiken war noch greifbar, daß der Palmsonntag vorchristliches Frühlingsbrauchtum mit heidnisch-magischen Motiven in sich aufgenommen hat.

Im Vordergrund des zentralen liturgischen Ritus muß heute freilich das stehen, worum es auch in den anderen nachahmenden und inszenierenden Elementen der katholischen Liturgie der Karwoche und des Osterfestes geht (vgl. die Fußwaschung in der Abendmahlsmesse am Gründonnerstag, die Kreuzverehrung an Karfreitag und die Lichtfeier in der Osternacht): die Geschichte von Tod und Leben nicht nur zu lesen, sondern auch zu begehen – und begehend in ihrer Lebensbedeutung zu entdecken gemäß der Präfation des Palmsonntags, in der es heißt: »Sein Tod hat unsere Vergehen getilgt, seine Auferstehung uns Gnade und Leben erworben.«

Reinhard Feiter

Pfarrerin

 Die Pfarrerin ist in der Evangelischen Kirche in Deutschland selbständige Verwalterin eines Pfarramtes, in Rechten und Pflichten ihren männlichen Kollegen gleichgestellt. Erste Ordinationen von Frauen sind bereits in den 60er Jahren zu verzeichnen; die volle Gleichberechtigung ist in der gesamten EKD allerdings erst seit 1974 erreicht. Seitdem wächst der Anteil der Frauen im Pfarramt stetig, 1999 lag er bei 26,1%. Auch der Anteil von Pfarrerinnen in leitenden Positionen wird höher. Zur Zeit werden drei Landeskirchen von Frauen geleitet (Bremen, Hannover, Nordelbien).

Daß der Frauenanteil weiter steigen wird ist abzusehen, da er bei den Studierenden in den 90er Jahren konstant um 40% gelegen hat. Es ist jedoch zu bemerken, daß im Schnitt 42% Frauen im Ersten Theologischen Examen rund 38% im Zweiten Theologischen Examen gegenüberstehen. Dem immer noch geringen Anteil von Frauen im Pfarramt steht die Zahl der ehrenamtlich Mitarbeitenden mit einem Frauenanteil von 70% und dem der kirchlich Beschäftigten 78% Frauen gegenüber.

Swantje Eibach-Danzeglocke

Pfarrhaus

 Die Gründung des Pfarrhauses wurzelt in der Reformation. Martin und Katharina Luthers Haushalt gilt als das Urbild der in der privaten Lebenssphäre entfalteten christlichen Frömmigkeit und des allezeit offenen, diakonisch ausgerichteten Pfarrhauses. Die bis ins 20. Jh. wirksame Vorstellung vom idyllischen Pfarrhaus, das in eine Atmosphäre von Frieden, harmonischem Familienleben, Frömmigkeit, »Bücher- und Gelahrtenduft« gehüllt ist, wie sie von E. Mörike beschrieben wurde, entwickelte sich allerdings erst in der Zeit der Aufklärung. Th. Storm und Th. Fontane stellten das Pfarrhaus als Repräsentant der Bildung und Sittlichkeit dar. Nach dem Idealbild verbinden sich im Pfarrhaus deutsche und antike Bildung, so daß es geradezu zum Hort der klassischen deutschen Bildung wird. Musik, Literatur, Kunst und Malerei werden in den Stunden der Muse gepflegt. Dieses Bild deckt sich freilich weithin nicht mit der Realität. In der Zeit der Aufklärung herrschten oft ärmliche Verhältnisse. Die Pfarrhaushalte konnten nur mit den Erträgen aus Garten und Landwirtschaft bestehen. Die Pfarrfrau mußte durch Nebenverdienste zur Ernährung beitragen. Im 19. Jh. besserte sich zwar die materielle Situation, doch empfanden viele Pfarrfamilien die ihnen zugeschriebene Vorbildrolle auch als belastend und isolierend. So lang die Reihe berühmter Pfarrerssöhne ist – die Töchter erhielten meist keine weiterführenden Bildungschancen –, so nahe liegt im Pfarrhaus der Leistungszwang, der in depressive Grundstimmung umschlagen kann, wie man etwa am jungen H. Hesse studieren kann.

Heute steht dem klassischen Bild eine tatsächliche Erscheinungsvielfalt gegenüber. Vielfach wehren sich die Pfarrfrau und die Kinder gegen ihre Vereinnahmung durch den Beruf des Ehepartners und Vaters. Vermehrt gehen Frauen von Pfarrern eigenen Berufen nach. Vom Mann der Pfarrerin wird demgegenüber sowieso angenommen, daß er einen eigenen Beruf hat. Die Erkenntnis hat sich durchgesetzt, daß der Pfarrer und die Pfarrerin Menschen wie du und ich sind. Das Bewußtsein für eine Trennung von Arbeit- und Freizeit ist gestiegen, den klassischen musischen Beschäftigungen sind Sport, Fotografie etc. an die Seite getreten. Trotz allen Wandlungen existiert nach wie vor ein Idealbild des Pfarrhauses in den Köpfen der Pfarrfamilien und der Gemeindeglieder. Der Schwerpunkt hat sich dabei von Bildung und Sittlichkeit auf Offenheit und Kommunikation verlagert. Das Pfarrhaus will Ort des Vertrauens und der Aussprache sein. Die Gemeinde erwartet Kontaktfreudigkeit, Hilfe in allen Lebenslagen und Lebensbejahung. Nach wie vor spielt freilich auch die Vorstellung von der »Modellfamilie« und den »Superkindern« eine ambivalente Rolle.

Michael Lorenz

Reformationstag

 Im ersten Jahrhundert nach der Reformation wurde ihrer Einführung regional unterschiedlich gedacht. Mögliche Termine waren der Geburtstag Luthers (10. November), der Todestag Luthers (18. Februar), der Tag der Übergabe der Augsburgischen Konfession (25. Juni) oder auch rein regionale Daten wie der Kirchweihtag. 1667 führte Johann Georg II. von Sachsen den 31. Oktober, den Tag des Anschlags der 95 Thesen zu Buße und Ablaß an der Schloßkirche zu Wittenberg, als Termin für das Reformationsfest ein. Dieser Brauch setzte sich in der Folgezeit in allen evangelischen Gebieten durch.

Die gottesdienstliche Begehung des Reformationstages findet meist am Sonntag vor oder nach dem 31. Oktober statt.

Neben der Erinnerung an die Reformation dient der Reformationstag der selbstkritischen Besinnung auf das reformatorische Verständnis vom Evangelium Jesu Christi und das Wesen des Glaubens. Lesung und wichtigster Bibeltext zum Reformationstag, in dem das protestantische Glaubensverständnis konzentriert zum Ausdruck kommt, ist Römer 3, 21-28. Dort entfaltet Paulus, daß alle Menschen ohne Verdienste allein aus Gnade erlöst werden und der Mensch ohne des Gesetzes Werke allein aus Glauben gerecht wird.

Michael Lorenz

Reliquien

 Was M. Luther »alles tot Ding« nannte, ist für katholische Christen vielfach auch in unserer Zeit noch Anlaß zu kirchlich gepflegter Verehrung und häufig auch von großer Bedeutung für persönliche Frömmigkeit: »Reliquien«, das sind »Überreste« des Körpers oder der Kleidung von Märtyrern und Heiligen, aber auch christentumsgeschichtlich bedeutsamer Gegenstände (z.B. Partikel vom Kreuz Jesu), die in wertvollen und entsprechend kunstvoll gestalteten Gefäßen und Behältnissen (»Reliquiare«) aufbewahrt wurden und werden.

Sucht man nach Gründen für diese seit dem frühen Christentum auftretende (und in vergleichbarer Weise auch in anderen Religionen zu findende) Erscheinung der Volksfrömmigkeit, stößt man im christlichen Raum auf die Überzeugung, daß die Leiber der Heiligen und Märtyrer, die nach der Auferstehungshoffnung »den Tod nicht schauen«, selbst im Grab »unverweslich« sind, so daß die Reliquien das ihnen bereits zuteil gewordene himmlische Heil irdisch vergegenwärtigen. Durch Wallfahrten zu den Aufbewahrungsorten der Reliquien, deren ehrfurchtsvolle Berührung oder das Verweilen im Gebet erhofften sich die Gläubigen wunderbare Heilung an Leib und Seele. Ursprünglich auf die eigentlichen Heiligengräber beschränkt, entstanden durch die im Laufe der Jahrhunderte einsetzende Reliquienteilung eine Vielzahl von Verehrungsstätten.

Die Praxis der Reliquienverehrung hatte auch negative Begleiterscheinungen; sie förderte Habgier und Konkurrenz zwischen Kirchen, Klöstern und Königshäusern und führte nicht selten zu Betrug, ja sogar zum Krieg um besonders bedeutsam erscheinende Reliquien. Im Spätmittelalter verband sich damit auch eine ausufernde Ablaßpraxis, so daß sich die Reformatoren zurecht gegen diese Frömmigkeitsform heftig wehrten. Auf dem Hintergrund dieser belastenden und sicher längst noch nicht hinreichend aufgearbeiteten Geschichte der Reliquienvereh-

rung breitete sich mit der Aufklärung und dem naturwissenschaftlich-medizinischen Positivismus der Moderne die Skepsis gegenüber Reliquien weiter aus, insbesondere im Hinblick auf ihre Echtheit und die zugeschriebene Wunderwirksamkeit. Dennoch blieben sie für viele Gläubige weiter ein wichtiger Teil ihrer Frömmigkeit.

Die Herausforderung im Umgang mit der heute stärker von Volksreligiosität als von Theologie geprägten Reliquienverehrung besteht darin, den Zeichencharakter der Reliquien zu erschließen. Sie können einen Zugang zu der heilsgeschichtlichen Dimension unseres Glaubens eröffnen, weil sie auf die Wurzeln des Christentums und dessen stetige Transformation und Bezeugung durch heilige Frauen und Männer in Geschichte und Gegenwart verweisen. Gleichzeitig treten diejenigen, die diese Reliquien »mit den Augen des Glaubens« betrachten, in die Tradition derer ein, die vor ihnen diese Verehrung praktizierten.

Ein Beispiel kann das Gemeinte unterstreichen: Seit 799 werden in Aachen die »Reliquien vom Ort der Auferstehung« aufbewahrt und seit dem Mittelalter alle sieben Jahre im Rahmen der »Aachener Heiligtumsfahrt« öffentlich gezeigt. Es handelt sich dabei um vier Textilien, die als Kleid Mariens, Windeln Jesu, Enthauptungstuch Johannes des Täufers und Lendentuch des Gekreuzigten verehrt werden. Für den 1994 verstorbenen Bischof von Aachen, Klaus Hemmerle, stand nicht die Echtheit der Reliquien im Vordergrund, sondern die Überzeugungskraft der mit diesen Reliquien untrennbar verbundenen Botschaft: »Die beiden Adventsgestalten Johannes und Maria, die beiden Heilsereignisse Geburt und Tod Christi, das ist es, worauf sich die Aachenfahrt konzentriert. Es ist also nicht der Ort des Lebens, Wirkens und Sterbens einer großen Zeugengestalt, eines Heiligen oder ein besonderes Ereignis, etwa eine Erscheinung, was da die Pilgerscharen anzieht, sondern die Grundbotschaft des Evangeliums selbst. Allerdings eben die ›materialisierte‹ Grundbotschaft. Das Wort, das Fleisch wird, nimmt Tuchfühlung mit den Menschen, und es gibt die Sehnsucht, mit dem ›Einmal-für-alle-mal‹ des Kommens Jesu in Kontakt zu kommen. Diese Tuchfühlung, dieses Angerührtwerden von der Nähe Gottes zu unserem Leben und in unserem Leben, wie es ist, drängt danach, daß wir Tuchfühlung nehmen mit dem Herrn im Nächsten, im Geringsten, im Miteinander.«

Ulrich Feeser-Lichterfeld

Rosenkranz

 Der »Rosenkranz« ist ein im katholischen Raum weit verbreitetes volkstümliches Gebet in Reihenform, das von einzelnen still für sich oder in Gemeinschaft als Wechselgebet gebetet wird. Es memoriert Ereignisse aus dem Leben Jesu und Mariens, welche in das ständig wiederholte Mariengebet »Ave Maria« eingefügt sind. Gewöhnlich werden 150, jeweils zu »Dekaden« oder »Gesätzen« gruppierte »Ave Maria« gebetet. Jedes »Gesätz« wird mit dem »Vaterunser« begonnen und mit dem »Ehre sei dem Vater« beschlossen. Dem gesamten Gebet vorangestellt ist eine Einleitung, die aus Apostolischem Glaubensbekenntnis, Vaterunser, drei Ave Maria und Ehre sei dem Vater besteht. In die drei einleitenden Ave Maria sind Bitten um Glaube, Hoffnung und Liebe eingeschlossen, die jeweils dem Jesusnamen angehängt werden (»Jesus, der uns den Glauben vermehre«, »Jesus, der uns die Hoffnung stärke«, »Jesus, der uns die Liebe entzünde«).

Die insgesamt drei mal fünf Gesätze entfalten das Christusereignis in heilsgeschichtlicher Abfolge: Fünf dem Weihnachtsgeheimnis gewidmeten Gesätze bilden den »freudenreichen«, fünf an die Passion Christi erinnernde Gesätze den »schmerzhaften« und fünf den Osterglauben entfaltenden Gesätze den »glorreichen Rosenkranz« (vgl. *Gotteslob* Nr. 33). Das jeweilige »Geheimnis« wird im deutschsprachigen Raum dem Jesusnamen im Ave Maria als Relativsatz angeschlossen (z.B.

»Jesu, der von den Toten auferstanden ist«); im romanischen Sprachraum und im Dominikanerorden wird das zu meditierende Geheimnis vor jedem Gesätz einmal genannt.

Als »Rosenkranz« wird auch die – sozusagen als Zählgerät dienende – Perlenschnur für das Rosenkranzgebet bezeichnet. Sie besteht, der Struktur dieses Gebets entsprechend, aus 50 Perlen für die »Ave Maria«, die von je einer »Vaterunser«-Perle in »Dekaden« geteilt und zusammengefaßt wird. Eine Medaille hält die beiden Enden der in sich geschlossenen Gebetsschnur zusammen. An sie angehängt ist ein weiteres, kürzeres Schnurstück mit fünf Perlen und einem Kreuz für die genannten Eingangsgebete. Die Verwendung einer solchen Gebetsschnur ist freigestellt; in der Volksfrömmigkeit jedoch hat »der Rosenkranz« im Sinn eines religiösen Gegenstandes und Zeichens nach wie vor große Bedeutung.

Das Phänomen der Gebetsreihung, aber auch der Verwendung von Perlenschnüren zum Zählen der Gebetswiederholungen, ist auch in anderen großen Religionen (Hinduismus, Buddhismus, Islam) bekannt. (Im Islam besteht die Gebetsschnur aus drei mal 33 Perlen, die auch für die 99 Namen Allahs stehen können.) Im Christentum hat der Rosenkranz seine Wurzeln in der mönchischen Meditationstechnik der »ruminatio«, der Wiederholung bestimmter Psalmverse, entsprechend dem biblischen Psalter 150mal. Für Leseunkundige gab es die Möglichkeit, (sozusagen ersatzweise) das Vaterunser, seit der Jahrtausendwende auch das Ave Maria zu beten, das seit dem 11./12. Jh. immer mehr zu einem volkstümlichen Gebet wurde. Durch Einfügung verschiedener Glaubensgeheimnisse zur Meditation versuchte man der Gefahr des mechanischen Lippengebets zu begegnen; 1409 faßte der Trierer Kartäusernovize Dominikus von Preußen, geprägt durch die Jesusfrömmigkeit der »devotio moderna«, das Leben Jesu in 50 »clausulae« zusammen, die an das Ave-Maria-Gebet eingefügt wurden.

Volkstümlich wurde das Rosenkranzgebet durch die Reduktion auf 15 Gesätze (erstmals 1483 nachgewiesen) und durch die Gründung von »Rosenkranzbruderschaften« (die erste deutsche Rosenkranzbruderschaft wurde 1475 von dem Dominikaner Jakob Sprengler in Köln ins Leben gerufen). Zu einem eigenen Fest »Unserer Lieben Frau vom Rosenkranz« (7. Oktober) kam es nach dem Sieg über die Türken bei Lepanto. Der hochgebildete Papst Leo XIII. (1878-1903), der insgesamt 16 Rund- bzw. Apostolische Schreiben zum Rosenkranz verfaßt hat, erhob den Monat Oktober zum »Rosenkranzmonat«, in welchem täglich ein Rosenkranz gebetet werden soll.

Die Eintönigkeit im Rhythmus dieser Gebetsform bietet sicherlich die Gefahr des mechanisierten Betens, was – oft nicht ganz unberechtigt – zu Vorbehalten gegenüber dem Rosenkranz geführt hat. Jedoch sollte er als Ausdruck tiefer Frömmigkeit und traditioneller Meditationspraxis nicht vorschnell abgeurteilt werden, gerade wenn man das mögliche Sich-hinein-Versenken in das Gedächtnis des Glaubens und die Betrachtung der Heilsgeschichte bedenkt. Auch Vertreter der wissenschaftlichen Theologie haben das Beten des Rosenkranzes empfohlen, weil er, wie beispielsweise Romano Guardini gesagt hat, »das Verweilen in der Lebenssphäre Mariens, deren Inhalt Christus war«, bedeutet und somit »im Tiefsten ein Christusgebet« ist.

Tobias Kläden

Sechswochenamt

 Das »Sechswochenamt« gehört zur Praxis des Totengedenkens in der Liturgie der katholischen Kirche. Im Unterschied zum allgemeinen Totengedenken, etwa am 1. und 2. November (Allerheiligen/Allerseelen), ist dieses Gedenken einer einzelnen Person gewidmet und vom Zeitpunkt des Begräbnisses eines Verstorbenen abhängig: *Sechswochen*amt heißt jene Meßfeier, die sechs Wochen nach der Bestattung begangen wird. Die Bezeichnung als Sechswochen*amt* aber ist ein Relikt aus einer Zeit, in der das Wort »Amt« (im Gegenüber zum »Hoch-

amt« und zur »Werktagsmesse«) den zweithöchsten Feierlichkeitsgrad der Eucharistiefeier bezeichnet hat. Bisweilen wird heute zutreffender von der Sechswochen*messe* gesprochen.

Daß trotzdem der alte Name noch weitgehend erhalten geblieben ist, verweist auf die starke volkskirchliche bzw. volkstümliche Verwurzelung dieses Brauches. Rituell begangenes Totengedenken gibt es in nahezu allen Religionen, es findet sich auch in nicht mehr christentümlich geprägten Kontexten. Ähnlich wie heute nichtkirchliche Formen des Gedenkens verstorbener Angehöriger neu entstehen (z.B. Totengedenken im Internet), übernahm die frühe Kirche diese Praxis aus ihrer angestammten sozialen Umwelt, wobei man sich auf entsprechende Andeutungen im Alten Testament berief. Die Christinnen und Christen ersetzten den heidnischen Brauch eines rituellen Mahls am Grab zunehmend durch die Feier der Messe. Augustinus (354-430) erzählt, seine Mutter habe angesichts ihres nahenden Todes die Angehörigen gebeten: »Begrabt diesen Leib wo immer, er soll euch keine Sorgen machen. Nur um das eine bitte ich euch, daß ihr am Altar des Herrn meiner gedenkt, wo ihr auch seid.« Die damit im Laufe der Zeit verbundene Vorstellung einer Zuwendung des Kreuzesopfers Jesu Christi an die Verstorbenen durch die Kirche wurde zu einem der zentralen konfessionellen Streitpunkt in der Reformationszeit.

In Anknüpfung an heidnisches Brauchtum, doch zugleich biblische Symbolik aufnehmend, kam es zur Festlegung bestimmter Tage für die Meßfeier. Als Termine haben sich allgemein durchgesetzt und bis heute erhalten: eben der Tag nach Ablauf von 40 Tagen nach dem Begräbnistag sowie der »Jahrtag«. Hinter den *sechs* Wochen verbirgt sich die biblisch vielfach bezeugte 40-Tage-Frist als eine Zeit der Buße und Umkehr, der Zurückgezogenheit oder des Wanderns. 40 Tage beträgt auch die Zeitspanne, in der Jesus nach seiner Auferweckung und vor der Aufnahme in den Himmel der Jüngerschaft erschienen ist und zu ihnen vom Reich Gottes gesprochen hat (Apostelgeschichte 1, 3).

Heute ist die Zahlensymbolik der Sechs-Wochen-/40-Tage-Frist eher fremd und wird kaum mehr genau eingehalten. Trotzdem kommt nach wie vor vielerorts in der Praxis von Katholikinnen und Katholiken dem Sechswochenamt ein vergleichsweise hoher Stellenwert zu. Offensichtlich antwortet es auf ein Bedürfnis nach Symbolisierung und Rhythmisierung in der Deutung und Verarbeitung von Verlust und Abschied: Oft wird der Termin des Sechswochenamtes im Danksagungsbrief mitgeteilt. Zu diesem Gottesdienst versammelt sich nochmals der Kreis der Trauernden, zumindest die engeren Familienan-

gehörigen. Nicht selten halten selbst Menschen, die nur noch wenig am gottesdienstlichen Leben der Gemeinde teilnehmen, an diesem Brauch fest. Daß der Name ihres Verstorbenen in der Messe genannt wird, hat für sie offenbar besonderes Gewicht.

Das Sechswochenamt zeigt sich so als ein rituell eröffneter und gestalteter Raum, der es erlaubt, die wachsende Anonymität und Vereinzelung von Tod und Trauer zu durchbrechen. Geschieht dies, dann ist auch der Boden dafür bereitet, daß - sei es für die Angehörigen, sei es durch die Angehörigen - das fürbittende Gedenken zum Zeugnis werden kann: Christlich gesehen gehören die Hoffnung für die Toten und das Gedächtnis von Tod und Auferstehung Christi zusammen.

Reinhard Feiter

Sonntagsgebot

 Der Sonntag (lateinisch: »Dies Domini«) gilt den Christen als »Tag des Herrn« (vgl. Offenbarung 1, 10). Die Begehung des *ersten* Wochentages als Tag der Auferstehung Christi und der Feier des österlichen Pascha-Mysteriums (»frühmorgens, am ersten Tag der Woche, als eben die Sonne aufgig, kamen sie - die Frauen - zum Grabe«, Markus 16, 2) hat in der Urkirche über die beibehaltene jüdische Wochenstruktur und die zunächst fortbestehende Beobachtung des

Sabbatgebots hinaus (»Du sollst den Sabbat *heiligen*«, 2. Mose 34, 21) wachsende Bedeutung erlangt und den Sabbat, der herkömmlich als *siebter* Tag der Woche begangen wurde (»Nach Vollendung seines Werkes am siebten Schöpfungstag ruhte Gott«, vgl. 1. Mose 2, 2 und 2. Mose 20, 8-11), schließlich verdrängt. Erst im Jahr 321 wurde der christliche »Herrentag« durch Kaiser Konstantin zum *öffentlichen Ruhetag* erklärt und jetzt mit dem ursprünglich heidnischen Namen »Sonntag« belegt.

Das »Sonntagsgebot« umfaßt traditionell die Pflicht zum Besuch des Sonntagsgottesdienstes bzw. zur Mitfeier der Eucharistie sowie zur Unterlassung der (früher sogen.) »knechtlichen Arbeit«. Seine Einhaltung ist nach wie vor vom geltenden Kirchenrecht (CIC 1983) in einem für die ganze katholische Kirche verbindlichen Gesetz festgeschrieben, wenn auch in teilweise anderem sprachlichem Gewand: »Am Sonntag und an den anderen gebotenen Feiertagen sind die Gläubigen zur Teilnahme an der Meßfeier verpflichtet; darüber hinaus sollen sie sich aller der Gottesverehrung und der Sonntagsfreude unwürdigen sowie der Erholung der Menschen abträglichen Beschäftigungen enthalten« (can. 1247). Zugegeben, dem Sonntagsgebot ist seine doppelte Herkunft vom alttestamentlichen Sabbatgesetz und von der römischen

Ruhetagsvorschrift durchaus anzumerken. Doch stellt dies keineswegs seinen andauernden humanen und kirchlichen Sinn in Frage. Nicht ohne Grund sind bis heute in vielen Staaten mit christlicher Tradition die Sonntage wie die staatlich anerkannten Feiertage als öffentliche Ruhetage bzw. arbeitsfreie Tage staatsrechtlich bzw. gesetzlich geschützt.

Zwar haben die gesellschaftlichen Veränderungen vor allem in der westlichen Welt (Säkularisierung, Individualisierung etc.) dazu beigetragen, daß der Sonntag als »Herrentag« mehr und mehr aus dem Blick gerät ist und statt dessen die Gestaltung »des Wochenendes« mit Freizeitaktivitäten immer stärker in den Vordergrund tritt; wobei oftmals strukturelle binnenkirchliche Probleme, wie Priestermangel, Zusammenlegung von Gemeinden etc., die Einhaltung des Sonntagsgebotes und die Pflicht, an der Feier der Eucharistie teilzunehmen, zusätzlich erschweren, so daß in diesem Zusammenhang dann »Wortgottesdienste« zu bloßen »Notlösungen« herabsinken. Dennoch ist festzustellen: Gerade in katholischen Landstrichen ist es - angesichts der vielen Erschwerungen in erstaunlichem Maße - gelungen, dem Sonntag seinen bislang genuinen Charakter als Tag des Gottesdienstes und der Glaubensfeiern wie auch der Muße und Erholung zu bewahren. Immerhin bringt es das

Sonntagsgebot auch mit sich, daß in Deutschland die Zahl der Katholiken, die am sonntäglich zur Kirche gehen, die Zahl der Zuschauer in den Fußballstadien am Wochenende nach wie vor weit übersteigt.

Papst Johannes Paul II. hat sich 1998 in seinem Schreiben »Dies Domini« ausführlich mit dem Sonntag und dem Sonntagsgebot beschäftigt. Er weist darauf hin, daß die Bischöfe schon in den ersten Jahrhunderten die Gläubigen an die Teilnahme der Eucharistie erinnert haben, wobei diese für die Christen damals eigentlich eine Selbstverständlichkeit gewesen sei. Wenn heutzutage nun auch bei den Gläubigen die Intensität bei Erfüllung der Sonntagspflicht nachgelassen habe, so habe die Kirche doch nie aufgehört und werde niemals aufhören, an dieses Gebot zu erinnern. Wo es nicht möglich sei, am Sonntag eine Eucharistiefeier zu besuchen, da solle man sich mit anderen Gläubigen zu einem Wortgottesdienst zusammen finden oder sich zumindest dem Gebet widmen. (Der Römische Katechismus spricht sogar von einer schweren Sünde, wenn die Sonntagspflicht absichtlich nicht erfüllt wird.) Schließlich warnt der Papst vor einer weiteren Aushöhlung des Sonntags durch technische, wirtschaftliche und soziale Entwicklungen und stellt ihn als unverzichtbare Ressource humaner Lebensgestaltung heraus, die neu entdeckt werden sollte.

Zweifellos kommt – zumindest in den westlichen Ländern – dem Sonntag als Tag der Ruhe und Beziehungspflege auch künftig der Rang eines wertvollen und zu schützenden Kulturgutes zu. Es ist bemerkenswert, daß hierin alle christlichen Kirchen, aber auch viele einflußreiche gesellschaftliche Gruppen übereinstimmen und miteinander für den Erhalt der religiösen, kulturellen und sozialen Bedeutung des Sonntags eintreten.

Christiane Brandt

Talar

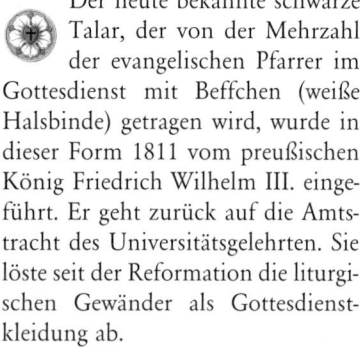 Der heute bekannte schwarze Talar, der von der Mehrzahl der evangelischen Pfarrer im Gottesdienst mit Beffchen (weiße Halsbinde) getragen wird, wurde in dieser Form 1811 vom preußischen König Friedrich Wilhelm III. eingeführt. Er geht zurück auf die Amtstracht des Universitätsgelehrten. Sie löste seit der Reformation die liturgischen Gewänder als Gottesdienstkleidung ab.

Die heutige Form des Talars greift einerseits die vorreformatorische liturgische Gewandung auf und stellt andererseits die Verbindung zu Trägern staatlicher Gewalt und Autorität her (Juristen etc.).

Die Farbe schwarz soll die körperliche Erscheinung des Pastors neutralisieren. Kopf, Mund und Hände bleiben bewußt frei, um den sozialen Kontakt zu halten, zu verkündigen und die Sakramente zu spenden. In der Evangelischen Kirche Deutschlands wird der Talar in allen Gottesdiensten und bei allen Amtshandlungen getragen. Die Form des Beffchens weist auf die lutherische (ganz geöffnetes Beffchen), die unierte (halb offen) oder die reformierte (ganz geschlossen) Tradition hin, auf die der Pastor ordiniert ist. Anstelle des Beffchens wird in manchen Landeskirchen auch eine Halskrause getragen.

Ulrike Dunker

Tauf-, Konfirmations- und Trauspruch

 Der Spruch, der dem Täufling, den Konfimanden und dem Ehepaar mitgegeben wird, ist ein Wort der Bibel, das ihren persönlichen bzw. gemeinsamen Lebensweg begleiten soll. Vor allem im Taufspruch kommt der unbedingte Zuspruch und Beistand Gottes zum Ausdruck, der dem Täufling auch für die Zeiten zugesagt bleibt, in denen er sich von Gott abwendet. Ein klassischer Taufspruch ist z.B. Jesaja 43,1: »Fürchte dich nicht, denn ich habe dich erlöst; ich habe dich bei deinem Namen gerufen, du bist mein.«

Im Konfirmationsspruch kann neben dem Zuspruch Gottes auch das Bekenntnis und die Nachfolge thematisiert werden, denn die Konfirmation ist das bewußte Ja zur eigenen Taufe und zum christlichen Gott. Der Trauspruch zeigt an, daß die Ehe unter dem Beistand und Segen Gottes steht. In Zeiten der Krise kann er helfen, vor Gott einen gemeinsamen Weg zu finden. In diese Richtung weist z.B. Römer 15, 7: »Nehmt einander an, wie Christus euch angenommen hat zu Gottes Lob.« Es können aber auch Gottes Segen, die Liebe oder die Dankbarkeit für das Glück der gegenseitigen Liebe u.a. Thema des Trauspruches sein.

Die protestantische Tradition der Tauf-, Konfirmations- und Trausprüche beginnt erst am Ende des 19. Jh. mit der Einführung des Konfirmationsspruchs.

Der Taufspruch folgte in den 20er Jahren des 20. Jh., bald darauf wurden auch Trausprüche üblich. Seit einigen Jahren ist es weithin üblich, daß sich die Taufeltern, Konfirmanden und Ehepaare ihre Sprüche bewußt selbst aussuchen. Trotz ihrer jungen Geschichte spielen die Sprüche oft eine bedeutende Rolle im Bewußtsein evangelischer Christen.

Viele ältere Menschen berichten, daß sie ihr Tauf- und Konfirmationsspruch beständig durchs Leben begleitet haben und in Zeiten der Not und Trauer stützten und auf Gottes Beistand verwiesen. Ein äußeres Zeichen dieser Bedeutung ist, daß viele ihre Sprüche rahmen und an die Wand hängen.

Michael Lorenz

»Urbi et orbi«

Der traditionelle feierliche Apostolische Segen des Papstes, an Weihnachten und Ostern, aber auch nach einer Neuwahl von der Loggia des Petersdomes in Rom herab gespendet, ist in der Öffentlichkeit als Segen »urbi et orbi« (»der Stadt und dem Erdkreis«) bekannt. Was aber bedeutet diese Formel? Ist sie mehr als bloßer Ausdruck des bekannten päpstlichen Universalanspruchs?

Über dem Portal der Lateranbasilika, der ursprünglichen römischen Bischofskirche, stehen bis zum heutigen Tag in riesigen mittelalterlichen Lettern die Worte geschrieben: CAPUT ET MATER OMNIUM ECCLESIARUM URBIS ET ORBIS. Diese Inschrift verweist nicht allein auf den universalkirchlichen Vollmachtsanspruch des Papstes als »Nachfolger des Petrus«, sondern bringt zunächst den durch die Gräber der Apostelfürsten Petrus und Paulus begründeten Vorrang der römischen Ortskirche vor den anderen Ortskirchen und den hieraus resultierenden Anspruch des römischen Bischofssitzes »Haupt und Mutter aller Kirchen der Stadt und des Erdkreises« zu sein, zum Ausdruck; sie verweist dann aber auch auf eine wichtige Reihenfolge und eine interessante Differenzierung in der päpstlichen Titulatur. Der Papst ist zum einen zuallererst Bischof der Stadtkirche von Rom und erst als solcher Haupt des welt-umspannenden Bischofskollegiums (*Collegii episcoporum Caput*). Sein Dienst an der Einheit der Kirche wird also als Dienst an einer Pluralität von Kirchen verstanden, da, wie das Zweite Vatikanum sagt, die Weltkirche »in und aus Ortskirchen« besteht. Zum andern wird durch die Aufschrift am Lateran das Amt des Papstes, Hirte der Gesamtkirche zu sein (*Universae Ecclesiae Pastor*), nicht primär iurisdiktionell umschrieben, sondern vor allem als Leben gebender und nährender Dienst und Auftrag apostrophiert, gemäß den Worten des Apostels Paulus, der das Gottesvolk des Neuen Bundes »unsere Mutter« im Glauben genannt hat (vgl. Galater 4, 26f.) und der von sich selbst sagte, er habe sich »wie eine Ernährerin« um die Gemeinden gesorgt (1. Thessalonicher 2, 7).

Heute ist »Urbi et orbi« vor allem eine von der römischen Kurie für die Promulgation von Dokumenten (etwa bestimmter Dekrete der päpstlichen Kongregationen) verwendete Formel, durch die angezeigt werden soll, daß diese die Stadt Rom (urbs) und den gesamten katholischen Erdkreis (orbis) angehen und betreffen.

Walter Fürst

Weihnachtskrippe

 Würde man eine Umfrage durchführen, was dem traditionellen Weihnachtsfest auf keinen Fall fehlen darf, so würden sicherlich drei Dinge am häufigsten genannt werden: Geschenke, Weihnachtsbaum und Krippe. Besonders letztere, näherhin die Aufstellung einer »Weihnachstkrippe«, gilt vielfach als typisch katholischer Brauch. Wahrscheinlich geht sein Ursprung einerseits auf die in der Kirche S. Maria Maggiore in Rom aufbewahrten (freilich nicht authentischen) Reliquien der Geburtskrippe Jesu, andererseits auf Geburt-Christi-Darstellungen in der plastischen Kathedral- und Altarkunst oder auch auf die Inszenierung volkstümlicher Krippenspiele zurück. Der uns bekannte Typus der »Weihnachtskrippe« ist schon im 13. Jahrhundert bei Franz von Assisi greifbar. Im Zuge der Gegenreformation wurde das Krippen-Wesen besonders durch die Jesuiten in allen Ländern Europas gefördert. Die Krippe wurde nicht zuletzt als »moralische Anstalt« angesehen, durch die im katholischen Rheinland beispielsweise dem Einfluß des protestantisch-preußischen Staates erzieherisch entgegengewirkt werden sollte.

Bis in die Neuzeit herein waren Krippen meist nur in Kirchen und Klöstern anzutreffen, wo sie vor allem der Bereicherung und Ausschmückung der Liturgie dienten. »Hauskrippen« tauchten erstmals im 17. und 18. Jahrhundert beim Adel und in der bürgerlichen Oberschicht auf. Erst im 19. Jahrhundert wurden häusliche Krippendarstellungen in breiten Schichten der Bevölkerung populär.

Besonders die seit den 1830er Jahren entstehenden »katholischen Vereine« setzten sich für Bau und Pflege der Krippen und ihre Verbreitung als »echt katholische« Tradition ein. Dagegen wurde hier der Weihnachtsbaum geradezu als eine der Frömmigkeitspflege abträgliche Erscheinung betrachtet. Der Volksschriftsteller Alban Stolz sprach 1855 stellvertretend für viele Katholiken diese Überzeugung aus: »Bei den Kripplein wird die Phantasie des Kindes dem Religiösen zugewendet. ... Am Christbaum hingegen wächst nur Futter für die niedere Sinnlichkeit und Selbstsucht; ... und statt den Geist des Kindes auch der Bedeutung des Festes, dem neugeborenen Heilande zuzuführen, führt der Christbaum gänzlich davon weg, denn die Seele des Kindes ist dann obenaus angefüllt mit Gedanken und Anschauen der erhaltenen Geschenke.«

Auf wachsende Massenproduktion und zunehmenden Kommerz in Sachen Weihnachtskrippe reagierten vielerorts gegründete »Krippenvereine«, indem sie für künstlerisch wertvolle Krippen warben und den gemeindlichen bzw. häuslichen Krippenbau durch Vermittlung handwerklichen Könnens und entsprechender Geschmacksbildung förderten. Die Krippe sollte das Erhabene, Heilige und allzeit Gültige der Weihnachtserzählung zur Darstellung bringen. Die Vergegenwärtigung der Heiligen Nacht sollte nicht nur mit dem Verstand, sondern vor allem mit dem Herzen geschehen. Ob historisierend-biblische oder orts- und gegenwartsnahe Gestaltung (»Heimatkrippen«), in jedem Fall sollte die szenisch gruppierte Nachbildung der Weihnachtsgeschichte immer so packend sein, daß sich ihr niemand entziehen konnte und jeder vom Wunder der Heiligen Nacht ergriffen wurde. Später begann man nach dem Vorbild der weihnachtlichen Krippendarstellungen auch die dem Kirchenjahr entsprechenden biblischen Geschichten bildhaft zur Darstellung zu bringen (sogen.»Passions- oder Jahreskrippen«).

Ein Treiben eigener Art, das hier besonders Erwähnung finden soll, herrscht zur Weihnachtszeit in den Kölner Kirchen: Jung und Alt machen sich auf, um die Weihnachtskrippen zu besichtigen. Die Auswahl ist mehr als groß, denn allein in den Gotteshäusern und Museen der Stadt Köln finden sich über 160 Krippen, die alle ihren eigenen Reiz haben. Neben den vorwiegend traditionellen Darstellungen gibt es auch zahlreiche »Milieu-Krippen«, die das »kölsche« Leben in die Weihnachtsgeschichte integrieren. Kein Wunder, daß sich die Kölner »Kreppchen« sowohl bei Kindern als auch bei Erwachsenen großer Beliebtheit erfreuen. Für viele Familien gehört es zum

festen Programm, an Weihnachten eine oder mehrere Krippen zu besuchen. Der Kölner spricht dann vom »Kreppchensjang« – dem Krippengang. Tatsächlich handelt es sich um eine im ganzen rheinischen Katholizismus weit verbreitete Tradition. Ein ähnlicher Brauch im süddeutschen Raum, mit den Kindern nach der Feier der Christmette zur Krippe hinzugehen, heißt dort »Krippleangucka«.

Daß die protestantische Konfession das *geistliche* Anliegen, das in der katholischen Krippenfrömmigkeit liegt, ebenfalls kennt und schätzt, zeigt das von einer tief gläubigen, innigen Beziehung zum weihnachtlichen Festgeheimnis zeugende, inzwischen in beiden Konfessionen gerne gesungene Weihnachtslied von Paul Gerhardt: »*Ich steh an deiner Krippe hier, / o Jesu, du mein Leben. / Ich komme, bring und schenke dir, / was du mir hast gegeben. / Nimm hin, es ist mein Geist und Sinn, / Herz, Seel und Mut, nimm alles hin / und laß dir's wohl gefallen.*« Das Lied läßt erkennen, welche fromme Unmittelbarkeit und religiöse Faszination das Bild der Krippe auf die Gläubigen und eine dem Glauben freundliche Gemütsbildung ausüben konnte und bis heute auszuüben vermag.

Carsten Schlott

Weihnachtsoratorium → Matthäuspassion

Weihwasser

 Wasser ist ebenso elementares Sinnbild bedrohlicher Chaosmächte wie Symbol der Fruchtbarkeit und des Lebens (vgl. die Wasser der Sintflut in 1. Mose 7 mit dem Strömen lebenspendenden Wassers aus dem Felsen in 2. Mose 27). Zugleich bezeichnet die äußere Verwendung reinigenden Wassers auch die innere Reinigung des Menschen vor Gott, vgl. 2. Mose 36, 25f.: *»Ich gieße reines Wasser über euch, damit ihr rein werdet«* oder Psalm 51, 9: *»Besprenge mich Herr, und ich werde rein.«* Die verschiedenen Aspekte verbinden sich für die Christen im »Wasser der Taufe«.

Das Motiv der Tauferinnerung (z.B. durch Besprengung der Gläubigen mit »Taufwasser« in der Osternacht) spielt auch herein in die verschiedenen Segnungen mit »Weihwasser«. Im Mittelalter kommt, übernommen von merowingischen und karolingischen Klöstern, eine sonntägliche Wasserweihe vor dem Pfarrgottesdienst mit anschließender Aussprengung des geweihten Wassers in Übung. In der römisch-katholischen Liturgie hat sich die Spendung von geweihtem Wasser für den feierlichen Segen (mit Gesang des *Asperges me*) bis heute erhalten. Die Aufstellung von kleineren oder größeren »Weihwasserbecken« im Eingangsbereich der Kirche, in die man beim Betreten und Verlassen des Gotteshauses die Finger der rechten Hand eintaucht, um sich zur Erinnerung an die eigene Taufe mit dem Wasser zu bekreuzigen, ist für den Westen seit dem 6. Jh. belegt.

Verwendet wird Weihwasser bei vielen kirchlichen Segenshandlungen, insbesondere auch zur Segnung der Verstorbenen bei Beerdigungen. Immer weniger verbreitet ist die Sitte, auch zuhause an der eigenen Wohnungstür einen kleinen »Weihwasserkessel« zu haben, um sich z.B. beim Verlassen des Hauses oder am Abend vor dem Zu-Bett-Gehen zu segnen.

Barbara D. Leicht

Zölibat

 Ein anerkannter Organisationspsychologe hat vor nicht allzu langer Zeit den Zölibat als nicht zu unterschätzendes »Markenzeichen der römisch-katholischen Kirche« bezeichnet. Und vielleicht hat er damit gar nicht so unrecht, obwohl natürlich die eigentlichen Kennzeichen (»notae«) der Kirche (Einheit, Heiligkeit, Apostolizität und Katholizität) nochmals auf einer ganz anderen Ebene liegen. Gleichwohl, seit Jahrhunderten wird – innerkirchlich und außerkirchlich – heftig um dieses die Priester zur Ehelosigkeit verpflichtende Kirchengesetz gestritten. Offensichtlich geht es hier um alles andere als eine beliebige Nebensache.

Allerdings richtet sich die immer wiederkehrende Kritik an der betreffenden kirchlichen Norm zumeist nicht gegen die zölibatäre Lebensform selbst, sondern nimmt vor allem daran Anstoß, daß für Kleriker der lateinischen Kirche die Ehelosigkeit *kirchenrechtlich zwingend* vorgeschrieben ist. Der Streit entzündet sich also hauptsächlich am sogen. »Pflichtzölibat« bzw. am *Zölibatsgesetz* und an der Weigerung der kirchlichen Autorität, daran etwas zu ändern.

Nicht immer war es fehlender kirchlicher Reformwille, an dem in der Vergangenheit eine Änderung dieser spirituell und strukturell einschneidenden Vorschrift gescheitert ist. Zuweilen kamen Widerstände von ganz unerwarteter Seite. Als beispielsweise vor zweihundert Jahren die »Antizölibatsvereine« innerhalb des katholischen Klerus Süddeutschlands erheblichen Zulauf hatten, wurden sie nicht etwa von Rom, sondern vom protestantischen württembergischen König als politisch gefährlich Umtriebe verboten.

In der uns sehr viel näherliegenden Zeit nach dem Zweiten Vatikanischen Konzil führte der (vor allem in Europa und Südamerika) empfindlich wachsende Priestermangel zu immer neuen Vorschlägen und Forderungen zur »Abschaffung des Zölibats«. Die teilweise bedrückende pastorale Notlage veranlaßte schließlich sogar Papst Paul VI. zur (allerdings nur internen) Prüfung der kirchenöffentlich breit diskutierten

Frage, ob nicht doch in Ehe und Familie bewährte katholische Männer (sogen. »Viri probati«) zur Priesterweihe zugelassen werden könnten. Bereits das Konzil hatte hier eine gewisse Bresche geschlagen: Es hat nicht nur den Diakonat als eigenen, vom Weg ins Priestertum unabhängigen Beruf in der römisch-katholischen Kirche wieder eingeführt (sogenannter »Ständiger Diakonat«), sondern nunmehr auch *verheiratete* Männer, sofern sie mindestens 35 Jahre alt sind und die Ehefrau jeweils zustimmt, zu diesem (eindeutig zum dreistufigen sakramentalen Ordo zählenden) Amt zugelassen.

Der »Zölibat« (das Wort kommt vom lat. *caelebs*, alleinlebend, ehelos) wird kirchenrechtlich (CIC can. 277) als Lebensform der ehelos lebenden Priester und Kleriker der lateinischen Kirche definiert und als »Gabe Gottes« bezeichnet, »durch welche die geistlichen Amtsträger ungeteilten Herzens Christus leichter anhangen und sich dem Dienst an Gott und den Menschen freier widmen können«. Der Zölibat wird dementsprechend als kirchlicher Ausdruck der von Jesus gelehrten und gelebten »Ehelosigkeit um des Himmelreiches willen«, Matthäus 19, 12; vgl. 1. Korinther 7) begriffen und insofern auf die Botschaft des Evangeliums zurückreichende Regelung verstanden. Allerdings muß festgehalten werden, daß Jesus aus seiner eigenen Lebensform weder ein Gesetz noch eine Norm für kirchliche Amtsträger gemacht hat, vielmehr den Jüngern einen »Rat« mit auf den Weg gegeben hat, indem er sagte: »Wer es fassen kann, der fasse es.«

Der in der frühen Kirche praktizierte Zölibat war eher ein zeitlicher Enthaltsamkeitszölibat (im Blick auf den Dienst am Heiligen) denn ein Ehelosigkeitszölibat. Möglicherweise hat dann aber die nach der Konstantinischen Wende in der beginnenden Reichskirche verstärkt einsetzende monastische Bewegung mit ihrer Forderung radikaler Nachfolge (Befolgung der »drei Evangelischen Räte« Armut, Gehorsam und Keuschheit) dazu geführt, daß nicht wenige Partikularsynoden den Zölibat »zur Regel« für die Kleriker gemacht haben, und damit zur allmählichen spirituellen Angleichung des Klerus an die Ideale des Mönchtums beigetragen. Universalkirchliche Festlegungen finden sich erst im Mittelalter.

Mögen die Motive für die gesamtkirchliche Einführung des Zölibatsgesetzes auch vielschichtig gewesen sein und die anthropologischen Bedingungen und Schwierigkeiten einer glaubwürdigen Realisierung häufig unterschätzt werden, seinem Sinn nach intendiert es eine radikale Dienstbereitschaft in der Nachfolge Jesu. So gesehen kann die eingangs erwähnte Rede von dem »Markenzeichen Zölibat« vielleicht doch ein

richtiger Impuls sein, um die oftmals oberflächlich verlaufende Diskussion zu vertiefen: Das Stichwort »Markenzeichen« weist in gewisser Weise auf den primären Bedeutungsgehalt des Zölibats hin, nämlich auf seinen Zeichencharakter. In der zeichenhaften Lebensform des Zölibats kann der Priester – idealiter gesprochen – seine persönliche Lebensentscheidung aus dem Glauben zum Ausdruck bringen und sie mit einer prophetischen Zeugnisfunktion verbinden. Selbstverständlich darf dieser Zeichencharakter des Zölibats nicht gegen die sakramentale Zeichenhaftigkeit der christlich gelebten Ehe ausgespielt werden.

»Zeichen« leben davon, daß das, was sie bezeichnen, verstanden wird. Hier besteht im Hinblick auf die Zölibatsregel heute sicherlich die Gefahr, daß, wenn ihre äußere Gestalt als kirchenrechtliches Gesetz unverändert bleibt, ihr innerer Gehalt nicht mehr ohne weiteres zu überzeugen vermag oder mißverstanden wird. So gesehen braucht es (ganz ähnlich, wie es auch in anderen Bereichen eine sorgsame »Markenpflege« zeigt) ein gemeinsames Bemühen um die Wiederentdeckung und Revitalisierung des in der Zölibatsregelung liegenden Zeichens und überhaupt eine (pastoralästhetisch motivierte) verstärkte Suche nach überzeugenden Ausdrucksgestalten des Lebens gemäß den Evangelischen Räten.

Es wäre naiv und spirituell fragwürdig, in der »Abschaffung« des Zölibats kurzerhand die »Zauberformel« für die Lösung des Priestermangels, der existentiellen Probleme von vielen bis an die Grenzen ihrer Kräfte haupt- und nebenamtlich in der Seelsorge arbeitenden Frauen und Männern oder der strukturellen Probleme im Zueinander von Klerikern und Laien zu sehen. Doch ist hier die Kirche einfach »mit ihrem Latein am Ende«? Wohl kaum. Die hohe Zahl verheirateter Priester in Amt und Würden (es handelt sich weltweit um einige hundert) entweder in den mit Rom unierten Ostkirchen oder im anglo-amerikanischen Raum, wo zahlreiche Priester aus der anglikanischen Kirche in die katholische Kirche übergetreten sind und hier unter Beibehaltung ihrer bestehenden Ehe als Pfarrer eingestellt wurden, dürfen als Indiz für Gestaltungsspielräume hinsichtlich einer zukunftsträchtigen Fortschreibung der Zölibatsregelung in der katholischen Kirche gelten. Es gibt faktisch bereits jetzt unter der Jurisdiktion des Papstes drei Versionen des einen Priesteramtes: Die zölibatären Weltpriester, die Ordenspriester und die mit kirchlicher Zustimmung verheirateten Weltpriester. Warum sollte es unmöglich sein, aus dem bloß partiellen Faktum eine allgemeine Regelung zu machen? Voraussetzung wäre aber, daß sich die zölibatären Priester gesamtkirchlich zu einer geistlichen Gemeinschaft zusammenschließen, die existentielle Zugehörigkeit ermöglichen und Verbindlichkeit schaffen kann. Natürlich benötigte gerade diese »Gruppe« von Priestern ein besonders hohes Maß an kirchlicher Zuwendung und spiritueller Begleitung sowie einer sie tragenden Wertschätzung in den Gemeinden.

Vielleicht bedarf es in der heutigen Situation von Kirche und Welt und in gleichzeitiger schöpferischer Treue zur Botschaft des Evangeliums tatsächlich einer Pluralität kirchlich anerkannter Lebensformen von Amtsträgern und Laien in der Nachfolge Jesu, welche die Einheit von Gottes- und Menschenliebe auf ihre Art tatkräftig bezeugen und zum Lebenseinsatz aus dem Glauben und für den Glauben motivieren.

Ulrich Feeser-Lichterfeld/
Walter Fürst

E.
Anhang

Abbildungsverzeichnis

Bouts, Dieric (um 1415-1475): *Paradies* (linker Flügel eines Weltgerichts-Triptychons), 1470; Eichenholz, 115 x 69,5 cm; Louvre, Paris. (286)

Brüder Limburg (1375/85-1416): Juli-Blatt aus den *Très Riches Heures des Duc de Berry*, 1413-16; Pergament, 22 x 13,5 cm; Musée Condé, Chantilly. (70)

Caravaggio, Michelangelo Merisi da (1573-1610): *Christus in Emmaus* (Ausschnitt), um 1600; Öl auf Leinwand, 141 x 196 cm; Tate Gallery, London. (186)

Cranach d.Ä., Lucas (1472-1553): *Predella des Reformationsaltars* (Ausschnitt), 1547 geweiht; Öl auf Eichenholz, keine Maßangaben; Stadtkirche St. Marien, Wittenberg. (304)

Evangeliar, Nordfrankreich, um 860-870; Pergament, 26,1 x 19,6 cm; Schnütgen-Museum, Köln. (58)

Eyck, Jan van (um 1390-1441): *Paele-Madonna* (Ausschnitt), 1434-1436; Eichenholz, 140,8 x 176,5 cm, Groeningemuseum, Brügge. (84)

Forli, Melozzo da (1438-1494): *Papst Sixtus IV. mit vier Neffen und dem knienden Bibliothekar Platina*, um 1480-81; Fresko auf Leinwand übertragen, 370 x 315 cm; Pinacoteca Vaticana, Rom. (226)

Gogh, Vincent Willem van (1853-1890): *Der gute Samariter (nach Delacroix)* (Ausschnitt), 1889; Öl auf Leinwand, 73 x 60 cm; Rijksmuseum Kröller-Müller, Otterlo. (260)

Houckgeest, Gerard (um 1600-1661): *Inneres der Neuen Kirche in Delft*, Mitte 17. Jh.; Öl auf Leinwand, 56 x 38 cm. (168)

Joest, Jan (um 1460-1519): Pfingst-Tafel des *Hochaltars der St. Nicolai-Kirche*, 1509; Öl auf Eichenholz, St. Nicolai-Kirche, Kalkar. (112)

Kandinsky, Wassily (1866-1944): *Die Ludwigskirche in München* (Ausschnitt), 1908; Öl auf Karton, 67,3 x 96 cm; Sammlung Carmen Thyssen-Bornemisza als Leihgabe im Museo Thyssen-Bornemisza, Madrid. © VG Bild-Kunst, Bonn 2002. (212)

E. Anhang

Leibl, Wilhelm Maria Hubertus (1844-1900): *Drei Frauen in der Kirche*, 1881; Öl auf Leinwand, 113 x 77 cm; Kunsthalle, Hamburg. (152)

Lievens, Jan (1607-1674): *Abraham und Isaak umarmen einander nach dem Opfer* (Ausschnitt), um 1637; Öl auf Leinwand, 180 x 136 cm; Herzog Anton Ulrich-Museum, Braunschweig. (272)

Menzel, Adolph Friedrich Erdmann von (1815-1905): *Kanzelpredigt in der Pfarrkirche zu Innsbruck*, 1881; Gouache auf Papier, 42 x 27 cm; Slg. Hugo Fischer, Bühl. (200)

Menzel, Adolph Friedrich Erdmann von (1815-1905): *Prozession in Gastein* (Ausschnitt), 1880; Öl auf Leinwand, 52 x 72 cm; Bayerische Staatsgemäldesammlungen, München. (10)

Renoir, Auguste (1841-1919): *Kirche in Cagnes* (Ausschnitt), 1905; Öl auf Leinwand, 41 x 33 cm; Sammlung Durand-Ruel, Paris. (138)

Spitzweg, Carl (1808-1885): *Der Gang zur Kirche*, um 1860; Öl auf Leinwand, 29 x 22 cm; Národni Galerie, Prag. (124)

Weyden, Rogier van der (1399/1400-1464): Mitteltafel des *Altars der Sieben Sakramente*, um 1440-44; Eichenholz, 200 x 97 cm; Koninklijk Museum voor Schone Kunsten, Antwerpen. (96)

Weyden, Rogier van der (1399/1400-1464): *Taufe Christi vom Johannes-Altar*, um 1454; Eichenholz, 77 x 48 cm; Staatliche Museen Preußischer Kulturbesitz, Gemäldegalerie, Berlin. (242)

Autorenverzeichnis

Baumgartner, Konrad, Jg. 1940, Dr. theol., Professor für Pastoraltheologie an der Kath.-Theol. Fakultät der Universität Regensburg.

Beutel, Albrecht, Jg. 1957, Dr. theol., Professor für Kirchengeschichte an der Ev.-Theol. Fakultät der Universität Münster.

Blasberg-Kuhnke, Martina, Jg. 1958, Dr. theol., Professorin für Praktische Theologie: Pastoraltheologie und Religionspädagogik am Institut für Kath. Theologie der Universität Osnabrück.

Brandt, Christiane, Jg. 1970, Dipl.-Theol., Wiss. Mitarbeiterin am Seminar für Pastoraltheologie der Kath.-Theol. Fakultät der Universität Bonn.

Bundschuh-Schramm, Christiane, Jg. 1963, Dr. theol., Referentin für Spiritualität und Seelsorge am Institut für Fort- und Weiterbildung der Kirchlichen Dienste in der Diözese Rottenburg-Stuttgart.

Dahlgrün, Corinna, Jg. 1957, Dr. theol., Professorin für Praktische Theologie an der Kirchlichen Hochschule Bethel/Bielefeld.

Danzeglocke, Klaus, Jg. 1944, Pfarrer in der Arbeitsstelle für Gottesdienst und Kindergottesdienst der Ev. Kirche im Rheinland in Düsseldorf, Lehrbeauftragter für Liturgik und Hymnologie an der Hochschule für Musik in Detmold.

Dunker, Ulrike, Jg. 1980, stud. theol. an der Ev.-Theol. Fakultät der Universität Bonn.

Eibach-Danzeglocke, Swantje, Jg. 1970, Dr. theol., Vikarin der Ev. Kirche im Rheinland in Köln.

Emeis, Dieter, Jg. 1933, Dr. rer.nat., Dr. theol., bis 1998 Professor für Pastoraltheologie und Katechetik an der Kath.-Theol. Fakultät der Universität Münster.

Feeser-Lichterfeld, Ulrich, Jg. 1968, Dipl.-Theol., Dipl.-Psych., Wiss. Mitarbeiter am Seminar für Pastoraltheologie der Kath.-Theol. Fakultät der Universität Bonn.

E. Anhang

Feiter, Reinhard, Jg. 1956, Dr. theol., habilitierter Privatdozent am Seminar für Pastoraltheologie der Kath.-Theol. Fakultät der Universität Bonn.

Finke, Christian, Jg. 1958, Kirchenmusiker, Kantor der Ev. Dreifaltigkeitsgemeinde Berlin-Lankwitz.

Fürst, Walter, Jg. 1940, Dr. theol., Professor für Pastoraltheologie an der Kath.-Theol. Fakultät der Universität Bonn.

Gerhards, Albert, Jg. 1951, Dr. theol., Professor für Liturgiewissenschaft an der Kath.-Theol. Fakultät der Universität Bonn.

Grethlein, Christian, Jg. 1954, Dr. theol., Professor für Praktische Theologie an der Ev.-Theol. Fakultät der Universität Münster.

Groß, Werner, Jg. 1934, Dr. theol., Prälat, Domkapitular (Diözese Rottenburg-Stuttgart), Rottenburg am Neckar.

Hauschildt, Eberhard, Jg. 1958, Dr. theol., Professor für Praktische Theologie an der Ev.-Theol. Fakultät der Universität Bonn.

Haustein, Jörg, Jg. 1957, Dr. theol., Professor für Kirchengeschichte an der Ev.-Theol. Fakultät der Universität Bonn.

Heinemann, Gerd, Jg. 1933, Msgr., langjähriger Verantwortlicher für die Priesterausbildung im Bistum Aachen, heute seelsorgerlicher Begleiter für Priester, pastorale Mitarbeiter und Ordensleute sowie stellv. Vorsitzender des Missionswissenschaftlichen Instituts Aachen.

Jorissen, Hans, Jg. 1924, Dr. theol., em. Professor für Dogmatik und Phil.-Theol. Propädeutik an der Kath.-Theol. Fakultät der Universität Bonn.

Kehl, Medard, Jg. 1942, Mitglied des Jesuitenordens, Professor für Dogmatik an der Phil.-Theol. Hochschule St. Georgen in Frankfurt/Main.

Kläden, Tobias, Jg. 1969, Dipl.-Theol., Dipl.-Psych., Wiss. Mitarbeiter am Seminar für Pastoraltheologie der Kath.-Theol. Fakultät der Universität Bonn.

Krötke, Wolf, Jg. 1938, D. Dr. theol., Professor für Systematische Theologie an der Theol. Fakultät der Humboldt-Universität zu Berlin.

Kumlehn, Martina, Jg. 1966, Dr. theol., Wiss. Assistentin im Fach Praktische Theologie (Abt. für Religionspädagogik) an der Ev.-Theol. Fakultät der Universität Bonn.

Leicht, Barbara D., Jg. 1963, Dipl.-Theol., Dipl. Bibl., Wiss. Mitarbeiterin im Kath. Bibelwerk Stuttgart.

Lindner, Herbert, Jg. 1941, Dr. theol. habil., verantwortlich für die Fortbildung in den Ersten Amtsjahren der Ev.-Luth. Kirche in Bayern, Privatdozent für Praktische Theologie an der Augustana Hochschule in Neuendettelsau, Feucht.

Lorenz, Michael, Jg. 1973, z. Zt. Wiss. Assistent im Fach Praktische Theologie (Abt. für Religionspädagogik) an der Ev.-Theol. Fakultät der Universität Bonn.

Meyer, Hans Joachim, Jg. 1936, Dr. phil., Professor für angewandte Sprachwissenschaft (Englisch) an der Humboldt-Universität zu Berlin (bis 1990), Minister für Bildung und Wissenschaft der DDR in der Regierung de Maizière (1990), Sächsischer Staatsminister für Wissenschaft und Kunst (1990-2002).

Meyer-Blanck, Michael, Jg. 1954, Dr. theol., Professor für Praktische Theologie (Abt. für Religionspädagogik) an der Ev.-Theol. Fakultät der Universität Bonn.

Moxter, Michael, Jg. 1956, Dr. phil., Professor für Systematische Theologie (Schwerpunkt Dogmatik) am Fachbereich Ev. Theologie der Universität Hamburg.

Ortkemper, Franz-Josef, Jg. 1939, seit 1989 Direktor des Katholischen Bibelwerks e.V. in Stuttgart.

Raschzok, Klaus, Jg. 1954, Dr. theol., Professor für Praktische Theologie an der Ev.-Theol. Fakultät der Universität Jena.

Sauter, Gerhard, Jg. 1935, Dr. theol., Dr. theol. h.c., em. Professor für Systematische und Ökumenische Theologie und Direktor des Ökumenischen Institutes an der Ev.-Theol. Fakultät der Universität Bonn.

Schaller, Hans, Jg. 1942, Dr. theol., Mitglied des Jesuitenordens, Pfarrer in Basel.

Schlott, Carsten, Jg. 1974, stud. theol. an der Kath.-Theol. Fakultät der Universität Bonn.

Schmude, Jürgen, Jg. 1936, Dr. jur., 1969-1994 MdB, 1974-1976 Parlamentarischer Staatssekretär beim Bundesminister des Innern, 1978-1981 Bundesminister für Bildung und Wissenschaft, 1981 und 1982 Bundesminister der Justiz, seit 1985 Präses der Synode der Evangelischen Kirche in Deutschland.

Schroeter-Wittke, Harald, Jg. 1961, Dr. theol., Professor für Didaktik der Ev. Religionslehre und Kirchengeschichte an der Universität Paderborn.

Schumacher, Rolf, Jg. 1961, Dr. theol., Leiter der Abteilung Kirche und Gesellschaft im Zentralkomitee der deutschen Katholiken.

Schuster, Josef, Jg. 1946, Dr. theol., Mitglied des Jesuitenordens, Professor für Moraltheologie an der Phil.-Theol. Hochschule Sankt Georgen, Frankfurt/Main.

Schwier, Helmut, Jg. 1959, Dr. theol., Professor für Neutestamentliche und Praktische Theologie an der Theol. Fakultät der Universität Heidelberg.

Severin, Burkard, Jg. 1957, Dipl.-Theol., Leiter des Instituts für Systemische Organisationsentwicklung in Königswinter-Oberpleis.

Starck, Rainer, Jg. 1946, Pfarrer, Schuldekan in Karlsruhe, Lehrbeauftrager an der Ev. Fachhochschule in Freiburg, Leitender Redakteur der Schriftenreihe KU-Praxis.

Tebartz-van Elst, Franz-Peter, Jg. 1959, Dr. theol., Professor für Pastoraltheologie und Liturgiewissenschaft an der Kath.-Theol. Fakultät der Universität Passau.

Vetter, Martin, Jg. 1964, Dr. theol., Studienleiter an der Evangelischen Stadtakademie Düsseldorf.

von der Bank, Stefan, Jg. 1972, Dipl.-Theol., Referent des Kath. Bildungswerkes im Erftkreis, Bergheim.

Weyel, Birgit, Jg. 1964, Dr. theol., Wiss. Assistentin für Praktische Theologie am Seminar für Praktische Theologie der Theol. Fakultät der Humboldt-Universität zu Berlin.

Wieh, Hermann, Jg. 1949, Dr. theol., Dechant an St. Johann in Osnabrück.

Wohlmuth, Josef, Jg. 1938, Dr. theol., Professor für Dogmatik an der Kath.-Theol. Fakultät der Universität Bonn.

Bibelstellenregister

1. Mose 2, 2 351
1. Mose 7 357
1. Mose 9, 6 40

2. Mose 20, 8-11 351
2. Mose 27 357
2. Mose 34, 21 351
2. Mose 36, 25f. 357

3. Mose 16 320

4. Mose 6, 24-26 307

Ez. 9, 4ff. 333

Ps. 5, 8 331
Ps. 51, 9 357

Pred. 3, 11 104

Jes. 43, 1 353
Jes. 43, 1-3 299
Jes. 61, 1f. 117

Dan. 6, 11 331

Mt. 4, 1ff. 322
Mt. 5, 16 264
Mt. 5, 33-37 317
Mt. 7, 8 251
Mt. 18, 20 46, 54176
Mt. 19, 12 358
Mt. 21, 8 342
Mt. 22, 34-40 173
Mt. 22, 37-39 283
Mt. 28, 19b 38

Mk. 11, 8 342
Mk. 14, 35 332
Mk. 16, 2 350

Lk. 1, 28 315
Lk. 1, 42 315
Lk. 4, 18f. 117
Lk.10, 27 106
Lk. 17, 7-10 264
Lk. 22, 25ff. 233
Lk. 22, 41 332

Joh. 3, 16 37
Joh. 5, 7 266
Joh. 8, 12 341
Joh. 8, 32 277
Joh. 10, 10 40
Joh. 12, 12-13 342
Joh. 14, 14 264
Joh. 17, 21 54

Apg. 1, 3 350

Röm. 1, 7 312
Röm. 3, 21-28 345
Röm. 4, 17 295
Röm. 5, 1-5 270
Röm. 6, 8 298
Röm. 7, 6 268
Röm. 8, 26 296
Röm. 15, 7 353

1. Kor. 3, 16 176
1. Kor. 7 358
1. Kor. 10, 16f. 141, 192
1. Kor. 11, 2ff. 161

1. Kor. 11, 26 192
1. Kor. 12, 13 141
1. Kor. 13, 12 299
1. Kor. 13, 13 36
1. Kor. 14, 34 161

2. Kor. 3, 6b 35
2. Kor. 5, 17 268, 295
2. Kor. 5, 19 254

Gal. 2, 20 299
Gal. 3, 28 194
Gal. 4, 26f. 354
Gal. 5, 6 263

Eph. 5, 21ff. 161

Kol. 3, 3 298

1. Thess. 2, 7 354

1. Tim. 2, 4 301
1. Tim. 2, 8ff. 161

2. Tim. 3, 16 67

1. Joh. 4, 8 38
1. Joh. 4, 16 39

Hebr. 1, 1-2 35
Hebr. 12, 1 310

Jak. 2, 14-17 263

Off. 1, 10 350
Off. 7, 1-8 333
Off. 14, 1 333
Off. 21, 3 295
Off. 22, 13 341

Namenregister

Abälard, Peter 276
Agatha 311
Ambrosius 311
Antonios 311
Antonius von Padua
329
Asmussen, Hans 182
Augustinus, Aurelius
50, 249, 255, 275,
311, 349

Bach, Johann Sebastian
49, 316, 330, 336f.
Barth, Hans-Martin 92
-, Karl 317
Benedikt von Nursia
210, 311
Bengel, Johann Albrecht 301
Bernhardin von Siena
315
Blasius von Sebaste
311, 319
Bora, Katharina von
165, 344
Bucer, Martin 119f.
Bultmann, Rudolf 321

Cäcilia 311
Calvin, Jean 78, 119
Christophorus 311
Clasen, Winrich C.-W.
4, 17, 370, 376

Dix, Otto 67
Dominikus 311
Dominikus von Preußen 348

Elisabeth von Thüringen 312

Fliedner, Theodor 320
Fontane, Theodor 344
Franz von Assisi 311,
355
Freud, Sigmund 282
Friedrich Wilhelm III.
352

Gerhardt, Paul 330,
356
Goffiné, Leonhard 75
Gounod, Charles 316
Gregor I. der Große
314
Gregor IX. 329
Guardini, Romano
349

Harnack, Adolf von
36
Heidegger, Martin 321
Heinemann, Gustav
219
Hemmerle, Klaus 347
Hesse, Hermann 344

Hitler, Adolf 281
Hürten, Heinz 215

Innozenz III. 338

Jacobus a Voragine 76
Jesus Christus 33, 35,
37, 39, 43, 46, 75,
89, 91, 93, 99f.,
102, 117, 127, 171,
174, 176, 179f.,
182, 189-193, 196,
247, 250, 265, 277,
282
Johann Georg II. von
Sachsen 345
Johannes Chrysostomus 334
Johannes Paul II. 158,
177, 266, 339, 352
Juliana von Lüttich
324

Kant, Immanuel 41
Kehl, Medard 45
Kock, Manfred 31
Köcher, Renate 157
Konstantin 351

Laurentius 310
Lehmann, Karl 31,
155
Leo XIII. 348

Luther, Martin 47, 52, 65f., 91, 105f., 160f., 180f., 196, 220, 235f., 248, 253, 256, 269f., 280f., 307f., 316, 326f., 334, 336, 344f.

Maier, Hans 190, 216
Maria 37, 171, 178
Martin von Tours 311
Melanchthon, Katharina 165
-, Philipp 235
Meyer, Hans Joachim 29
Mörike, Eduard 344
Morus, Thomas 315

Newman, John Henry 275
Nietzsche, Friedrich 282
Norfolk, Herzog von 275

Pachomios 311
Paul VI. 103, 358
Paulus 254, 263
Petrus 43
Petrus Lombardus 276
Pieper, Josef 172
Pius X. 116
Pius XII. 339

Ratzinger, Josef 175, 192
Ricœur, Paul 53

Savonarola, Girolamo 315
Schleiermacher, Friedrich 49, 222
Schmude, Jürgen 29
Schütz, Heinrich 336
Schweitzer, Albert 317
Schwinge, Monika 161
Sprengler, Jakob 348
Stefanus 310
Stolz, Alban 355
Storm, Theodor 344
Symeon Stylites 311

Thadden-Trieglaff, Reinold von 219
Theresa von Avila 314
Thomas v. Aquin 189, 245, 249, 275f., 325
Thurneysen, Eduard 317

Ulrich von Augsburg 311
Urban IV. 315, 325

Vehe, Michael 73
Vinzenz von Paul 266

Wichern, Johann Hinrich 219, 320

Zinzendorf, Nikolaus Ludwig Graf von 335
Zuckmayer, Carl 48
Zwingli, Huldrych 317

Sachregister[*]

Abendlob 76, 90
Abendmahl 36, 47, 87,
  105-107, 115, 119-
  122, 134, 178, 189,
  210, 235-237, 254
Ablaß 289
ADVENIAT 142, 266
Altar 90, 171, 175,
  178-180, 203
Altes Testament 35,
  39, 61, 117
Ambo 175
Amt 43, 45, 141, 144,
  156-158, 229, 233,
  257
Anamnese 102
Anbetung 175
Andacht 49, 73f., 79
Anerkenntnis 268, 277
Angelusgebet 90
Apostel 229, 231
Apsismosaik 171
Aristotelismus 50
Auferstehung 33, 48,
  88, 297f.
Aufklärung 52, 65, 68,
  73
Augsburger Religions-
  frieden 79
Autorität 275, 277

Barmherzigkeit 264
Beerdigung 66, 105,
  108 119, 144, 148,
  208, 296-298
Befreiungstheologie
  64, 68
Beichte 105f., 128, 142
Beichtstuhl 171, 175
Bekennende Kirche
  219
Bibel 34f., 65, 75, 78f.,
  108, 146, 205, 275
Bibelarbeit 221
Bibelkreis 66
Bibel-Teilen 61
Bibliodrama 63, 68
Bischof 43f., 73, 117,
  119, 141f., 144,
  229-232, 236f., 246
Brevier 76
Buddhismus 32
Bundesstiftung 192
Buße 100f.
Bußsakrament 231,
  251

Caritas 115, 264ff.
Caritas Internationalis
  142, 266
Chrisam 117

Confessio Augustana
  47, 131, 147, 235f.

Dekalog 36
Demokratie 215, 217
Deutsche Bischofs-
  konferenz 31, 42,
  133, 155, 158
Deutscher Evange-
  lischer Kirchen-
  bund 219
Diakon 142-144, 231,
  265
Diakonat 158
Diakonie 38, 130, 233,
  264f.
Dialog 31-34, 208, 263
Diözese 73, 75, 144
Dogma 35, 45
Doxologie 36, 38

Ehe 100f., 121, 142,
  157
Ehrenamt 163
Einheitsgesangbuch
  74, 79
Einsegnung 121
EKD 31
Ekklesiologie 42, 44,
  46

[*]   Ohne Teil D (Kleines Lexikon des konfessionellen Alltags).

Enchiridion 78
Epiklese 102, 246
Episkopat 232
Erbsünde 41
Erlösung 38f.
Erneuerungsbewegung 129
Erstes Vatikanisches Konzil 141
Erstkommunion 115-118
Erwachsenenkatechismus 75
Ethik 121
Eucharistie 76, 89, 100, 103, 127, 129, 142, 171, 175, 189, 191-193, 204, 231, 248f., 251
Eucharistiefeier 74, 88, 115, 129, 192, 203, 231, 245
Evangelium 33, 35, 37, 46f., 50, 52f., 233, 281
Exegese 67f.

Familie 31, 157
Familienkreis 143
Fegefeuer 289, 300
Feiertag 133
Feministische Theologie 68
Firmung 100f., 103, 117-120, 247f.
Frau 156-159, 164
Frauenhilfe 163
Frauenkirche 157f.
Frauenordination 238

Freiheit 39, 51, 131, 133, 222, 257, 276f., 280, 282, 293
Freizeit 128, 132
Friedensbewegung 220
Frömmigkeit 49, 65, 80, 87f., 91
Fronleichnam 193, 249
Fürbitte 92, 295f.

Gebet 34, 36, 73, 76, 87, 90, 92f., 103, 203, 246, 291
Gebetbuch 67
Gebot 127, 275, 278, 280-282
Gedächtnis 190
Gehorsam 277
Gelübde 121
Gemeinde 53, 74, 131, 141-143, 146-149, 155f., 158f., 179, 181, 197, 205, 229f., 236f., 250, 254
Gemeinschaft 134, 196
– der Heiligen 182, 264, 289, 296
Generalversammlung der deutschen Katholiken 215
Gentechnologie 31
Gerechtigkeit 40, 299
Gericht 299, 301
Gesangbuch 73, 75, 78-81, 93, 179
Geschlecht 162, 164

Gesellschaft 30f., 128, 220
Gesetz 50, 52, 249f., 275f.
Gewissen 93, 275-278, 280-282
Glaube 75, 121, 254, 256f., 280, 282, 295, 297
Glaubensbekenntnis 34f., 75, 87, 92, 103, 120f., 296, 300
Gnade 50f., 253, 300
Gott 30, 33f., 91, 99f., 100, 102, 104, 129, 268-270, 276, 282
Gottesbild 33, 39, 159, 293
Gottesdienst 34, 38, 41, 48f., 74, 79, 87, 89, 105f., 129, 131-134, 141, 148, 164, 176, 203, 295, 297
Gottesdienstbuch 208
Gotteslob 74, 81

Handauflegung 117, 119f., 230f., 246
Hausbuch 80
Heil 35, 51
Heilige(r) 75, 173
Heilige Messe 115, 127, 203f.
Heilige Schrift
→ Bibel
Heiligenkalender 76
Heiliger Geist 44, 120, 128, 247f.

E. Anhang

Herrnhuter Brüder-
  gemeinde 66
Himmel 290-294, 300
Hinduismus 32
Historismus 177
Hölle 290, 293f., 300
Hoffnung 295, 297f.,
  301
Holocaust 32
Homilie 205
Hymne 36

Identität 32, 171f., 174
Imam 239
Individuum 65, 131
Innere Mission 219
Islam 32
Israel 37, 210

»Jahr mit der Bibel« 68
Judentum 32, 133, 238
Jugend 132, 216
Jugendliche(r) 121, 129

Kanzel 171, 175, 178-
  180
Katechese 36, 62, 116,
  142f., 173
Katechismus 62, 75,
  80, 119, 127
Katechumenat 103
Katholik 143, 155,
  157, 257
Katholische Arbeit-
  nehmerbewegung
  143
Katholische Frauen-
  gemeinschaft
  Deutschlands 143

Katholischer Verein
  Deutschlands 215
Katholisches Bibel-
  werk 61f.
Kelchgemeinschaft
  115
Kerze 171f.
Kirche 29f., 34, 41-43,
  45-48, 50-54, 65,
  73, 116, 127, 133,
  141, 146f., 192,
  229f., 247, 278,
  280, 296-298
Kirchenbau 177
Kirchengemeinschaft
  233, 256
Kirchenordnung 120
Kirchenreform 219f.
Kirchentag 217, 219
Kommunion 115, 117,
  128, 175, 190, 204
Kommunionbank 175
Kommunionhelfer
  143
Komplet 74
Konfirmation 105,
  107, 115, 120, 122,
  148, 195, 197
Konzil v. Florenz 247
Konzil v. Trient 73,
  88, 190
Koran 38
Krankenkommunion
  193
Krankensalbung 100f.,
  142
Kreuzesopfer 190f.,
  193
Kreuzweg 74, 171

Kultur 30, 67, 87, 130
Kurie 141

Laienapostolat 215
Laienbewegung 221
Läuterung 289f.
Laudes 74, 76f.
Legende 49
Legenda aurea 76
Lehramt 278
Leib Christi 99, 289,
  291f.
Lektor 143
Leuenberger Konkor-
  die 197, 255
Liebe 282
Lied 73, 81, 180
Literatur 67
Liturgie 48f., 73f., 79,
  88, 90, 121, 130,
  143, 173f., 196,
  203, 205, 209,
  245f., 264
Liturgiereform 61, 74,
  129, 174, 180, 246
Liturgische Bewegung
  174
Losungen 66, 80
Lutheraner 255, 257
Lutherischer Welt-
  bund 36, 229

Martyrologium 76
Medien 221
Mentoring 163
Meßdiener 143
Messe 88, 128
Meßopfer 204f.
Ministrant 89

MISEREOR 142, 266
MISSIO 266
Mission 119
Missionswerk der
    Kinder 266
Monepiskopat 232
Monotheismus 38
Morgenlob 76, 90
Muslim 32
Mystagogie 52, 205
Mysterium 45, 174,
    191

Nachfolge 46f., 229-
    234
Nächstenliebe 196, 264
Nationalismus 219
NS-Herrschaft 51, 215
Natur 38, 50f., 254
Neuer Bund 163, 166f.
Neues Testament 35,
    37, 146, 233, 249

Ökumene 32, 54, 75,
    133, 197, 209, 216,
    219, 221, 229, 239,
    246, 248, 256, 266
Ökumenischer Kir-
    chentag 42, 218
Offizium 76
Opfer 191f.
Opferkerze 180
Opferstock 171
Oratorium 173
Ordensgemeinschaft
    265
Ordination 230, 246
Orgel 171, 179
Ostern 115, 142, 175

Osternacht 247, 251

Papst 43, 103, 116,
    141f., 145, 158,
    160, 177, 226f.,
    239, 266, 275, 309,
    314f., 325, 329,
    338f., 348, 352,
    354, 358, 363, 375
Pastoralreferent 144
Pate 119, 121
Pfarramt 148, 161f.
Pfarrer 120, 142, 147
Philosophie 92
Pietismus 67
Pluralität 30, 53, 92f.,
    131, 220, 222
Pogrom 32
Politik 52f.
Prälat 237
Predigt 38, 46f., 87-89,
    128, 142, 160, 195,
    205f., 209, 236
Presbyter 231f., 246
Priester 43, 50, 88,
    129, 142-144, 204,
    231f., 237-239
Priestersitz 175, 180
Priestertum aller Gläu-
    bigen 160, 229
Protestantismus 280
Psalm 74, 78f., 93
Pubertät 121

Rabbiner 238f.
Realpräsenz 191f.
Recht 95, 232
Rechtfertigung 34-36,
    40, 53, 257, 263

Reformation 50, 52,
    73, 79, 119, 121,
    131, 146, 164, 178,
    230, 236
Reformierte(r) 255,
    257
Reformierter Welt-
    bund 229
Religionsfreiheit 131
Religionsunterricht
    32, 62, 115f.
Reliquie 173, 180
RENOVABIS 216
Ritual 105-108
Ritus 99, 104, 118,
    120-122, 255
Rosenkranz 74, 90f.
Ruhetag 132
Rummelsberger Richt-
    linien 181

Sabbatheiligung 133
Säkularisierung 30, 53
Sakralisierung 172,
    181
Sakrament 35, 43, 46,
    52, 74, 79, 89, 99,
    100f., 102-104, 107,
    144, 189f., 192f.,
    229f., 235, 245-248,
    250f., 253
Sakramentalie 99, 103,
    144, 190
Salbung 117, 119
Scheidung 107
Schöpfer 40, 281
Schöpfung 37-41, 50,
    292
Schriftprinzip 65

E. Anhang

Schule 107, 115f.
Schuld 40
Seelsorge 51, 144
Segen 105, 107f., 121
Sexualität 157
Singspruch 81
Skrutinien 103
Solidarität 216
Sonntag 130f.
Sprechakt 247, 249, 251
Stundenbuch 76f., 80
Stundengebet 77, 79, 91, 105
Sünde 35, 40, 50f., 127, 142, 276
Sünder 41, 281f.

Tabernakel 171, 175, 180, 193, 205
Taizé 93, 132
Taufe 34f., 47, 66, 100f., 103, 105-107 117, 119f., 122, 142, 144, 148, 196f., 235f., 246-248, 298
Taufstein 171, 175, 180
Theologische Erklärung von Barmen 47, 208
Tod 50, 88, 295, 297, 300

Tradition 35
Transsubstantiation 191, 204
Trauung 66, 105, 107, 119, 144, 208
Trennungsritual 107
Trinität 38f., 41

Unfehlbarkeit 141
Unierte(r) 255
Unterordnungsgebot 161

Vaterunser 34, 36, 87, 91,
Verantwortung 31, 53, 221, 280, 282
VELKD 42
Vergebung 290f.
Verheißung 295, 298f., 301
Verkündigung 36, 264
Versöhnung 35
Vesper 74, 76f.
Viertes Laterankonzil 115
Vocatio 160

Wahrheit 39, 276-278
Wallfahrt 143, 221
Wandlung 203, 247, 249
Weihe 100f., 235
Weihesakrament 231f.

Weihrauch 172f.
Weihwasserbecken 171, 180
Weißer Sonntag 115f.
Weisung 249, 252
Weltgebetstag 93, 163
Weltreligion 32
Werkgerechtigkeit 263
Wesensverwandlung 191, 204
Wiedertäufer 119
Wolfenbütteler Empfehlungen 178
Wort 34, 52, 192, 229f., 245, 250f., 253, 268, 280
Würzburger Synode 129

Zeichen 99, 101, 253, 256f.
Zentralkomitee der deutschen Katholiken 217
Zölibat 151
Zwei-Reiche-Lehre 50, 52
Zweites Vatikanisches Konzil 36, 42, 44, 49, 61, 74, 76f., 87f., 129, 142, 145-147, 174, 180, 189, 216, 232, 246

Die Register wurden nach den Vorgaben der Autoren von Kirsten Blanck und Winrich C.-W. Clasen erstellt.